중등
신문
읽기

명문대 입학을 위해 반드시 읽어야 할
비문학 독서 논술

중등 신문 읽기 3

1판 1쇄 발행 2025년 10월 31일

지은이	조찬영
펴낸이	애슐리
편집	김민주, 유지현, 이혜정
디자인 및 그린이	신병근
발행처	가로책길
주소	서울시 중구 퇴계로 409
등록	제 2021-000097호
e-mail	garobook@naver.com
ISBN	979-11-93419-06-9(44370)
	979-11-93419-02-1(세트)

가로책길 출판사는 독자 여러분의 의견에 항상 정성껏 귀를 기울이고 있습니다. 책을 출간하고 싶은 아이디어가 있으신 분은 언제든지 이메일(garobook@naver.com)로 보내주세요. 잠재된 생각을 가지고 있는 분은 망설이지 말고 출간 문의에 도전하시길 바랍니다.

3 과학 기술

중등 신문 읽기

명문대 입학을 위해 반드시
읽어야 할 비문학 독서 논술

조찬영 지음

가로책길

뉴스를 너머 미래 사회를 대응하는 힘을 기르는 시간

예측할 수 없는 변화에 대응하는 능력, 위기 상황에 대응하고 극복하는 능력을 만들다

세상이 참 빠르게 변합니다. 그 변화하는 가속도를 우리는 따라가기가 힘이 들죠. 디지털의 전환, 기후환경의 변화, 학령인구 감소로 사라지는 학교들, 그리고 고령화 사회 등 미래 사회에 대한 대응이 절실한 시대입니다. 그래서 이러한 시대적 흐름을 잘 이해하고 준비할 필요가 있습니다. 그렇다고 빠르게 변화하는 것만 파악해서 임기응변으로 살아가는 것도 올바른 방법은 아닌 것 같습니다. 우리 선조들의 지혜와 세상의 이야기를 두루 살피며 차근차근 세상을 이해하고 헤쳐나갈 힘을 기르는 것이 지금은 더 중요한 시대입니다.

교육이 혁신을 거듭하며 변화하는 것도 우리 학생들이 예측할 수 없는 변화에 대응할 수 있도록 그 힘을 키우기 위함입니다. 공교육은 이렇게 디지털 전환에 따른 산업의 변화, 팬데믹, 기상 이변, 기후 환경의 변화 등 위기 상황에 대응하고 극복하는 능력을 키우는 것이 중요하다고 이야기 합니다. 이러한 노력으로 공교육은 학습자 맞춤형 교육, 미래 교육을 위한 교육 과정 체제의 전환을 꾀하고 있지만 학교에서 배우는 교과목으로는 한계가 있습니다. 그래서 『중등 신문 읽기』는 학교 공부의 연장선에서 세상의 이야기로 더 이해하기 쉽고, 생각할 수 있는 힘을 키우며, 토론과 글쓰기까지 가능하도록 구성하였습니다.

중학생을 위한 『중등 신문 읽기』 시리즈는 총 4권으로 구성되어 있습니다. 1권은 '인문·예술', 2권은 '사회·문화', 3권은 '과학·기술', 그리고 4권은 '주제 통합'으로, 신문에서 다루는 폭넓은 영역을 단계별로 살펴볼 수 있도록 기획하였습니다. 실제 신문 기사와 함께 해설 및 관련 지식을 제공하여, 독자들이 다양한 분야의 이슈에 관심을 갖고 주체적으로 사고하도록 돕는 것이 이 책의 핵심 목표입니다.

이 시리즈는 크게 세 가지 측면에서 중학생들에게 도움이 될 것입니다.

첫째, 지식의 확장입니다. 인문·예술, 사회·문화, 과학·기술 등 분야별로 신문 기사를 선별하여 다루므로, 독자들은 특정 분야에만 치우치지 않고 균형 잡힌 시각을 형성할 수 있습니다. 더 나아가 4권에서는 앞서 배운 주제를 통합적으로 연결해보는 과정을 담아, 하나의 사안을 다양한 관점에서 이해하고 해석할 수 있는 능력을 기르도록 돕습니다.

둘째, 논리적 사고와 비판적 읽기 훈련입니다. 신문은 시의성과 사실성을 갖춘 글이지만, 동시에 기사마다 특정 관점이나 의도가 반영되기도 합니다. 따라서 기사를 읽을 때는 단순히 정보만 받아들이기보다, 그 안에 담긴 맥락과 배경 지식을 함께 고려해야 합니다. 이 책에서는 기사 분석과 함께 의문점을 제시하고, 독자가 스스로 생각해볼 만한 질문들을 던집니다. 이를 통해 논리적으로 사고하고, 편향된 정보를 분별해내는 능력을 키우게 될 것입니다.

셋째, 학업 성취와 진로 준비에의 기여입니다. 중학교 시절의 독서 습관은 고등학교 이후 내신과 수능, 나아가 대학 입시와 진로 선택에도 커다란 영향을 미칩니다. 실제로 최근 고등학교 국어 교과나 수능 비문학 영역에서 요구되는 독해력은 특정 지식의 암기가 아니라, 글을 깊이 있게 분석하고 핵심 논지를 파악해내는 능력입니다. 신문을 활용한 읽기 훈련은 이러한 역량을 기르는 데 최적의 방법이라 할 수 있습니다. 또한 자신이 관심 있는 분야의 기사를 찾아 읽는 과정에서 자연스럽게 진로에 대한 단서를 얻을 수도 있습니다.

이 책을 집필한 조찬영 선생님은 오랜 기간 학교 교과와 연계한 독서 콘텐츠와 신문을 활용한 교육 콘텐츠를 연구 · 개발해 왔습니다. 또한 이지혜 선생님은 중고등학교 학교 현장에서 국어과목을 가르치고 논술연구를 해오며 학생들에게 필요한 것이 무엇인지를 고민해왔습니다. 공교육과 사교육의 실제 수업 현장에서의 경험을 바탕으로, 중학생들이 보다 쉽고 재미있게 신문을 접할 수 있도록 구성하였으며, 각 권별로 제시된 다양한 예시 기사와 활동 문제를 통해 '배우는 재미'를 느낄 수 있도록 하였습니다. 또한, 지루하지 않도록 스토리텔링과 다양한 자료 사진, 도표를 적절히 활용하였습니다. 학생들이 흥미로운 독서활동이 될 수 있도록 고민하고, 사회에 큰 관심을 가질 수 있도록 기사 주제

를 고심하여 선별하였습니다.

끝으로, 이 책을 읽는 모든 학생들에게 한 가지 당부하고 싶은 말이 있습니다. 신문을 읽는 습관은 결코 단기간에 완성되지 않습니다. 매일 조금씩 꾸준히 읽고, 기사 속 정보와 자신의 생각을 비교 · 대조하는 과정을 반복해야 합니다. 그렇게 쌓인 습관과 경험이 결국 여러분의 비판적 사고력과 지식을 단단하게 만들어줄 것입니다. 이 책이 그러한 성장의 발판이 되기를 진심으로 바랍니다.

『중등 신문 읽기』 시리즈가 변동성, 불확실성, 복잡성이 특징인 미래 사회에 대응할 수 있도록 기본 역량과 변화 대응력을 마련해줄 것입니다. 그리고 여러분이 세상을 이해하는 폭을 넓히고, 다가올 고등학교 내신 및 수능 비문학 파트, 더 나아가 대학 및 진로를 설계하는 데에 든든한 길잡이가 되어줄 것이라 확신합니다. 독자 여러분이 책을 읽으며 고민하고, 생각하고, 의문을 제기하는 모든 과정이 한 단계 더 성장하는 귀중한 시간이 되길 기대합니다.

조찬영

차례

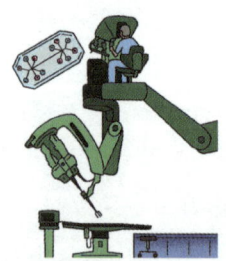

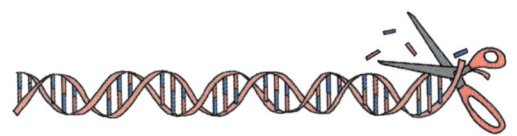

2 기술 | 혁신의 힘 - 삶을 변화시키고 미래를 설계하는 기술의 세계

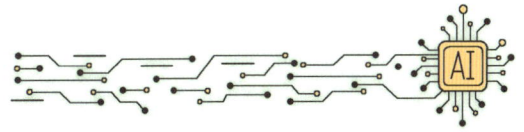

과학

탐구의 힘

세상을 이해하고 미래를 열어가는
과학의 세계

01 수소에너지, 미래 에너지일까?

기후 변화가 인류의 삶을 위협하고 있다. 전 세계 곳곳에서 이상기후와 자연 재해가 발생하면서, 이제 더는 에너지 사용 방식을 예전처럼 유지할 수 없다는 공감대가 형성되고 있다. 특히, 이산화탄소를 배출하지 않는 '친환경 에너지'에 대한 관심이 커지면서 새로운 대안이 주목받고 있다. 그중 하나가 바로 수소 에너지이다. 수소는 무한정 존재하며, 연소해도 오염물질을 거의 배출하지 않는다는 장점이 있다. 그렇다면 수소 에너지는 정말로 미래를 책임질 에너지원이 될 수 있을까?

수소는 가장 가벼운 원소이며, 우주에서 가장 많이 존재한다. 물(H_2O) 속에도 포함되어 있을 만큼 흔한 원소지만, 자연 상태에서 순수한 형태로 존재하지 않기 때문에 반드시 '추출' 과정을 거쳐야 한다. 현재 수소는 주로 천연가스에서 분리되는데, 이 과정에서 이산화탄소가 많이 발생한다. 이를 '그레이 수소'라고 부르며, 여전히 환경에 해를 끼친다. 이보다 개선된 방법은 '블루 수소'로, 이산화탄소를 포집하여 저장하는 기술이 추가된다. 하지만 진정한 친환경 수소는 태양광이나 풍력 등 재생에너지로 물을 전기분해해 생산한 '그린 수소[1]'이다. 그린 수소는 생산과정에서도 온실가스를 거의 배출하지 않아 지속 가능한 에너지로 기대된다. 다만, 이 전기분해 기술에는 높은 전기 사용량과 비용이 들어 경제성이 떨어진다는 단점도 있다.

수소 에너지[2]는 이미 다양한 분야에서 사용되고 있다. 대표적인 예가 수소

차이다. 수소 연료전지를 이용하면 오염물질 없이 물만 배출하며 전기를 생산할 수 있다. 또, 수소는 대형 선박이나 열차, 심지어는 발전소에서도 연료로 사용할 수 있어 에너지 활용 범위가 매우 넓

독일 칼스루에공과대학 연구진들이 공개한 태양광 패널에서 청정 그린수소에너지

다. 최근에는 반도체 기술을 이용해 태양빛만으로 수소를 생산하는 '플라스말리시스' 기술까지 개발되고 있어, 생산 방식의 혁신도 진행 중이다. 독일, 일본, 한국 등은 수소차와 수소 충전소 확대를 통해 수소 산업을 전략적으로 키우고 있으며, 우리나라는 '수소경제❸ 로드맵'을 통해 2040년까지 수소차 290만 대 보급, 수소충전소 1200개 설치를 목표로 하고 있다.

그러나 수소 에너지의 미래가 장밋빛이기만 한 것은 아니다. 첫째, 그린 수소 생산에 드는 비용이 아직 매우 높아 상용화에 한계가 있다. 둘째, 수소는 매우 가볍고 폭발 위험이 있어 저장과 운반이 까다롭다. 셋째, 수소를 사용하는 인프

❶ 그린 수소: 태양광, 풍력과 같은 재생 가능 에너지를 이용해 물을 전기분해하여 만든 친환경 수소를 말한다. 생산 과정에서 온실가스를 거의 배출하지 않기 때문에 '진정한 청정 수소'로 불린다.

❷ 수소 에너지: 수소(H_2)를 연료로 활용하여 전기나 열을 만들어내는 에너지 형태를 말한다. 연소 과정에서 이산화탄소와 같은 온실가스를 거의 배출하지 않아 '청정 에너지'로 주목받고 있다.

❸ 수소경제: 수소를 주요 에너지원으로 활용하는 산업 구조와 사회 시스템을 의미한다. 수소를 생산, 저장, 운반, 활용하는 전 과정을 하나의 경제 생태계로 보고, 이를 통해 화석연료 중심 사회에서 벗어나 지속 가능한 에너지 사회로의 전환을 추구한다.

❹ 에너지 전환: 기존의 석탄, 석유 등 화석연료 중심의 에너지 체계에서 태양광, 풍력, 수소 등 지속 가능한 청정 에너지 중심의 구조로 바꾸는 과정을 말한다.

꼭 기억하렴

국어 공신 선생님

라가 충분히 갖추어져 있지 않아 소비자 접근이 어렵다. 특히 수소 충전소는 전국적으로 수가 부족해 수소차의 확산을 가로막는 장애물로 작용하고 있다. 또한, 수소 생산 시 사용되는 전기가 석탄이나 LNG 같은 기존 화석연료 기반이라면, 친환경 효과가 크게 줄어든다는 문제도 있다. 결국 수소 에너지의 가능성을 실현하기 위해서는 경제성 확보, 안전기술 강화, 사회적 인프라 확대가 함께 이뤄져야 한다.

수소 에너지는 분명 미래 에너지의 중요한 후보이다. 하지만 그것이 '진짜 대체 에너지'가 되기 위해서는 더 많은 기술 개발과 정책적 지원이 필요하다. 단지 청정하다는 이유만으로 모든 문제가 해결되지는 않는다. 우리는 수소가 가진 가능성을 믿되, 그 한계와 과제 또한 직시해야 한다. 과학은 언제나 질문에서 시작되며, 수소 에너지가 우리 사회의 에너지 문제에 대한 해답이 될 수 있는지에 대한 진지한 탐구가 지금 이 순간에도 계속되고 있다. 학생인 우리도 과학 기술의 발전을 지켜보며, 에너지 전환⁰ 시대의 주인공이 되기 위한 준비를 차근차근 해 나가야 한다.

국어 공신 선생님의 감상 꿀팁!

 ## 한걸음 더 깊이 생각해 보기

• 청소년이 수소 에너지와 같은 미래 에너지원에 대한 과학적 이해와 감수성을 키우기 위한 방안은 무엇인가?

청소년이 수소 에너지와 같은 미래 에너지원에 대해 올바른 과학적 이해와 감수성을 키우기 위해서는 다음과 같은 노력이 필요하다.

첫째, 수소 에너지의 원리, 생산 방식, 장단점에 대해 교과서 수준을 넘어 실생활 적용 사례와 함께 설명해 주는 융합형 과학 교육이 필요하다. 예를 들어 수소차 시승 체험, 수소 충전소 방문 등 체험 기반 활동이 유익하다. 둘째, 수소 에너지의 환경적 영향과 경제적 논쟁, 기술적 제약 등에 대해 다각적으로 토론하는 수업을 통해, 학생들이 비판적 사고력과 균형 잡힌 시각을 가질 수 있도록 해야 한다. 셋째, 수소 에너지와 관련된 국내외 정책, 기술 개발 현황을 뉴스, 기사, 영상 등을 통해 접하며, '에너지 소비자'로서의 책임 있는 태도를 함양할 수 있도록 돕는 미디어 리터러시 교육이 필요하다.

이러한 접근은 청소년이 과학 기술을 단순히 '유익한 발명'으로만 인식하는 것을 넘어, 환경, 사회, 정책 등과 연결된 총체적인 '미래 의제'로 받아들일 수 있도록 도와준다.

• 수소 에너지 시대에 가장 필요한 직업과 기술은 무엇일까?

수소 에너지 시대가 도래하면 가장 중요한 직업 중 하나는 '수소 인프라 엔지니어'이다. 수소는 폭발 위험성이 높기 때문에 이를 안전하게 저장하고 운반할 수 있는 기술이 필수적이다. 이 직업은 수소 충전소를 설계하거나, 수소 탱크에 고압을 안전하게 유지할 수 있는 복합소재를 개발하고, 누출을 감지하는 스마트 센서를 제작·관리하는 일을 담당한다. 또한 수소를 친환경적으로 생산하는 '수소 생산 공학자'도 매우 중요하다. 특히 태양광이나 풍력 전기를 이용해 물을 전기분해하는 '그린 수소' 기술은 전기 효율을 높이고 비용을 줄이는 핵심 과제로, 이 분야의 연구 인력 수요가 크게 늘어날 것이다. 그 밖에도 수소차나 수소 발전소의 안정적 운용을 위한 '연료전지 기술자', 수소 유통 경로를 설계하고 관리하는 '에너지 데이터 분석가', 그리고 수소 기반 산업의 안전을 관리하는 '환경안전 컨설턴트' 등의 직업도 주목받게 될 것이다. 수소 산업은 전기, 화학, 기계, 정보통신, 환경 공학 등 다양한 분야가 융합된 산업이기 때문에, 이러한 융합형 전문 직업이 앞으로 더욱 중요해질 것이다.

정리해 볼까요?

기사에 대해서 알아볼까요?

주제: 수소 에너지는 온실가스를 줄일 수 있는 지속 가능한 미래 청정 에너지이지만, 생산 방식과 비용, 인프라 등 해결할 과제가 많다.

핵심어휘: 수소 에너지, 친환경, 그린 수소, 탄소중립, 지속 가능성

1단락 요약: 기후 변화와 이산화탄소 배출 문제로 인해 친환경 에너지원에 대한 관심이 높아지고 있으며, 수소 에너지가 새로운 대안으로 주목받고 있다.

2단락 요약: 수소는 자연에 풍부하지만 순수 형태로 존재하지 않아 생산이 필요하다. 그레이 수소는 환경 문제가 있고, 그린 수소는 친환경적이나 비용이 높다.

3단락 요약: 수소는 수소차, 선박, 발전소 등 다양한 분야에서 활용되고 있다. 반도체 기술을 이용한 새로운 생산 방식도 개발 중이며, 세계 여러 나라가 수소 산업 확대에 적극 투자하고 있다.

4단락 요약: 그린 수소는 비용과 저장·운반의 위험성, 충전 인프라 부족 등의 현실적 문제를 안고 있다. 또한, 수소 생산에 화석연료 기반 전기를 쓰면 친환경 효과가 떨어질 수 있다.

5단락 요약: 수소 에너지는 미래 에너지로서 가능성이 크지만, 기술 개발과 정책적 뒷받침 없이는 대체 에너지원이 되기 어렵다. 학생들도 에너지 전환 시대를 이끌기 위한 주체로 준비해야 한다.

기사의 구조적 접근을 꼭 알아야 해요!

1) 서론: 친환경 에너지에 대한 관심과 수소의 부상

기후 위기로 인해 에너지 전환의 필요성이 커지면서, 온실가스를 배출하지 않는 수소 에너지가 미래 에너지원으로 주목받고 있다.

2) 본론: 수소 에너지의 생산 방식과 활용, 과제

수소는 추출이 필요한 원소로, 현재는 이산화탄소를 배출하는 그레이 수소가 주로 사용되며, 그린 수소는 친환경적이나 비용이 높다. 수소차, 선박, 발전소 등 다양한 분야에 활용되며, 각국은 이를 전략산업으로 육성 중이다. 하지만 생산 비용, 저장·운송 위험, 인프라 부족 등 여러 과제가 존재한다.

3) 결론: 수소 에너지의 가능성과 한계를 인식

수소 에너지는 미래 에너지로 가능성이 크지만, 기술·경제·정책이 함께 뒷받침되어야 한다. 학생들도 에너지 문제에 관심을 갖고, 지속 가능한 사회를 위한 주체로 성장해 나가야 한다.

비판적 사고 키워 볼까요? ✦

1 다음 중 본문의 내용으로 적절하지 않은 것은?

① 수소는 연소 시 이산화탄소 같은 온실가스를 거의 배출하지 않아, 청정 에너지 원으로 주목받고 있다.

② 수소차는 수소를 직접 태워서 움직이기 때문에, 연소 과정에서 이산화탄소가 많이 발생한다.

③ '그린 수소'는 태양광이나 풍력으로 만든 전기를 이용해 물을 전기분해하여 생산되며, 온실가스를 거의 배출하지 않는다.

④ 한국을 비롯한 여러 국가는 수소차 보급과 충전소 설치 등 수소 에너지 기반 시설 확충에 적극 투자하고 있다.

⑤ 수소는 우주에서 가장 풍부한 원소이며, 물(H_2O) 속에도 포함되어 있어 추출 과정을 통해 사용할 수 있다.

2 다음 <보기>의 내용과 관련 없는 사례는?

> 수소 에너지는 발전, 운송, 산업 등 다양한 분야에서 활용되며, 특히 재생에너지로 생산되는 그린 수소는 탄소 배출이 거의 없어 친환경 에너지로 큰 기대를 받고 있다. 그러나 수소는 생산 비용이 높고, 저장 과정에서 폭발 위험성이 있으며, 충전소 등 인프라가 부족해 상용화에는 여러 과제가 존재한다.

① 태양광 발전으로 얻은 전기를 활용해 물을 전기분해하여 수소를 생산하는 친환경 에너지 실험이 진행되었다.

② 유럽에서는 수소 연료전지를 동력원으로 사용하는 친환경 열차가 실제 노선에서 시범 운행되고 있다.

③ 한 도시는 수소 폭발 사고 이후 수소차 보급을 중단했다.

④ 풍력으로 발전한 전기로 LNG를 대체하여 그레이 수소 생산을 시작했다.

⑤ 정부는 친환경 에너지 확산을 위해 수소 충전소 확대 계획을 수소경제 로드맵에 적극적으로 반영하였다.

3 본문에 근거하여, 수소 에너지가 미래 에너지로 주목받는 이유를 서술하시오.

4 논제 '수소 에너지 보급 확대를 위해 사회가 해결해야 할 과제이다.'에 대해서 서론, 본론, 결론의 형식으로 서술하시오.

중요

5 수소 에너지가 '진정한 친환경 에너지'가 되기 위해 갖추어야 할 조건을 본문 내용을 바탕으로 2가지 이상 서술하시오.

집중

6 다음 '수소 에너지는 친환경 사회로 가기 위한 최선의 대안이다.'라는 논제를 바탕으로 찬성과 반대의 생각을 서술하시오.

찬성	반대

02 우주 쓰레기 증가, 해결방법은?

인류는 오랜 세월 동안 밤하늘을 바라보며 우주를 향한 꿈을 키워왔다. 그 꿈은 20세기 우주 탐사가 본격화되며 현실이 되었고, 지금은 지구 궤도를 도는 수많은 인공위성이 우리의 통신, 날씨 예측, 내비게이션 등 일상생활 속 중요한 역할을 하고 있다. 그러나 이런 기술의 발전 이면에는 잘 알려지지 않은 문제 하나가 점점 커지고 있다. 바로 '우주 쓰레기❶'의 문제이다. 사용을 마친 위성, 로켓의 파편, 우주인들이 실수로 떨어뜨린 장비들까지 모두 우주를 떠다니는 쓰레기가 되고 있다. 이 문제는 단지 우주만의 일이 아니라, 인류 전체의 지속 가능한 미래와도 직결된다.

우주 쓰레기의 개수는 현재 1억 개 이상으로 추정되며, 그 중 크기가 10cm 이상 되는 파편만 해도 3만 개가 넘는다. 미국 항공우주국(NASA)은 현재 이 쓰레기들이 초속 7~8km의 엄청난 속도로 지구 궤도를 돌고 있다고 밝히고 있다. 이처럼 빠르게 움직이는 작은 파편 하나라도 인공위성과 충돌할 경우 큰 폭발이나 기능 마비로 이어질 수 있다. 최근에는 우주 쓰레기 간 연쇄 충돌이 새로운 쓰레기를 낳는 '케슬러 증후군❷'이 현실화될 수 있다는 경고도 나온다. 이 현상이 가속화되면 지구 궤도는 마치 유리 조각들로 가득한 위험 구역이 되어 더 이상 위성을 띄울 수 없는 상황이 올지도 모른다.

이러한 위기를 막기 위해 각국은 다양한 기술을 개발하고 있다. 유럽우주국(ESA)은 우주 쓰레기를 로봇 팔이나 그물로 붙잡아 대기권으로 유도하는 청소

위성을 개발하고 있으며, 일본
은 레이저를 이용해 쓰레기 궤
도를 바꾸는 실험을 진행하고
있다. 우리나라 역시 한국항공
우주연구원을 중심으로 우주 쓰
레기 위치 추적 시스템을 개발
중이다. 또 최근에는 인공위성
제작 단계에서부터 수명이 다한

지구 궤도가 버려진 인공위성 등 우주 쓰레기로 가득 차
있다. ⓒ매사추세츠공대 제공

뒤 스스로 대기권에 진입해 소멸되도록 설계하는 기술이 주목받고 있다. 이처
럼 쓰레기 발생을 사전에 예방하고, 이미 떠다니는 잔해를 수거하는 두 가지 방
향에서 해결책이 모색되고 있다.

기술만으로는 부족하다. 우주 공간은 특정 국가의 소유가 아닌 모두의 자산
이므로 국제적인 협력❸이 중요하다. 국제우주쓰레기조정위원회(IADC)는 각
국에 인공위성 발사 후 일정 기간 내 폐기물을 제거하거나 대기권에 재진입시
키도록 권고하고 있다. 최근 열린 제주 우주청 국제 포럼에서는 미국, 유럽, 일
본, 한국 등 각국의 우주 전문가들이 모여 공동 대응 방안을 논의했다. 앞으로는
'우주개발 경쟁'이 아니라 '우주환경 보존'이라는 공동의 책임 의식이 더욱 중
요해질 것이다.

우주 쓰레기 문제는 단지 과학기술계의 문제가 아니라, 미래
세대를 위한 환경 문제이기도 하다. 지금 우리가 지구 환경을 위

꼭 기억하렴

❶ **우주 쓰레기**: 지구 궤도를 떠도는 고장 난 인공위성, 로켓 파편, 장비 조각 등을 말
한다.
❷ **케슬러 증후군**: 우주 쓰레기끼리 충돌해 더 많은 파편을 만드는 악순환 현상이다.
❸ **국제 협력**: 국가 간 공동의 문제를 해결하기 위한 연대와 협력을 말한다.

국어 공신 선생님

해 쓰레기를 줄이고 분리수거를 하듯이, 우주에서도 같은 노력이 필요하다. 우리가 쏘아 올린 위성이 다시 우리 삶에 영향을 주듯, 지금의 우주 환경은 결국 우리의 미래로 되돌아온다. 지속 가능한 우주 개발을 위해서는 과학기술의 발전과 함께 윤리적인 책임감, 국제적 연대, 그리고 학생인 우리가 이 문제에 대해 생각하고 질문하는 힘이 무엇보다 중요하다.

🧢 좀 더 깊이 생각해 보기

• 우주 쓰레기 문제는 '환경 문제'인가, '기술 문제'인가?

우주 쓰레기 문제는 환경과 기술이 모두 얽힌 복합적 과제다. 기술적 측면에서는 인공위성이나 로켓 발사 시 쓰레기를 줄이는 구조 개선과, 이미 생긴 쓰레기를 수거할 위성, 로봇 팔, 그물, 레이저 등의 기술 개발이 필요하다. 환경적 측면에서는 우주 공간도 지구처럼 모두가 지켜야 할 자산이므로 국제 협력이 필수다. 기술적 문제도 중요하지만 환경 문제로 보는 관점은 더욱 중요하다. 기술은 발전할 수 있지만, 환경은 한 번 훼손되면 회복이 어렵기 때문이다. 우주가 쓰레기로 오염되면 지구 궤도는 마치 오염된 바다처럼 활용이 어려워질 수 있다. 따라서 기술 개발도 중요하지만, 우주를 모두의 환경으로 인식하고 보호하려는 인식이 우선되어야 한다.

• '케슬러 증후군'이 현실이 된다면 우리의 일상은 어떻게 달라질까?

케슬러 증후군은 우주 쓰레기가 서로 충돌하면서 더 많은 파편을 만들어내고, 그로 인해 지구 궤도가 쓰레기로 가득 차 위성을 띄울 수 없는 상황을 말한다. 만약 케슬러 증후군이 현실화된다면 우리의 일상은 크게 불편해질 것이다. 먼저 인공위성이 작동하지 않으면 휴대전화나 인터넷 연결이 어려워지고, 통신이 끊기면 온라인 수업, 화상회의, 실시간 검색 등이 모두 불가능해진다. 또한 위성을 이용한 내비게이션을 사용할 수 없어 길 찾기가 어려워지고, 자율주행차도 멈추게 된다. 날씨 예보가 불가능해지면 농업과 해양 산업에도 큰 문제가 생기며, 군사 위성이 작동하지 않으면 국가 안보에도 위협이 될 수 있다. 이처럼 우주 쓰레기는 단순히 하늘 위의 문제가 아니라, 우리가 매일 사용하는 기술과 직접 연결된 문제다. 따라서 우리는 지금부터라도 우주 쓰레기 문제에 관심을 갖고 해결 방안을 모색해야 한다.

• 과학기술의 발전이 오히려 다양한 문제를 만들 수 있다는 말에 동의하는가?

① 동의하는 관점: 과학기술은 문제를 만들 수 있다

과학기술은 분명 인류의 삶을 편리하고 안전하게 만들어주지만, 동시에 새로운 문제를 일으키기도 한다. 예를 들어, 인공위성 기술은 통신과 내비게이션을 가능하게 했지만, 현재는 수많은 우주 쓰레기를 만들어 지구 궤도를 위협하고 있다. 또한 자동차는 편리함을 제공했지만, 대기오염과 교통사고라는 부작용도 초래했다. 이처럼 기술은 긍정적인 면과 부정적인 면을 동시에 지니며, 그 부작용은 시간이 지나야 드러나는 경우도 많다. 과학기술은 단순한 도구가 아니라, 사용하는 사람의 목적과 태도에 따라 그 결과가 달라진다. 따라서 과학자나 기업뿐만 아니라 사회 전체가 기술이 가져올 영향을 미리 고민하고 준비해야 한다. 과학기술이 진정으로 인류를 위한 길이 되기 위해서는 윤리적 책임과 사회적 합의가 반드시 함께 이루어져야 한다.

② 비동의하는 관점: 과학기술은 문제보다 해결책이다

오히려 과학기술은 문제를 해결하기 위한 가장 효과적인 수단이라고 생각한다. 우주 쓰레기 문제 역시 기술이 만든 것이 맞지만, 그 쓰레기를 치우고 예방하는 것도 새로운 과학기술을 통해 가능해진다. 실제로 유럽, 일본, 한국 등 여러 나라가 로봇 팔, 레이저, 자가 소멸 위성 등의 기술을 활용해 우주 쓰레기를 줄이려는 노력을 하고 있다. 만약 기술이 없었다면 인공위성, 인터넷, 기상 예보 등 생활의 편리함도 누릴 수 없었을 것이다. 또한 지구온난화, 전염병, 에너지 고갈 같은 인류의 큰 문제들도 과학기술 덕분에 해결 방안을 찾아가고 있다. 문제는 기술 자체가 아니라, 그것을 무책임하게 사용하는 사람이다. 따라서 우리는 기술을 나쁘게 볼 것이 아니라, 그것을 올바른 방향으로 사용하는 방법을 배우고 발전시켜야 한다고 생각한다.

정리해 볼까요?

기사에 대해서 알아볼까요?

주제: 우주 쓰레기는 미래 세대를 위한 환경 문제로, 해결을 위해 과학기술 발전 뿐 아니라 국제 협력과 윤리적 책임이 필요하다.

핵심어휘: 우주 쓰레기, 인공위성, 케슬러 증후군, 국제 협력, 우주 환경, 윤리적 책임, 청소 위성

1단락 요약: 우주 탐사의 발전으로 인공위성이 우리의 삶에 밀접하게 작용하고 있지만, 그 이면에는 '우주 쓰레기'라는 심각한 문제가 점점 부각되고 있다.

2단락 요약: 우주 쓰레기는 엄청난 속도로 움직이며 충돌 시 큰 피해를 유발할 수 있다. 케슬러 증후군처럼 쓰레기가 연쇄적으로 늘어날 위험성도 커지고 있다.

3단락 요약: 각국은 로봇 팔, 그물, 레이저 등 다양한 기술로 우주 쓰레기를 수거하려는 시도를 하고 있으며, 위성 설계 단계부터 쓰레기를 줄이려는 기술도 개발 중이다.

4단락 요약: 기술만으로는 해결이 어려우며, 국제적인 협력과 규범이 중요하다. 우주 공간은 모두의 자산이므로 공동 대응과 규칙 설정이 필요하다.

5단락 요약: 우주 쓰레기 문제는 환경 문제이며, 학생들도 이에 대해 고민하고 지속 가능한 우주 개발을 위한 시민적 감수성을 길러야 한다.

기사의 구조적 접근을 꼭 알아야 해요!

1) 서론: 우주 개발의 이면, 떠오르는 위협

우주 탐사의 진전 속에, 우리가 놓치고 있던 우주 쓰레기 문제가 심각해지고 있다. 이는 인류의 일상과 미래를 위협하는 새로운 환경 문제다.

2) 본론: 우주 쓰레기의 실태와 대응 방식

우주 쓰레기는 기하급수적으로 증가하며, 초고속 이동으로 인한 충돌은 대형 사고를 유발할 수 있다. 케슬러 증후군은 우주 공간이 파편으로 가득 차 위성 발사를 어렵게 만드는 현상이다. 이를 해결하기 위해 청소 위성, 로봇 팔, 자가 소멸 위성 등 다양한 기술이 개발되고 있으며, 예방과 사후 수거 기술이 함께 논의된다. 우주는 특정 국가의 소유가 아니므로, 환경 보존을 위한 국제적 협력과 윤리적 규범이 필요하며, IADC 등 국제기구의 역할이 중요하게 부각되고 있다.

3) 결론: 지속 가능한 우주 환경을 위한 책임과 국제 협력

지속 가능한 우주 환경을 위해 기술뿐 아니라 윤리적 책임과 국제적 연대가 필요하며, 청소년도 이 문제를 성찰하고 미래 시민으로서 고민해야 한다.

비판적 사고 키워 볼까요? ✛

1 다음 중 본문의 내용으로 적절하지 않은 것은?

① 우주 쓰레기는 고속으로 움직이며 위성과 충돌할 경우 심각한 피해를 일으킬 수 있다.

② 케슬러 증후군은 우주 쓰레기를 수거하여 지구로 되돌리는 기술을 말한다.

③ 인공위성은 통신, 기상 예보, 내비게이션 등 우리의 일상생활에 다양하게 활용된다.

④ 일본과 유럽은 우주 쓰레기 제거 기술을 개발 중이며, 우리나라도 관련 기술을 연구하고 있다.

⑤ 우주 쓰레기 문제는 기술만으로 해결하기 어려우며, 국제적 협력이 필요하다.

2 다음 <보기>의 내용을 바탕으로, 본문과 관련이 없는 사례는?

보기

• 우주 쓰레기는 특정 국가의 문제가 아닌, 전 인류가 공동으로 해결해야 할 국제적 환경 문제이다.
• 각국은 우주 쓰레기 발생을 줄이기 위한 기술을 개발하고 있으며, 국제적인 협의 기구를 통해 규범과 책임 의식을 함께 나누는 방향으로 대응하고 있다.

① 유럽우주국은 로봇 팔을 이용해 우주 쓰레기를 포착하는 청소 위성을 개발 중이다.

② 한국은 쓰레기 위치를 추적하는 시스템을 개발하고 국제 포럼에서 협력 방안을 논의했다.

③ 일본은 우주 파편을 없애기 위해 궤도상 무기 배치 가능성을 언급했다.

④ 일부 인공위성은 수명을 다하면 스스로 대기권에 진입해 소멸되도록 설계되고 있다.

⑤ 국제우주쓰레기조정위원회(IADC)는 각국에 폐기물을 제거하도록 권고하고 있다.

3 본문에 근거하여 우주 쓰레기 문제를 해결하기 위한 국제 협력의 필요성을 서술하시오.

4 논제 '우주 쓰레기 문제는 인류의 미래를 위해 지금 당장 해결해야 할 환경 과제이다.'
대해서 자신의 생각을 서론, 본론, 결론의 형식으로 서술하시오.

중요

5 다음 두 문장을 비교하며, 본문에서 말하는 우주 쓰레기 문제 해결의 핵심 방향과 자신의 생각을 서술하시오.

> A : "우주 쓰레기는 첨단 기술로 정리될 문제이며, 인류의 과학 발전이 해결할 것이다."
>
> B : "우주 쓰레기는 인류 모두의 공동 책임이며, 국제적 윤리와 협력이 전제되어야 한다."

6 논제 '우주 쓰레기 문제 해결을 위해 국제적 규제와 법적 구속력이 반드시 필요하다.'라는 주장에 대해 찬성과 반대 입장을 논하시오.

찬성	반대

03 유전자 편집기술, 어디까지 허용해야 할까?

과학 기술은 놀라운 속도로 발전하고 있으며, 그중에서도 유전자 편집❶ 기술은 인간의 삶을 획기적으로 변화시키는 분야로 주목받고 있다. 최근 등장한 '크리스퍼(CRISPR)❷' 기술은 살아 있는 생물의 DNA를 정밀 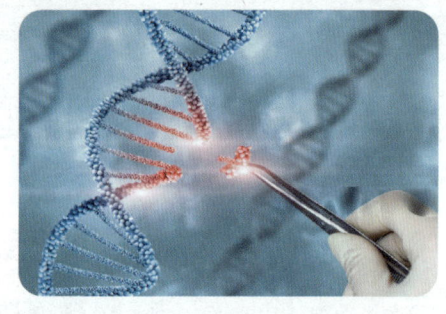 하게 자르고 붙일 수 있는 도구로, 유전자 편집의 혁신을 이끌고 있다. 이 기술은 특정 유전 질환을 치료하거나 작물의 병충해 저항력을 높이는 데 활용되며, 농업 · 의학 · 환경 등 다양한 분야에서 실질적인 성과를 내고 있다.

크리스퍼는 흔히 '유전자 가위'라고 불린다. DNA에서 잘못된 부분을 찾아내어 자르고 수정할 수 있기 때문이다. 실제로 2019년 미국에서는 이 기술을 이용해 겸상적혈구병을 치료한 환자가 건강을 회복한 사례가 발표되었고, 유전 질환 중 하나인 베타 지중해빈혈 역시 크리스퍼 기술을 통해 치료한 임상 결과가 성공적이었다고 보고되었다. 또한 멸종 위기에 처한 동물의 유전자를 복원하거나, 병을 옮기는 모기의 생식을 억제해 감염병 확산을 줄이려는 시도도 이루어지고 있다. 이처럼 유전자 편집 기술은 인간에게 큰 혜택을 줄 수 있는 잠재력을 지니고 있다.

하지만 기술이 무조건 긍정적인 것만은 아니다. 2018년 중국 과학자 허젠쿠이는 세계 최초로 유전자 편집을 통해 HIV 면역성을 가진 아기 쌍둥이를 태어나게 했다고 발표해 과학계에 큰 충격을 안겼다. 이는 단순한 질병 치료를 넘어 인간의 생명을 설계하려는 시도로 받아들여졌으며, 윤리적 논란을 불러일으켰다. 유전자 편집이 부모의 선택에 따라 아기의 외모, 지능, 성격 등을 조작할 수 있게 된다면, 그것은 과학의 진보라기보다는 새로운 형태의 차별과 통제의 시작일 수 있다. 이른바 '디자이너 베이비[3]' 논란은 인간의 존엄성과 다양성에 대해 깊은 질문을 던진다.

또한 유전자 편집 기술은 사회적 불평등을 심화시킬 가능성도 있다. 부유한 사람들은 자녀의 유전자를 조작해 더 건강하고 똑똑한 아이를 낳을 수 있지만, 그렇지 못한 사람들은 불리한 조건에서 출발할 수밖에 없다. 이는 유전자가 곧 계급이 되는 새로운 형태의 차별 사회를 초래할 수 있으며, 장애를 유전적으로 제거하려는 시도가 장애인의 존재 가치를 부정하고 다양성을 해칠 수 있다는 점도 깊이 고민해야 한다. 기술 발전은 편리함을 제공하지만, 동시에 인간의 권리와 존엄성을 침해할 수 있는 위험도 내포하고 있다.

유전자 편집 기술은 분명 인류의 삶을 바꾸는 강력한 힘을 가지고 있다. 그러나 그 힘이 올바르게 쓰이지 않는다면 오히려 사회를 위협할 수도 있다. 따라서 우리는 이 기술의 과학적 가능성을 인정하되, 윤리적 기준과 법적 규제를 반드시 마련해야 한다. 국제적으로도 각국은 유전자 편집에 대한 가이드라인을 마련하고 있으며, 세계보건기구(WHO) 역시 인간 배아 편집에 대해 제한을 권고

❶ 유전자 편집: 생물의 유전자 정보를 정밀하게 조작하여 특정 기능을 바꾸거나 질병을 치료하는 기술이다. 대표적으로 크리스퍼(CRISPR)가 사용된다.
❷ 크리스퍼: 유전자의 잘못된 부분을 찾아 잘라내고 바꿀 수 있는 유전자 가위 기술이다. 치료, 농업, 생태 분야에서 활용된다.
❸ 디자이너 베이비: 부모가 아이의 외모, 지능, 성격 등을 유전적으로 선택하거나 조작해 태어나게 한 아기를 말한다. 윤리적 논쟁을 불러일으키는 개념이다.

국어 공신 선생님

하고 있다. 이는 기술의 남용을 방지하고 인간의 존엄성을 보호하기 위한 최소한의 장치라 할 수 있다.

결국 과학은 기술 그 자체가 아니라, 그것을 어떻게 활용하느냐에 따라 그 가치가 결정된다. 유전자 편집 기술은 인류에게 혜택을 줄 수 있는 방향으로 사용되어야 하며, 이를 위해 사회 전체의 지속적인 관심과 감시가 필요하다. 특히 미래 세대인 학생들은 이러한 기술의 윤리적 쟁점에 대해 비판적으로 사고하고, 올바른 방향으로 나아갈 수 있도록 목소리를 내야 한다. 과학의 진보가 인간의 존엄성과 공존할 수 있도록, 우리 모두의 책임 있는 참여가 요구되는 시점이다.

국어 공신 선생님의 감상 꿀팁!

 ## 한걸음 더 깊이 생각해 보기

• **유전자 편집은 인간의 생명을 '설계'하는 일일까?**

유전자 편집은 질병 치료에 활용될 수 있지만, 인간을 '설계'하는 데 사용되면 생명의 존엄성을 해칠 수 있다. 치료는 기존 질병을 고치는 것이고, 설계는 원하는 특징을 미리 정해 만드는 것이다. 예를 들어, 유전 질환을 고치는 것은 치료지만, 눈 색깔이나 성격을 바꾸는 것은 설계. 생명은 누구에게나 고유한 가치를 지닌 존재이며, 과학기술은 생명을 건강하게 하는 데 쓰여야 한다. 따라서 유전자 편집은 치료 목적에 한해 제한적으로 사용되어야 하며, 그 기준은 전문가와 사회가 함께 정해야 한다.

• **'질병 예방'을 위한 유전자 편집은 어디까지 허용해야 할까?**

유전자 편집 기술이 질병 예방을 위해 사용될 수는 있지만, 그 범위에는 분명한 제한이 있어야 한다. 선천적인 유전 질환으로 인해 평생 고통받을 아이가 건강하게 태어날 수 있다면, 그것은 매우 바람직한 일이다. 하지만 단순히 아이가 더 예뻤으면 좋겠다거나, 공부를 더 잘했으면 좋겠다는 이유로 유전자를 바꾸는 것은 지나친

욕심이다. 이러한 선택은 오히려 새로운 형태의 차별을 초래할 수 있다. 또한 장애를 가진 사람의 유전자를 없애는 것이 과연 옳은 일인지에 대해서도 깊이 고민해야 한다. 사람은 각기 다르게 태어나며, 그 다양성은 사회를 더욱 풍요롭게 만든다. 과학기술은 사람을 평가하는 기준이 되어서는 안 된다. 따라서 질병을 예방하기 위한 유전자 편집은 생명과 건강에 꼭 필요한 최소한의 범위에서만 허용되어야 하며, 그 경계는 의학적 필요성과 윤리적 책임을 함께 고려해 정해야 한다고 생각한다.

• 유전자 편집은 '필요한 기술'이다 VS '위험한 기술'이다.

① 필요한 기술의 관점

유전자 편집은 인류에게 꼭 필요한 기술이다. 유전 질환은 환자와 가족에게 큰 고통을 주며, 치료가 어려운 경우도 많다. 하지만 유전자 편집 기술은 질병의 근본 원인을 고칠 수 있다. 예를 들어, 겸상적혈구병이나 베타 지중해빈혈 같은 희귀 질환을 치료할 수 있다는 사실은 환자들에게 큰 희망이 된다. 농업 분야에서는 병에 강한 작물을 개발해 기후 변화에도 잘 견디는 식량을 생산할 수 있고, 환경 분야에서는 멸종 위기 동물을 보호하거나 감염병을 퍼뜨리는 모기의 생식을 억제할 수 있다. 물론 윤리적인 문제도 존재하지만, 기술 자체가 나쁜 것이 아니라 그것을 어떻게 사용하는지가 중요하다. 따라서 유전자 편집 기술은 우리 사회에 꼭 필요한 기술이며, 이를 사용할 때에는 엄격한 규칙과 사회적 합의가 반드시 함께 마련되어야 한다.

② 위험한 기술의 관점

유전자 편집은 위험한 기술이다. 이 기술이 잘못 사용되면 인간의 생명을 '선택'하고 '조작'하려는 시도로 이어질 수 있기 때문이다. 예를 들어, 아기의 외모, 지능, 성격 등을 부모가 마음대로 정하게 된다면, 그것은 과학이 아니라 생명에 대한 통제이다. 이러한 행위는 새로운 차별을 낳고, 결국 유전자가 사회적 지위를 결정하는 불평등한 세상을 만들 수 있다. 장애를 유전적으로 없애려는 시도 역시 다양성의 가치를 무시하고, 특정 기준의 사람만 인정받는 사회를 초래할 수 있다. 과학기술은 인류를 위한 것이어야 하지만, 유전자 편집은 그 힘이 너무 강력해 오히려 인류를 위협할 수도 있다. 따라서 이 기술은 매우 신중하게 접근해야 한다.

정리해 볼까요?

그룹 생각

기사에 대해서 알아볼까요?

집중!

주제: 유전자 편집은 질병 치료에 유용하지만, 인간 존엄성과 불평등 문제를 초래할 수 있어 윤리 기준과 국제 규범이 함께 마련되어야 한다.
핵심어휘: 유전자 편집, 크리스퍼, 디자이너 베이비, 생명 윤리, 유전 불평등, 과학기술, 국제 규범, 인간 존엄성

1단락 요약: 크리스퍼 등 유전자 편집 기술은 DNA를 정밀하게 조작할 수 있어 질병 치료와 농업에 활용되며, 기대와 함께 윤리적·사회적 우려도 낳고 있다.
2단락 요약: 실제 유전 질환 치료 사례나 생태계 보존 등에서 크리스퍼는 긍정적인 효과를 보여주고 있으며, 기술의 활용 가능성이 매우 넓다.
3단락 요약: 유전자 편집을 통한 인간 설계 시도는 윤리적 논란을 낳고 있으며, 디자이너 베이비 논쟁은 인간 존엄성과 다양성에 대한 중요한 질문을 던진다.
4단락 요약: 기술 이용의 불균형은 사회적 불평등과 차별을 초래하고, 장애인의 존재 가치를 훼손할 수 있어 권리 침해에 대한 주의가 필요하다.
5단락 요약: 과학 기술은 활용에 따라 인류 삶을 개선하거나 위협할 수 있어 윤리 기준과 법적 규제, 국제사회와 시민의 감시·논의가 반드시 필요하다.
6단락 요약: 과학적 가능성과 윤리적 한계를 균형 있게 고려하는 태도가 필요하다.

기사의 구조적 접근을 꼭 알아야 해요!

꼭 기억하렴!

1) 서론: 기술 발전과 윤리의 충돌
유전자 편집 기술은 생명 과학의 혁신으로 떠오르고 있지만, 그 경계와 책임에 대한 논의가 절실해지고 있다.

2) 본론: 유전자 편집 기술의 가능성과 문제점
유전자 편집은 유전 질환 치료, 병원균 조절, 멸종 동물 복원 등에서 미래 과학으로 주목받고 있다. 하지만 인간 배아 편집은 생명 설계로 이어져 윤리 논란이 있으며, 기술 접근성의 격차는 계급 문제를 낳고, 유전 형질 제거는 다양성과 존엄성을 침해할 수 있어 신중한 논의가 필요하다.

3) 결론: 책임 있는 과학을 위한 기준 마련
유전자 편집 기술은 엄격한 윤리 기준과 법적 장치가 뒷받침되어야 하며, 국제적 가이드라인과 함께 시민 사회의 감시와 토론이 병행되어야 한다.

# 비판적 사고 키워 볼까요? ✚

1 다음 중 본문의 내용으로 적절하지 않은 것은?

① 크리스퍼 기술은 DNA를 정밀하게 자르고 붙이는 기능으로 다양한 질병 치료에 활용된다.

② 유전자 편집 기술은 이미 여러 국가에서 인간의 생명 설계를 목적으로 자유롭게 사용되고 있다.

③ 베타 지중해빈혈, 겸상적혈구병 등의 치료에 유전자 편집이 실제로 사용된 사례가 있다.

④ 유전자 편집 기술은 감염병 확산을 막는 생태 조절에도 활용되고 있다.

⑤ 유전자 편집은 기술적 발전과 함께 윤리적 논의가 반드시 병행되어야 한다.

2 다음 <보기>의 내용을 바탕으로, 본문과 관련이 없는 사례는?

> 유전자 편집 기술은 생명과학, 농업, 의학, 생태 등 다양한 분야에 활용되며, 질병 치료와 생물 다양성 보호 등 긍정적 가능성을 지닌다. 하지만 윤리적·사회적 위험성도 존재하므로, 기술의 사용 범위에 대해 국제적 규범과 사회적 합의가 반드시 필요하다.

① 크리스퍼 기술을 활용하면 병충해에 강한 작물을 개발할 수 있어 농작물의 생산성과 안정성을 높이는 데 큰 도움이 된다.

② 겸상적혈구병을 앓던 환자가 유전자 편집 기술을 통해 치료를 받고 건강을 회복한 사례가 보고되어 큰 주목을 받았다.

③ 생명체의 탄생을 설계하기 위해 유전자 조작이 자유롭게 허용되고 있다.

④ 멸종 위기에 처한 동물의 유전자를 복원하려는 과학적 시도가 진행 중이며, 생물 다양성 보호에 기여할 것으로 기대된다.

⑤ 유전자 조작을 통해 모기의 생식력을 억제함으로써 말라리아나 뎅기열 같은 감염병의 확산을 줄이려는 실험이 진행되고 있다.

3 본문에 근거하여, 유전자 편집 기술에 대한 국제적 규범의 필요성을 서술하시오.

4 논제 '유전자 편집 기술은 그 가능성만큼, 더 엄격한 사회적 통제가 필요하다.'에 대해서 자신의 생각을 서론, 본론, 결론의 형식으로 서술하시오.

중요

5 유전자 편집 기술이 가져올 미래 사회를 상상해보고, 그 사회가 '이상적 사회'가 되기 위해 반드시 지켜져야 할 조건 2가지를 본문을 바탕으로 서술하시오.

집중

6 논제 '유전자 편집 기술은 인간의 삶을 향상시키는 데 제한 없이 활용되어야 한다.'라는 주장에 대해 찬성과 반대 입장을 논하시오.

찬성	반대

04 휴대폰 속 희귀 금속, 어디서 오나?

우리가 매일 사용하는 스마트폰은 단순한 통신 기기를 넘어 게임기, 카메라, 지갑, 학습 도구 등 다양한 기능을 수행하는 일상 필수품이다. 그러나 이 작은 기기를 만드는 데에는 우리가 잘 알지 못하는 자원이 필요하다. 바로 '희귀 금속[1]'이다. 스마트폰을 분해해 보면 눈에 잘 띄지 않는 부품 속에 다양한 금속이 숨어 있으며, 이들 대부분은 지구상에 소량만 존재하거나 채굴이 매우 어려운 희귀 자원이다. 그렇다면 이런 금속들은 어디서 오며, 어떻게 우리 손에 들려지게 되었을까?

스마트폰 한 대에는 약 30종 이상의 금속이 사용된다. 그중 리튬, 코발트, 니켈, 인듐, 탄탈럼 같은 금속은 희귀 금속에 해당하며, 스마트폰의 배터리, 반도체 칩, 디스플레이, 진동 장치 등 핵심 부품에 쓰인다. 예를 들어, 리튬은 전지의 핵심 소재로 사용되며, 코발트는 배터리의 안정성과 수명을 높이는 역할을 한다. 인듐은 터치스크린과 액정 화면 제작에 필수적이고, 탄탈럼은 회로에서 전류의 흐름을 안정적으로 조절하는 데 사용된다. 이러한 금속은 주로 콩고민주공화국, 브라질, 호주, 중국, 칠레 등에서 채굴되며, 전 세계 전자산업에 필수 자원으로 공급된다.

하지만 이 자원들이 우리 손에 들어오기까지는 여러 문제를 안고 있다. 우선 광산 개발은 산림을 파괴하고, 토양과 하천을 오염시킨다. 독성 물질이 유출되어 인근 주민과 생태계에 심각한 피해를 주기도 한다. 더 심각한 문제는 '분쟁 광물[2]이다. 특히 아프리카 일부 지역에서는 무장 단체들이 광산을 점령한 뒤 어린이와 주민들을 강제 노동시키고, 그 자금을 무기 구매에 사용하는 사례가 있다. 즉, 우리가 아무렇지 않게 사용하는 스마트폰 안에는 누군가의 고통이 숨어 있을 수 있다. 이러한 문제는 단순한 환경 문제를 넘어 인권과 윤리의 문제로 이어진다.

최근에는 '도시광산[3]'이 대안으로 주목받고 있다. 도시광산이란 도시에서 발생하는 폐전자제품에서 희귀 금속을 회수하는 방식이다. 폐휴대폰, 노트북, 보조배터리 등에는 여전히 많은 양의 금, 은, 구리, 희토류가 남아 있다. 예를 들어, 폐휴대

도시광산 전문 제련소을 운영 중인 한민 기업

폰 1톤에서 추출되는 금은 금광석 1톤에서 나오는 금보다 30배 이상 많다고 한다. 일본은 2020 도쿄올림픽에서 메달을 폐전자제품으로 제작하는 '도시광산 프로젝트'를 운영해 세계적인 주목을 받았다. 우리나라에서도 환경부와 지자체가 협력해 폐전자제품 수거함을 설치하고, 자원 재순환 교육을 실시하는 등 실질적인 행동에 나서고 있다. 기업들 역시 '지속 가능한 자원 공급망' 확보를 위해 윤리적 채굴 여부를 확인하는 국제 인증 시스템(RMI, ESG 평가 등)에 참여하

❶ 희귀 금속: 지구상에 매우 적은 양만 존재하거나 채굴이 어려운 금속을 말한다. 스마트폰의 배터리, 반도체, 디스플레이 등에 핵심적으로 사용된다.
❷ 분쟁 광물: 무력 충돌 지역에서 무장 단체가 불법으로 채굴한 자원이다. 이 자원의 수익이 무기 구매 등에 사용되며, 인권 침해와 윤리 문제로 이어진다.
❸ 도시광산: 폐전자제품에서 금속 자원을 회수하는 방식이다. 자연 채굴보다 효율적이며, 자원 재순환과 환경 보호에 기여한다.
❹ 지속 가능한 소비: 환경과 사회에 미치는 영향을 고려해 자원을 절약하고 재사용하려는 소비 방식이다. 스마트폰을 오래 쓰고 재활용하는 실천이 이에 해당한다.

꼭 기억하렴

국어 공신 선생님

고 있다.

우리는 기술의 발전이 환경과 사람에게 어떤 영향을 주는지 고민해야 한다. 스마트폰은 편리하고 멋진 기술이지만, 그 안에 담긴 자원의 배경까지 함께 생각할 때 비로소 '지속 가능한 소비자'가 될 수 있다. 오래 쓰기, 고장 난 제품 수리하기, 필요 없는 제품은 재활용하기 같은 작은 실천들이 모이면 큰 변화를 만들어낼 수 있다. 과학은 단지 기술을 개발하는 데서 끝나는 것이 아니라, 그것이 사회에 어떤 영향을 미치는지를 고민하는 데서 진정한 힘을 발휘한다. 이제는 기술을 '어떻게 쓰느냐'를 함께 배우는 것이 필요한 시대다. 우리가 선택하는 소비 방식이 미래의 환경과 인권을 좌우할 수 있다는 점에서, 더 깊은 책임감을 가져야 할 때다.

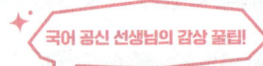

한걸음 더 깊이 생각해 보기

• 자원의 고갈은 왜 과학적 경고가 되는가?

자원의 고갈은 단순히 '자원이 부족하다'는 문제를 넘어, 과학적으로 분석하고 예측해야 할 중요한 지구적 과제이다. 대부분의 자원은 지구 내부에서 수백만 년에 걸쳐 천천히 생성되며, 금속 광물은 지각의 움직임, 열, 압력 등의 작용을 통해 형성된다. 그러나 인간은 이러한 자원을 단 몇십 년 만에 빠르게 소비하고 있어, 생성 속도보다 소비 속도가 훨씬 빠르다. 이에 따라 자원이 언제 고갈될지를 과학적으로 경고하고 대비할 필요가 있다. 과학자들은 자원 사용량, 매장량, 기술 발전 속도 등을 변수로 설정해 미래 고갈 시점을 시뮬레이션하며, 최근에는 빅데이터와 인공지능(AI)을 활용해 채굴 속도와 소비량을 정밀하게 분석하고 있다. 과학은 자원이 무한하지 않다는 사실을 상기시키며, 현재의 행동이 미래에 어떤 영향을 미칠지를 알려주는 '경고등' 역할을 한다. 자원 고갈은 단순한 경제 문제가 아니라 환경, 사회, 기술이 복합적으로 얽힌 문제로, 과학이 반드시 개입해야 할 글로벌 이슈다.

• 지속 가능한 자원 순환은 어떤 과학 원리에 기반할까?

지속 가능한 자원 순환은 단순한 재활용이 아니다. 이는 물리학과 화학의 법칙에 기초하여 이루어지는 과학적인 활동이다. 먼저 열역학 제1법칙은 "에너지는 형태를 바꾸지만 총량은 일정하다"는 원리로, 자원 순환에서는 에너지 낭비 없이 효율적으로 사용하는 것이 중요하다는 사실을 말해준다. 예를 들어 도시광산에서 금속을 추출할 때 에너지를 적게 쓰는 기술이 필요하다. 다음으로 열역학 제2법칙은 모든 에너지 전환에는 일부 손실이 생긴다는 것으로, 자원이 무조건 100% 다시 쓰일 수 없다는 한계를 알려준다. 그렇기 때문에 순환 과정에서 에너지 손실을 줄이는 기술 개발이 필요하다. 또한 자원은 자연 안에서 물질순환을 한다. 물, 탄소, 질소처럼 금속 자원도 추출→사용→폐기→회수의 순환 고리를 만들 수 있어야 한다. 자원 순환은 단순한 반복이 아닌, 과학적 설계와 에너지 효율, 환경 보호 원칙을 바탕으로 해야 한다. 이것이 바로 과학이 자원 문제 해결에 핵심이 되는 이유이다.

• 스마트폰 속 금속의 화학 반응은 어떤 것이 있을까?

스마트폰 안의 금속들은 다양한 화학 반응을 일으키며 작동한다. 가장 대표적인 것이 전기전도성이다. 스마트폰 회로에서는 구리, 은, 금과 같은 금속이 전자를 잘 이동시켜 전기가 흐르게 한다. 이때 금속 결합이라는 특성이 작용하여 금속 원자 사이에 자유 전자가 움직일 수 있게 된다. 또 하나의 중요한 반응은 산화-환원 반응이다. 특히 리튬이온 배터리에서는 리튬 이온이 양극과 음극 사이를 오가며 전자를 주고받는 반응이 일어난다. 이 과정에서 전기를 저장하고 방출할 수 있다. 리튬은 산화되면서 전자를 내놓고, 다시 환원되어 원래 상태로 돌아온다. 이처럼 산화와 환원이 반복되면서 스마트폰이 켜지거나 충전되는 것이다. 또한 디스플레이 안의 인듐은 빛을 투과하면서도 전기를 전달할 수 있어, 화면을 터치했을 때 신호를 빠르게 전달할 수 있게 한다. 스마트폰은 작지만, 그 안에는 물리와 화학의 법칙이 살아 있는 실험실이라고 할 수 있다. 금속이 가진 고유의 과학적 특성이 스마트폰을 가능하게 만드는 것이다.

정리해 볼까요?

기사에 대해서 알아볼까요?

주제: 스마트폰 생산에 필요한 희귀 금속은 환경과 인권 문제를 유발할 수 있다. 도시광산과 지속 가능한 소비를 통해 윤리적 소비를 실천해야 한다.
핵심어휘: 희귀 금속, 분쟁 광물, 도시광산, 자원 윤리, 스마트폰, 재활용, 지속 가능한 소비, 사회적 책임

1단락 요약: 스마트폰은 다양한 기능을 수행하는 필수 기기이지만, 그 제작에는 눈에 보이지 않는 희귀 금속이 사용된다. 이 자원들은 매우 적고 채굴이 어렵다.
2단락 요약: 스마트폰에는 리튬, 코발트, 탄탈럼 등 30종 이상의 금속이 사용되며, 대부분 개발도상국에서 채굴된다. 이들은 스마트폰 부품의 핵심 역할을 한다.
3단락 요약: 희귀 금속 채굴은 환경 오염, 생태계 파괴뿐 아니라 무장 단체의 자금 조달 등 인권 침해 문제를 유발한다. 특히 분쟁 광물 문제는 윤리적 책임을 요구한다.
4단락 요약: 도시광산은 폐전자제품에서 자원을 추출하는 방식으로, 새로운 대안으로 떠오르고 있다. 실제로 일본은 도시광산을 통해 올림픽 메달을 제작했다.
5단락 요약: 기술은 사회에 어떤 영향을 미치는지 고민해야 한다. 소비자는 단지 제품을 사용하는 것에 그치지 않고, 자원의 생산과 소비 과정까지 고민하며 행동해야 한다.

기사의 구조적 접근을 꼭 알아야 해요!

1) 서론: 기술과 자원의 이면, 우리가 모르는 이야기
스마트폰은 우리 삶을 편리하게 해주는 기술이지만, 그 생산 과정에는 우리가 알지 못하는 자원 문제와 환경·인권 문제가 숨어 있다.

2) 본론: 희귀 금속과 사회적 문제의 실체
리튬, 코발트, 인듐 등 희귀 금속은 스마트폰의 핵심 부품에 사용되며, 주로 아프리카와 남미에서 채굴된다. 채굴 과정에서 환경 파괴, 오염, 강제 노동, 무장 단체 자금 조달 등의 문제가 발생해 분쟁 광물로 이어진다. 이에 폐전자제품을 활용한 도시광산이 대안으로 떠오르고 있으며, 국제 사회와 기업은 윤리적 소비를 위한 인증 시스템을 강화하고 있다.

3) 결론: 소비자 의식과 지속 가능한 실천의 중요성
기술을 '어떻게 쓰느냐'가 중요한 시대다. 우리는 스마트폰 속 자원을 둘러싼 문제를 인식하고, 수리·재사용·재활용 같은 작은 실천을 통해 지속 가능한 소비자가 되어야 한다.

비판적 사고 키워 볼까요? ✚

1 다음 중 본문의 내용으로 적절하지 않은 것은?

① 희귀 금속은 스마트폰의 배터리, 디스플레이, 회로 등 다양한 부품에 필수적으로 사용되는 핵심 소재이다.

② 폐전자제품 속 금속은 회수하기 어렵기 때문에 도시광산은 실효성이 낮다.

③ 아프리카 일부 지역에서는 분쟁 자금 확보를 위해 무장 단체가 광산을 점령하기도 한다.

④ 일본은 도쿄올림픽 메달을 폐전자제품에서 추출한 금속으로 제작한 바 있다.

⑤ 스마트폰에 사용된 자원의 배경까지 생각하며 소비하는 것이 지속 가능한 태도이다.

2 다음 <보기>의 내용을 바탕으로, 본문과 관련이 없는 사례는?

보기

리튬, 코발트 등 희귀 금속의 채굴과 소비는 환경 파괴, 오염, 강제 노동 등 심각한 인권 문제를 유발한다. 이를 해결하기 위해 폐전자제품에서 금속을 회수하는 도시광산, 윤리적 채굴을 인증하는 국제 시스템, 금속 재활용 확대 등 다양한 대응이 요구된다.

① 일부 지역에서는 어린이가 강제로 노동에 동원되어 광물을 채굴하는 인권 침해 사례가 발생하고 있다.

② ESG 평가와 RMI 인증 등을 통해 기업과 국제 사회는 윤리적인 자원 공급망 구축을 위해 노력하고 있다.

③ 희귀 금속의 대부분은 유럽과 미국에서 자급자족 방식으로 생산되고 있다.

④ 도시광산은 폐전자제품에서 금속을 회수함으로써 자원 낭비를 줄이고 환경 보호에 기여하는 방식이다.

⑤ 환경부는 폐전자제품 수거함을 설치하고 자원 재순환에 대한 교육을 통해 지속 가능한 소비를 유도하고 있다.

3 본문을 바탕으로, 희귀 금속 사용이 환경과 인권에 미치는 영향을 간략히 서술하시오.

4 논제 '스마트폰의 편리함 뒤에는 우리가 함께 책임져야 할 자원의 문제가 숨어 있다.'에 대해 자신의 생각을 서론, 본론, 결론의 형식으로 서술하시오.

중요

5 질문 "스마트폰 속 희귀 금속의 회수와 재활용 과정은 '물질의 특성과 변화'라는 과학 개념과 어떤 관련이 있을까?"에 대해 도시광산이 과학적으로 왜 효과적인 자원 활용 방법인지 서술하시오.

6 논제 '스마트폰 자원 문제 해결을 위해 국가 차원의 의무적 자원 재활용 제도를 도입해야 한다.'라는 주장에 대해 찬성과 반대 입장을 논하시오.

찬성	반대

로봇 수술, 의사를 대체할 수 있을까?

최근 병원 수술실의 풍경이 눈에 띄게 달라지고 있다. 사람의 손 대신 로봇 팔이 정교하게 움직이며 수술을 돕는 장면은 더 이상 영화 속 상상이 아니다. '다빈치'라는 이름의 로봇 수술기는 미국을 비롯한 세계 각국의 병원에서 널리 사용되고

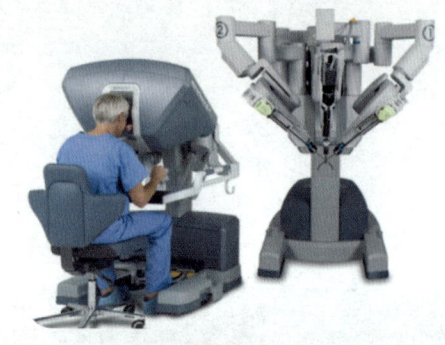

'다빈치' 로봇 수술기계

있으며, 한국에서도 100곳이 넘는 병원에서 이 기계를 도입해 활용 중이다. 사람보다 더 정밀한 손놀림과 피로를 모르는 반복 조작 능력 덕분에 수술의 성공률도 높아졌다는 평가가 나온다. 그렇다면, 이처럼 발전한 로봇 수술 기술이 언젠가는 '의사'를 완전히 대체할 수도 있을까?

로봇 수술❶의 가장 큰 장점은 '정확성'이다. 다빈치 로봇은 사람 손보다 훨씬 미세한 움직임을 구현할 수 있어 출혈을 줄이고 회복 속도를 높인다. 수술 부위를 10배 이상 확대해 보여주는 3D 고해상도 화면을 통해, 의사는 작은 종양이나 혈관도 놓치지 않고 정밀하게 조작할 수 있다. 특히 복강경 수술이나 전립선암 수술처럼 고도의 정밀함이 요구되는 분야에서 매우 유용하다. 로봇은 손이 떨리지 않고, 동일한 동작을 오랜 시간 반복해도 정확도를 유지한다. 이러한 특성 덕분에 수술 시간 단축, 감염 위험 감소, 회복 기간 단축이라는 장점이 나타

난다. 최근에는 로봇이 수술 경로를 분석하고, 인공지능(AI)이 환자의 데이터를 기반으로 최적의 수술 계획을 제시하는 사례도 등장하고 있다.

하지만 기술이 아무리 정교하더라도 로봇은 스스로 '판단'을 하지 못한다. 수술 중 예상치 못한 문제가 발생했을 때, 즉각적인 판단과 대응은 오직 인간 의사만이 할 수 있다. 예를 들어 출혈이 갑자기 많아지거나 조직 구조가 예상과 다를 경우, 로봇은 지시에 따라 움직일 뿐이며 상황을 이해하거나 응급 결정을 내릴 수는 없다. 또한 환자에게 수술 전후로 심리적 안정감을 제공하고, 의료 윤리❷에 따라 설명과 동의를 구하는 과정은 여전히 인간 의사의 역할이다. 로봇은 데이터를 기반으로 움직이지만, 인간 의사는 상황에 따라 감정적 · 도덕적 판단까지 함께 수행한다. 이는 단순한 기술적 능력 이상의 복합적인 사고와 인간적인 접근이 필요한 영역이다.

현재 로봇 수술은 주로 비뇨기과, 산부인과, 일반외과 등에서 사용되고 있으며, 기술이 계속 발전하면서 심장외과, 흉부외과 등 더 많은 분야로 확대되고 있다. 최근에는 AI 진단 프로그램과 결합해 수술 계획을 자동으로 수립하는 시도도 활발히 진행 중이다. 또한 인터넷을 통한 원격 수술❸도 가능해지면서, 의료 인프라가 부족한 지역이나 의료 사각지대에 있는 환자들도 전문의의 수술을 받을 수 있는 길이 열리고 있다. 이러한 변화는 의료 서비스의 접근성을 높이고, 수술의 품질을 균형 있게 유지하는 데 큰 도움을 준다. 그러나 로봇 수술 장비의 가격이 매우 비싸고, 이를 효과적으로 활용하기 위한 의사의 교육과 훈련에도

❶ 로봇 수술: 로봇 팔과 정밀 기계를 활용해 의사가 원격으로 수술을 진행하는 기술이다. 정밀성과 안정성 덕분에 출혈과 회복 시간을 줄일 수 있다.
❷ 의료 윤리: 의료인이 환자에게 책임을 지고 도덕적으로 행동해야 하는 원칙이다. 수술 설명, 동의, 심리적 배려는 인간 의사만이 수행할 수 있다.
❸ 원격 수술: 인터넷이나 네트워크를 통해 멀리 떨어진 환자에게 수술을 시행하는 방식이다. 의료 접근성이 낮은 지역에서도 전문 진료가 가능하게 한다.

꼭 기억하렴!

국어 공신 선생님

상당한 시간과 비용이 필요하다는 점은 여전히 해결해야 할 과제로 남아 있다. 또한 장비 유지비와 소모품 비용도 만만치 않아 병원 운영에 부담이 될 수 있다. 기술이 발전할수록 이러한 경제적 · 제도적 문제를 함께 고려해야 한다.

　로봇 수술은 의료 기술이 가져온 중요한 진보이자, 미래 의학의 핵심 수단이 될 수 있다. 하지만 로봇이 사람을 완전히 대체할 수는 없다. 오히려 로봇은 의사의 능력을 보완하는 도구로서 함께 작동해야 한다. 환자와의 신뢰 관계 형성, 의료 윤리 준수, 복합적인 상황 판단 등은 아직까지 인간의 고유한 영역이다. 앞으로는 '로봇 중심 수술'이 아니라 '사람 중심 수술에 로봇이 협력하는 시대'가 될 것이다. 우리는 로봇 기술이 인간의 삶을 어떻게 바꾸는지, 또 그 과정에서 어떤 역할을 해나가야 할지를 함께 고민하며 성장해 나가야 한다.

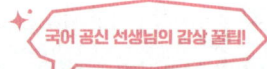
국어 공신 선생님의 감상 꿀팁!

좀 더 깊이 생각해 보기

집중!

• **수술 로봇 개발에 가장 필요한 과학 분야는 무엇일까?**
수술 로봇을 개발하려면 여러 과학 분야가 융합되어야 한다. 먼저 기계공학은 로봇 팔의 구조와 움직임을 설계하는 데 필요하다. 특히 좁은 부위를 수술할 경우 기계는 정밀해야 하므로, 작은 공간에서도 부드럽고 정확하게 움직일 수 있는 정밀기계 설계 기술이 중요하다. 다음으로는 컴퓨터공학이다. 로봇은 단순한 기계가 아니라 프로그램에 따라 움직인다. 의사의 조작을 정확히 인식하고 반응하게 하려면 센서, 소프트웨어, 인공지능 기술이 함께 필요하다. 특히 AI는 수술 데이터를 분석하여 최적의 방법을 제시하거나 이상 상황을 감지하는 데 도움을 줄 수 있다. 마지막으로 생명과학도 매우 중요하다. 인체 구조와 생리학에 대한 이해 없이는 로봇이 어디를 어떻게 수술해야 하는지 판단할 수 없다. 결국 수술

로봇은 기계공학, 컴퓨터공학, 생명과학이 함께 융합된 기술이며, 이 세 가지 분야가 균형 있게 협력할 때 안전하고 효과적인 수술 로봇이 개발될 수 있다.

• 로봇 수술에서 인간 의사가 반드시 필요한 이유는 무엇일까?

로봇 수술이 아무리 정교해도, 인간 의사의 역할은 절대적으로 중요하다. 가장 큰 이유는 판단력 때문이다. 수술 중에는 예기치 못한 상황이 자주 발생한다. 예를 들어 출혈이 갑자기 많아지거나, 종양의 위치가 예상과 다를 수 있다. 이럴 때 로봇은 미리 입력된 명령 외에는 대응하지 못하지만, 의사는 상황을 종합적으로 판단하고 즉시 조치를 취할 수 있다. 두 번째로는 의사소통과 심리적 안정감이다. 수술 전후에 환자에게 설명을 해주고 불안감을 덜어주는 일은 기계가 아닌 사람이 해야 할 일이다. 환자는 사람과의 대화를 통해 신뢰와 안심을 느낄 수 있다. 마지막으로는 윤리적 책임이다. 수술 중 문제가 생겼을 때 책임은 결국 사람에게 돌아간다. 의사는 단순한 기술자가 아니라 환자의 생명을 다루는 전문가이며, 그만큼 도덕성과 책임감을 가지고 있어야 한다. 따라서 로봇이 수술을 돕는 시대가 와도, 인간 의사의 역할은 절대 대체될 수 없다.

• AI와 로봇 기술이 결합되면 미래의 병원은 어떻게 달라질까?

AI와 로봇 기술이 결합된 미래의 병원은 지금과는 많이 달라질 것이다. 우선, 진단 단계에서는 AI가 환자의 의료 데이터를 분석하여 질병을 빠르게 찾아낼 수 있다. 예를 들어, X-ray나 MRI 사진을 AI가 먼저 판독하고, 의사는 그 결과를 확인하여 진단의 정확성을 높일 수 있다. 수술에서는 수술 로봇이 의사의 손을 대신해 더욱 정밀하고 안정적으로 수술을 진행한다. 의사는 로봇을 조종하며 복잡한 수술도 보다 빠르게 마칠 수 있다. 간호 분야에서도 변화가 있다. 병실에는 로봇 간호사가 배치되어 약을 제때 주거나 환자의 상태를 모니터링할 수 있다. 또 병원의 관리 시스템도 자동화되어, 환자 등록, 진료 예약, 수납 등도 모두 비대면으로 처리될 수 있다. 하지만 이런 변화 속에서도 인간 의료진은 여전히 중요한 역할을 한다. 로봇이 할 수 없는 환자의 감정 이해, 위로, 긴급 상황 대응 등은 인간만이 할 수 있는 일이다. 미래 병원은 기술과 인간이 협력하여 더욱 안전하고 효율적인 공간으로 발전하게 될 것이다.

정리해 볼까요?

기사에 대해서 알아볼까요?

주제: 로봇 수술은 정밀한 의료 기술이지만 인간을 완전히 대체할 수 없으며, 기술과 의사의 협력이 미래 의료의 핵심이다.

핵심어휘: 로봇 수술, 다빈치, AI 수술 계획, 의료 윤리, 인간-로봇 협업, 원격 수술

1단락 요약: 최근 병원 수술실에 로봇 팔이 등장하고 있으며, '다빈치' 수술 로봇이 국내외에서 활용된다. 기술 발전으로 수술 성공률도 높아졌다.

2단락 요약: 로봇 수술의 핵심은 '정확성'이다. 3D 화면과 미세 조작으로 회복 속도와 안전성을 높이며, 특히 복잡한 수술에서 큰 효과를 발휘한다. AI와 결합된 계획 수립 기술도 발전하고 있다.

3단락 요약: 로봇은 스스로 판단할 수 없기 때문에, 돌발 상황에서 즉각적 대응은 인간 의사만이 가능하다. 설명과 동의, 환자 케어 등 인간적 역할은 여전히 중요하다.

4단락 요약: 현재 로봇 수술은 다양한 진료과에서 확대 중이며, AI 진단 및 원격 수술로 의료 접근성이 향상되고 있다. 하지만 장비 비용과 훈련 문제는 해결 과제로 남아 있다.

5단락 요약: 로봇 수술은 미래 의료의 핵심이지만 인간 의사의 판단과 책임을 대체할 수 없다. 사람 중심 의료에 로봇이 협력하는 구조가 필요하다.

기사의 구조적 접근을 꼭 알아야 해요!

1) 서론: 달라진 병원 풍경, 로봇의 등장

영화 같은 장면이 현실이 되고 있다. 병원 수술실에 정교한 로봇 팔이 등장하며 의료 현장이 변하고 있다.

2) 본론: 로봇 수술의 가능성과 한계

로봇 수술은 출혈 감소, 회복 기간 단축, 정밀한 수술 등에서 성과를 입증했으며, AI와의 융합도 활발히 진행되고 있다. 하지만 판단력, 감정적 공감, 윤리적 설명, 돌발 상황 대응은 인간 의사의 고유 영역으로, 로봇은 보조 도구에 불과하다. AI와 원격 수술은 의료 사각지대 해소에 기여하지만, 고비용과 의료진 훈련은 여전히 해결해야 할 과제다.

3) 결론: 사람 중심 수술에 로봇이 협력하는 시대

로봇은 의사를 대체하는 것이 아니라 협력하여 의료의 질을 높이는 존재이다. 의료의 핵심인 신뢰와 윤리는 인간의 역할이며, 미래를 위한 공동의 고민이 필요하다.

비판적 사고 키워 볼까요? ✚

1 다음 중 본문의 내용으로 적절하지 않은 것은?

① 로봇 수술은 수술 부위를 확대해 보여주는 3D 화면 덕분에 의사의 시야를 더욱 정밀하게 해준다.

② 로봇 수술은 감염 위험을 높이고 회복 기간을 길게 만든다는 단점이 있다.

③ 로봇은 사람보다 더 미세하고 정밀한 움직임을 구현할 수 있어, 수술 중 불필요한 출혈을 줄이고 환자의 회복을 빠르게 하는 데 효과적이다.

④ 수술 중 갑작스러운 출혈이나 조직 구조의 이상 등 돌발 상황이 발생했을 때, 이를 즉각적으로 판단하고 대응하는 것은 여전히 인간 의사만이 할 수 있는 영역이다.

⑤ 로봇 수술은 의료 접근성을 높이고, 의료 격차 해소에 기여할 수 있다.

2 다음 <보기>의 내용을 바탕으로, 본문과 관련이 없는 사례는?

 보기

로봇 수술은 정밀성과 효율성을 갖춘 첨단 의료 기술로, 비뇨기과·산부인과·일반외과 등 다양한 진료과로 확대되고 있다. 원격 수술과 AI 기반 수술 계획 등과 결합해 의료 서비스의 질을 높이고 있지만, 돌발 상황 대응, 윤리적 판단, 환자와의 신뢰 형성 등은 여전히 인간 의사의 고유한 역할이다.

① 인공지능이 수술 경로를 분석하고 의사에게 계획을 제시해주는 프로그램이 도입되었다.

② 수술 전후 환자와의 대화를 통해 정서적 안정감을 주는 역할은 로봇이 대신 수행하고 있다.

③ 의료 인프라가 부족한 지역에서도 원격 로봇 수술 기술을 활용하면, 전문 의료진의 치료를 받을 수 있어 의료 접근성이 크게 향상되고 있다.

④ 복강경 및 전립선 수술에서 로봇이 사람보다 뛰어난 정확도를 보여주고 있다.

⑤ 반복 동작을 정확하게 수행하는 로봇 덕분에 수술 시간이 단축되고 회복 속도도 빨라졌다.

3 본문에 근거하여, 로봇 수술 기술과 관련한 인간 의사의 역할을 서술하시오.

4 논제 '로봇 수술 기술은 인간 의사를 대체할 수 없다.'에 대해 자신의 생각을 서론, 본론, 결론의 형식으로 서술하시오.

중요

5 로봇 수술 기술이 보편화된 미래 사회가 '이상적 의료 사회'가 되기 위해 반드시 지켜져야 할 조건 2가지를 본문을 바탕으로 서술하시오.

집중

6 논제 '로봇 수술 기술은 인간의 삶을 향상시키는 데 제한 없이 활용되어야 한다.'라는 주장에 대해 찬성과 반대 입장을 논하시오.

찬성	반대

06 스마트팜과 식량위기

지구촌 곳곳에서 들려오는 '식량 위기'라는 단어가 더 이상 낯설지 않다. 기후 변화[1]로 인한 가뭄, 홍수, 해충 증가, 전쟁과 같은 국제 정세의 불안, 코로나19 이후의 물류망 문제 등은 농산물 생산과 유통에 큰 타격을 주

엔씽의 컨테이너형 스마트팜 큐브 내부 전경

었다. 특히 인구 증가로 식량 수요는 계속 늘고 있지만, 전통적인 방식의 농업만으로는 이를 모두 감당하기 어렵다. 이러한 배경 속에서 '스마트팜[2]'이라는 새로운 농업 기술이 주목받고 있다. 스마트팜은 정보통신기술(ICT)을 기반으로 작물 생육 환경을 자동으로 제어하는 농장 시스템으로, 과학기술이 농업을 바꾸는 시대가 본격적으로 시작되고 있다.

스마트팜은 센서, 인공지능(AI), 빅데이터, 자동화 장치를 활용해 온도, 습도, 빛, 영양분, 이산화탄소 농도 등을 실시간으로 측정하고 제어한다. 예를 들어, 작물에 물이 부족하면 센서가 이를 감지해 자동으로 관수 장치를 작동시킨다. 날씨나 계절에 상관없이 일정한 환경을 유지할 수 있어 생산량과 품질을 동시에 높일 수 있다. 또한 노동력 투입을 줄이고 병해충 감지와 예방도 체계적으로 이루어지기 때문에 농약 사용도 줄어든다. 이 기술은 특히 고령화가 심각한 농촌에 적합하며, IT 기술에 익숙한 청년층이 농업에 쉽게 진입할 수 있도록 돕는다.

하지만 스마트팜 기술이 모든 문제를 해결해 주는 것은 아니다. 가장 큰 문제는 초기 설치 비용이 높다는 점이다. 첨단 설비와 장비를 갖추려면 상당한 자본이 필요하며, 기술을 운영하고 데이터를 분석하려면 관련 지식과 전문성이 요구된다. 중소 농가나 고령 농업인에게는 이러한 요소들이 진입 장벽이 될 수 있다. 따라서 정부와 지방자치단체의 재정적 지원과 기술 교육이 반드시 병행되어야 한다. 또한 농산물 데이터와 관련된 개인정보 보호, 기술 표준화, 시스템 유지 비용 등의 현실적 과제도 함께 해결해 나가야 한다. 기술 격차❸가 농업의 불균형으로 이어지지 않도록 세심한 제도적 장치가 필요하다.

스마트팜은 단순히 농업을 '편리하게' 만드는 기술이 아니다. 기후 위기 시대, 한정된 자원 속에서 최대한의 생산을 해내는 '지속 가능한 농업❹'의 핵심 전략이다. 한국뿐만 아니라 네덜란드, 일본, 이스라엘 등도 스마트팜 기술을 적극적으로 활용하고 있다. 네덜란드는 좁은 국토에도 불구하고 세계 2위의 농산물 수출국으로, 그 중심에는 스마트 온실과 자동화된 농업 시스템이 있다. 한국 역시 강원도, 전남 등지에서 지역 특성에 맞는 스마트팜 모델을 구축하며 확산을

꼭 기억하렴

❶ **기후 변화**: 지속적인 온도 상승, 가뭄, 폭우 등의 이상 기후 현상이 농업 생산에 큰 영향을 주며 식량 위기를 심화시키는 원인 중 하나다.
❷ **스마트팜**: 정보통신기술을 활용해 작물 생육 환경을 자동 제어하는 농업 시스템이다. 기후나 계절과 상관없이 일정한 품질과 생산성을 유지할 수 있다.
❸ **기술 격차**: 기술 수준이나 접근 가능성에서 집단 간 차이가 발생하는 현상이다. 스마트팜 보급 과정에서도 중소 농가와 고령층에 불균형이 나타날 수 있다.
❹ **지속 가능한 농업**: 환경을 해치지 않으면서도 안정적인 식량 생산을 유지하는 농업 방식이다. 스마트팜은 자원을 효율적으로 활용해 이러한 목표를 실현하는 데 기여한다.

국어 공신 선생님

시도하고 있다. 최근에는 수경재배, 수직농장(Vertical Farm), 자율주행 농기계 같은 혁신 기술도 접목되며 스마트 농업의 영역이 더욱 넓어지고 있다.

스마트팜은 식량 위기에 대응할 수 있는 과학적이고 효과적인 해법 중 하나다. 생산성을 높이고 노동력을 줄이며, 환경과 인권을 모두 고려할 수 있는 지속 가능한 농업으로 나아가는 길이다. 그러나 이 기술이 모든 사람에게 공평하게 다가가기 위해서는 더 많은 정책적 뒷받침과 사회적 관심이 필요하다. 미래의 농업은 단순히 땅을 일구는 것이 아니라, 데이터를 읽고 기술을 운영하며 지구와 공존하는 새로운 방식이어야 한다. 청소년인 우리도 스마트팜을 통해 과학과 삶의 연결을 고민해보는 시간이 필요하다. 농업은 더 이상 과거의 산업이 아니라, 미래를 이끄는 첨단 분야로 자리 잡고 있다.

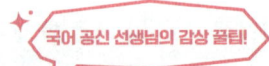

 좀 더 깊이 생각해 보기

● **스마트팜에 활용되는 과학 기술 중 가장 핵심은 무엇일까?**
스마트팜 기술 중 가장 핵심적인 것은 센서 기술이다. 센서는 작물 주변의 온도, 습도, 빛의 양, 토양 수분, 이산화탄소 농도 등을 실시간으로 측정한다. 이러한 정보가 정확해야만 인공지능이 제대로 분석하고, 자동화 장치가 작동할 수 있다. 예를 들어, 토양이 건조하면 수분 센서가 이를 감지해 관수 시스템이 자동으로 작동한다. 기온이 너무 낮거나 높을 때는 히터나 환풍기가 켜져 작물의 생육 환경을 조절한다. 이처럼 센서는 식물의 상태를 감지하는 '감각 기관' 역할을 하며, 다른 기술들과 연결되어 스마트팜 전체의 뇌와 신경망처럼 작동한다. 센서가 없으면 다른 기술들도 제대로 작동할 수 없기 때문에, 스마트팜의 핵심은 바로 '정확한 감지'에 있다.

• **기후 변화가 농업에 미치는 영향을 스마트팜은 어떻게 완화할 수 있을까?**

기후 변화는 농업에 큰 영향을 준다. 가뭄, 폭우, 고온, 이상한 계절 변화로 작물의 생장이 불규칙해지고, 병해충도 늘어난다. 스마트팜은 이런 문제를 자동 제어 기술로 해결할 수 있다. 예를 들어, 기온이 너무 높으면 냉각 장치가 작동하고, 습도가 낮으면 자동으로 물을 뿌려준다. 이산화탄소 농도를 높이거나 조명 조절을 통해 광합성을 도와 작물 생장을 유도하기도 한다. 병해충이 감지되면 빠르게 방제 조치를 취할 수 있어 피해를 줄일 수 있다. 이렇게 스마트팜은 실내 환경을 일정하게 유지하면서 기후 변화의 영향을 최소화한다. 기후가 불안정해도 스마트팜에서는 작물을 안정적으로 기를 수 있어, 미래 농업의 중요한 해결책이 될 수 있다. 과학기술이 자연을 대신해 작물을 보호해주는 역할을 하고 있는 셈이다.

• **'도시 농업'과 '스마트팜'을 결합한다면 어떤 미래가 펼쳐질까?**

도시 농업과 스마트팜이 결합되면, 도심 한가운데서도 신선한 채소와 과일을 직접 생산할 수 있는 미래가 가능해진다. 예를 들어, 수직농장은 고층 빌딩 안에서 여러 층에 작물을 재배하는 방식이다. 이때 스마트팜 기술을 적용하면 실내에서도 온도와 습도, 빛을 자동으로 조절할 수 있어 계절에 관계없이 작물을 기를 수 있다. 빌딩 옥상에 설치된 '옥상 농장'도 태양광 패널과 자동화 수경재배 장치를 결합하면 친환경적으로 작물을 생산할 수 있다. 이러한 도시형 스마트팜은 식량 운송 거리를 줄이고, 도시 내 탄소 배출량도 감소시키는 효과가 있다. 학교나 아파트 내에도 미니 스마트팜을 설치해 교육용으로 활용할 수도 있다. 결국, 도시 속에서도 식량 자급률을 높이고, 환경을 보호하며, 미래 세대에게 과학과 생태 감수성을 함께 키우는 새로운 삶의 방식이 될 수 있다.

정리해 볼까요?

기사에 대해서 알아볼까요?

주제: 스마트팜은 식량 위기와 기후 변화에 대응하는 지속 가능한 농업 전략으로, 공정한 확산을 위해 정책 지원과 사회 인식 변화가 필요하다.
핵심어휘: 식량 위기, 스마트팜, 정보통신기술(ICT), 지속 가능한 농업, 기후 변화, 자동화 농업, 데이터 기반 농업

1단락 요약: 기후 변화, 전쟁, 물류 위기 등으로 식량 위기가 심각해지고 있으며, 전통적 농업 방식으로는 인구 증가에 따른 수요를 감당하기 어렵다. 이에 따라 스마트팜이 주목받고 있다.
2단락 요약: 스마트팜은 센서, AI, 자동화 기술로 작물 생육 환경을 실시간 제어해 생산성과 품질을 높이며, 노동력과 농약 사용을 줄이는 효과가 있다.
3단락 요약: 스마트팜은 초기 설치비용과 기술 활용 지식 부족으로 중소 농가와 고령 농민에게 진입 장벽이 될 수 있어 공공의 지원과 정책적 뒷받침이 필요하다.
4단락 요약: 스마트팜은 단순한 편의가 아닌, 자원 효율성과 생산 극대화를 목표로 하는 지속 가능한 농업 기술이다. 한국뿐 아니라 여러 나라가 스마트팜을 국가 농업 전략으로 활용하고 있다.
5단락 요약: 스마트팜은 생산성과 환경을 동시에 고려할 수 있는 해법이지만, 사회적 불평등을 막기 위해 제도적·정책적 노력이 동반되어야 하며, 청소년들도 이에 대한 이해와 참여가 필요하다.

기사의 구조적 접근을 꼭 알아야 해요!

1) 서론: 식량 위기 시대, 주목받는 스마트 농업
기후 변화와 국제 정세 불안, 물류 문제로 식량 위기가 가시화되며 전통 농업의 한계가 드러나고 있다. 이에 과학기술 기반 스마트팜이 대안으로 주목받고 있다.

2) 본론: 스마트팜의 개념과 효과, 한계점
스마트팜은 센서, AI, 자동 제어로 생육 환경을 실시간 조절해 생산성과 품질을 높이고, 병해충 감지와 환경 제어로 노동력과 농약 사용을 줄인다. 고령화 농촌에 효과적이나 설치 비용과 기술 활용 지식 부족은 중소 농가에 장벽이 된다. 네덜란드·이스라엘은 스마트 온실로 경쟁력을 강화하며, 한국도 지역 맞춤형 모델과 다양한 기술을 접목 중이다.

3) 결론: 지속 가능한 미래 농업과 청소년의 역할
스마트팜은 지속 가능한 농업의 핵심이자 과학적 해결책으로 주목받고 있다. 공정한 확산을 위해 사회적 관심과 정책적 노력이 필요하며, 청소년의 참여도 중요하다.

비판적 사고 키워 볼까요? ✚

1 다음 중 본문의 내용으로 적절하지 않은 것은?

① 스마트팜은 기후나 계절에 관계없이 작물 생육 환경을 일정하게 유지해 안정적인 생산이 가능하도록 돕는다.

② 스마트팜 기술은 농촌 고령화 해결에는 도움이 되지 않기 때문에 젊은 층만을 대상으로 보급되고 있다.

③ 스마트팜은 인공지능, 센서, 자동화 시스템 등을 활용해 생산성과 품질을 높이는 데 효과적이다.

④ 스마트팜의 초기 설치 비용은 중소 농가에게 큰 부담이 될 수 있다.

⑤ 스마트팜은 과학기술을 기반으로 지속 가능한 농업을 실현할 수 있는 핵심 전략으로 주목받고 있다.

2 다음 <보기>의 내용을 바탕으로, 본문과 관련이 없는 사례는?

보기

> 스마트팜은 기술 기반의 미래 농업 시스템으로, 기후 위기와 노동력 부족을 해결할 수 있는 수단이다. 그러나 기술 불균형과 정보 격차를 해소하기 위해 제도적 지원과 교육이 병행되어야 하며, 사회적 형평성 또한 중요한 과제로 남아 있다.

① 센서가 온도와 습도를 측정해 작물 상태에 따라 자동으로 환기 장치를 작동시킨다.

② 스마트팜 기술을 활용한 수경재배로 생산성과 품질을 높인 청년 농부의 성공 사례가 주목받고 있다.

③ 스마트팜 보급이 빠르게 진행되어 이제 더는 사회적 불평등 문제가 논의되지 않는다.

④ 지역 맞춤형 스마트팜 모델이 강원도와 전남 등지에서 실험되고 있다.

⑤ 고령 농업인 대상 스마트팜 교육 프로그램이 정부와 지자체 주도로 마련되고 있다.

3 본문에 근거하여, 스마트팜 기술 확산을 위해 정부가 반드시 수행해야 할 역할을 서술하시오.

4 논제 '스마트팜 기술은 식량 위기를 해결할 수 있으므로 적극적인 보급이 필요하다.'에 대해 자신의 생각을 서론, 본론, 결론의 형식으로 서술하시오.

중요

5 다음은 스마트팜 기술이 도입되지 않은 지역 A와 도입된 지역 B의 상황이다. 본문의 내용을 바탕으로, 두 지역의 농업 환경이 앞으로 어떻게 달라질 수 있을지 각각 유추하여 서술하시오.(각 지역의 미래 변화 예상 1가지씩)

> **지역 A:** 고령 농업인이 많고, 전통적인 농법에 의존해 농사를 짓고 있음. 최근 가뭄과 해충으로 인해 수확량이 줄고 있음.
>
> **지역 B:** 정부 보조로 스마트팜 설비를 도입하여 자동 제어 시스템을 활용하고 있음. 젊은 농업인의 유입도 늘고 있음.

6 논제 '스마트팜 기술은 농업의 효율성을 높이므로, 전통 농업을 대체해야 한다.'라는 주장에 대해 찬성과 반대 입장을 논하시오.

찬성	반대

07 기후 위기와 과학자의 역할

최근 전 세계 곳곳에서 이상기후 현상이 잦아지고 있다. 한겨울에 꽃이 피고, 여름에는 기록적인 폭우와 폭염이 반복된다. 한국뿐만 아니라 유럽, 북미, 남미, 아프리카, 아시아 등 어느 대륙에서도 이상 기후는 이제 낯선 풍경이 아니다. 기후위기❶는 단순히 날씨가 변하는 차원이 아니라, 생태계 파괴, 식량 위기, 물 부족, 해수면 상승, 감염병 확산 등 인간의 삶 전반에 심각한 영향을 미치고 있다. 그렇다면 우리는 이 문제를 어떻게 바라보고 해결할 수 있을까? 그 핵심에 과학자들의 역할이 있다.

과학자들은 기후 변화의 원인과 그 영향을 분석하고, 이를 바탕으로 해결책을 모색하는 데 힘쓰고 있다. 대표적으로 이산화탄소와 같은 온실가스를 줄이기 위한 탄소포집❷ 및 저장기술(CCS), 신재생에너지 기

현대모비스, 주요 생산 거점 '태양광' 발전 설비

술(태양광·풍력), 스마트 에너지 관리 시스템, 친환경 수송 기술 등 다양한 분야에서 연구와 개발이 진행 중이다. 또 인공지능을 활용한 기후 예측 모델이나 기후 위기 시뮬레이션 분석 기술도 발전하고 있다. 이러한 과학적 기반은 기후 정책을 수립하고, 각국이 실천 가능한 감축 계획을 세우는 데 필수적인 정보로 작

용한다. 예를 들어, 2023년 발간된 IPCC(기후변화에 관한 정부 간 협의체) 보고서는 세계 과학자들의 협업을 통해 전 지구적 기후 변화 시나리오를 제시하고 있으며, 이는 국가별 정책의 중요한 기준이 되고 있다.

하지만 과학자들의 역할은 연구실에만 머무르지 않는다. 기후위기의 심각성과 과학적 근거를 사회에 알리고, 사람들이 이를 이해하고 실천할 수 있도록 돕는 과학 커뮤니케이션❸ 활동을 하고 있다. 실제로 최근에는 기후 과학자들이 대중 강연, 칼럼 기고, 청소년 환경 교육 등에 참여하고 있으며, 과학적 메시지를 보다 정확하고 효과적으로 전달하기 위한 소통 방법을 고민하고 있다. 교육 현장에서도 과학자는 교과서를 통해 기후위기를 설명할 뿐 아니라, 학생들에게 기후문제 해결을 위한 다양한 실천 방법을 안내한다. 과학자는 정책 결정자와 시민 사이를 잇는 다리이자, 기후위기에 대응하는 집단지성의 중심이라 할수 있다.

중학교 과학 과목에서는 '기후 변화와 지속 가능한 미래❹'라는 주제를 중점적으로 다루고 있다. 학생들은 온실가스 배출의 원인과 영향, 지구 시스템의 변화, 인간 활동과 자연 사이의 상호작용 등을 과학적으로 분석하고, 미래 사회에서 과학자의 역할을 고민하게 된다. 특히, 에너지 전환, 친환경 기술 개발, 환경 윤리, 국제 협력의 필요성 등을 학습하면서 단순한 과학 지식 습득을 넘어 실생

❶ 기후위기: 지구 평균 기온 상승으로 인해 발생하는 이상기후, 해수면 상승, 생태계 파괴, 감염병 확산 등의 현상을 총칭하는 용어다.
❷ 탄소포집: 탄소 포집은 산업 활동에서 발생하는 이산화탄소(CO_2)를 대기 중으로 방출되지 않도록 포집·압축·저장하는 기술로, 기후변화 완화를 위한 핵심 수단이다.
❸ 과학 커뮤니케이션: 복잡한 과학 정보를 일반 대중이 쉽게 이해하고 실천할 수 있도록 전달하는 활동이다.
❹ 지속 가능한 미래: 환경·사회·경제가 조화를 이루며 미래 세대까지 고려하는 발전 방향을 말한다.

꼭 기억하렴 +

국어 공신 선생님

활과 연결된 통합적 사고를 기르게 된다. 이는 기후문제를 '남의 일'이 아니라 '나의 삶'과 연결된 문제로 인식하게 만드는 중요한 교육적 전환점이 된다.

기후위기는 과학자만의 몫이 아니다. 사회 전반, 특히 미래 세대인 청소년의 참여가 무엇보다 중요하다. 기후 변화에 대한 올바른 이해와 과학적 사고를 바탕으로, 학생들은 일상에서 에너지 절약, 재활용, 저탄소 식생활, 기후 행동 캠페인 참여 등 다양한 실천을 이어갈 수 있다. 더 나아가 친구와 가족에게 기후문제의 심각성을 알리고, 함께 실천을 고민하는 것도 매우 중요하다. 우리가 맞이할 미래는 선택과 실천에 따라 달라진다. 과학자와 시민, 학생이 함께 움직일 때, 지속 가능한 지구를 향한 변화는 가능해진다. 특히 학교 교육은 청소년들이 지속가능한 미래를 준비하는 첫걸음이 되어야 하며, 과학 교육뿐만 아니라 인문·사회적 통합 교육이 함께 이루어질 때 더욱 실효성 있는 대응이 가능하다. 기후위기는 결국 인간의 삶의 방식에 대한 전환을 요구한다.

국어 공신 선생님의 감상 꿀팁!

 ## 좀 더 깊이 생각해 보기

집중!

• 기후위기 대응에서 시민의 역할은 과학자 못지않게 중요할까?
기후위기 대응은 과학자만의 과제가 아니라 시민 모두의 참여가 절대적으로 필요하다. 과학자는 기후 변화의 원인을 분석하고 기술적 해결책을 제시하지만, 그것이 사회 전체로 확산되기 위해서는 시민의 행동 변화가 필수적이다. 아무리 탄소 저감 기술이 발전해도 에너지를 낭비하거나 과잉 소비를 지속한다면 효과는 제한적이다. 특히 시민의 실천은 법이나 제도보다 빠르게 사회적 변화를 유도할 수 있다. 우리 중학생들 역시 실천의 주체로서 일회용품 사용을 줄이고, 텀블러와 장바구니를 사용하며, 대중교통을 우선 이용하는 생활 방식을 선택하고 있다. 기후위기는 기술로 시작되지만, 변화는 시민의 손끝에서 완성된다는 점에서 시민의 역할은 과학자만큼 중요하다.

• 과학 교육은 단순한 지식 전달을 넘어 기후위기에 대한 책임감을 키우는 과정일까?

과학 교육은 단순한 이론 습득을 넘어서 사회적 책임과 실천의식을 기르는 통합적 과정이어야 한다. 실제로 중학교 과학 과목에서 배운 기후 변화, 온실가스 배출 원인, 에너지 전환 기술은 문제의 구조를 이해하게 할 뿐만 아니라, 우리가 무엇을 바꿔야 하는지 스스로 고민하게 만든다. 특히 '환경 윤리' 단원을 통해 인간 중심의 사고에서 벗어나 생태 중심의 시각을 갖게 하고, 이는 생활 습관에도 직접적인 영향을 미친다. 우리는 사용하지 않는 전기 플러그를 뽑고, 1회용 플라스틱 소비를 줄이며, 재활용 분리 배출을 적극적으로 할 수 있도록 실천 교육을 받는다. 과학 교육은 문제를 '설명'하는 수단이 아니라, 실천을 '유도'하는 사회적 기반으로 기능해야 한다.

• 기후위기 대응을 위해 국제 협력이 반드시 필요한 이유는 무엇일까?

기후위기는 물리적 경계를 넘어 전 지구적으로 확산되는 문제이므로, 어떤 나라도 혼자서 해결할 수 없다. 지구 대기는 연결되어 있어 특정 국가의 온실가스 배출이 타국의 이상기후와 재해를 유발하는 구조이기 때문이다. 북극의 빙하가 녹는 현상은 해수면 상승을 불러오고, 이는 남태평양 섬나라의 생존을 위협한다. 또한, 탄소배출은 경제적으로 발전한 국가에서 집중적으로 발생하지만 피해는 저개발국이 더 크게 입는 구조 역시 국제 협력을 요구하는 근거가 된다. 따라서 IPCC와 같은 과학자 협의체는 전 세계 데이터를 종합해 기후 정책을 안내하고 있으며, 공동 목표와 감축 의무를 설정하는 UN 기후변화협약(UNFCCC)도 그 예다. 기후위기의 본질이 글로벌한 만큼, 해법도 국경을 넘어서는 연대에서 출발해야 한다.

정리해 볼까요?

그룹 생각

기사에 대해서 알아볼까요?

집중!

주제: 기후위기는 전 세계적 생존 위기이며, 과학자들은 원인 분석과 기술 개발, 소통을 통해 해결을 주도한다. 교육·시민 참여·청소년 실천이 함께 필요하다.
핵심어휘: 기후위기, 온실가스, 탄소중립, 신재생에너지, 지속 가능한 미래, 청소년 실천

1단락 요약: 기후위기는 이상기후를 넘어 생태계 파괴와 식량 위기 등 인간 삶 전반에 영향을 미치는 심각한 문제로 떠오르고 있다.
2단락 요약: 과학자들은 기후 변화 원인을 분석하고 탄소포집, 신재생에너지, AI 예측 모델 등 해결 기술을 개발한다. 과학은 기후 정책의 기반이 되며 IPCC 보고서가 대표 사례다.
3단락 요약: 과학자는 연구뿐 아니라 과학 커뮤니케이션을 통해 사회와 소통하고 대중의 이해를 돕는다. 교육 현장에서는 학생들이 기후 문제를 실천적으로 받아들이도록 안내한다.
4단락 요약: 중학교 과학 교육은 기후위기, 에너지 전환, 환경 윤리 등을 통해 지속 가능한 미래를 모색하며 통합적 사고를 기른다. 이는 과학과 현실을 연결하는 교육의 전환점이다.
5단락 요약: 기후위기 해결은 과학자만의 일이 아니다. 청소년이 과학적 사고로 에너지 절약, 저탄소 식생활 등을 실천하고, 사회 전체의 인식 전환과 협력이 필요하다.

기사의 구조적 접근을 꼭 알아야 해요!

꼭 기억해!

1) 서론: 일상으로 다가온 기후위기, 생존의 문제로 떠오르다
기후 변화는 세계 모든 대륙에서 이상기후를 야기하며, 이는 단순한 날씨 변화가 아닌 생태계와 인간의 생존을 위협하는 문제로 확대되고 있다.

2) 본론: 기후위기 해결을 위한 과학자들의 역할
과학자들은 온실가스 감축 기술, 신재생에너지, AI 기반 기후 예측 등 다양한 분야에서 기후위기 해결을 위한 연구를 수행한다. 이들은 IPCC 보고서 등을 통해 각국 정책에 과학적 근거를 제공하며 국제 협력의 기반을 마련한다. 또한 대중과 소통하고 교육 현장에서 학생들이 기후 문제를 이해하고 실천하도록 돕는다.

3) 결론: 지속 가능한 미래는 모두의 책임
기후위기는 과학자, 시민, 청소년이 함께 대응해야 해결할 수 있다. 교육과 사회 전반의 참여가 이뤄질 때, 삶의 방식을 전환하고 지속 가능한 지구를 실현할 수 있다.

# 비판적 사고 키워 볼까요? ✚

1 다음 중 본문의 내용과 일치하는 것은?

① 기후위기는 현재 아시아와 아프리카 지역에만 국한된 현상이다.

② 과학자들은 연구와 기술 개발뿐만 아니라 시민과의 소통도 중요한 역할로 수행하고 있다.

③ 과학자는 기후 정책 결정에 직접 참여하지 않기 때문에 영향력이 적다.

④ IPCC 보고서는 각국의 기후 대응을 방해하는 과학자들의 주장이다.

⑤ 기후위기에 대한 대응은 과학 교육을 통해서만 가능하다.

2 다음 <보기>의 내용을 바탕으로 본문과 관련 없는 내용을 고르시오.

> 보기
>
> ⊙ 탄소포집기술(CCS)은 이산화탄소와 같은 온실가스를 줄이기 위한 대표적인 과학기술로, 기후위기 해결에 활용되고 있다.
>
> ⓛ 과학자들은 기후위기의 심각성을 알리기 위해 청소년 대상 환경 교육이나 대중 강연 활동에도 참여하고 있다.
>
> ⓒ 청소년들은 에너지 절약, 저탄소 식생활 등 일상 속 실천을 통해 기후위기 해결에 중요한 역할을 할 수 있다.
>
> ⓔ 해양 생물 다양성의 감소가 기후위기의 가장 직접적이고 주요한 원인으로 지목되고 있다.

① ⊙ 탄소포집기술은 온실가스를 줄여 기후위기에 대응하기 위한 핵심 기술로, 본문에서 그 중요성이 소개되었다.

② ⓛ 과학자의 사회적 역할로 청소년을 위한 환경 강연이 소개되었으며, 이는 기후위기 인식과 실천을 돕기 위한 활동이다.

③ ⓒ 청소년이 일상에서 실천할 수 있는 기후 행동의 중요성이 강조되었으며, 이는 지속 가능한 미래를 위한 핵심 요소로 제시되었다.

④ ⓔ 기후위기의 근본 원인으로 해양 생물의 다양성 감소가 본문에서 중심적으로 제시되었다.

⑤ 모두 본문 내용과 관련 있다.

3 기후위기 대응에 있어 과학자의 역할은 단순한 기술 개발을 넘어 다양한 영역으로 확장되고 있다. 본문을 참고하여 과학자가 수행하는 구체적인 역할을 두 가지 이상 서술하시오.

4 논제 '에너지 전환과 같은 친환경 기술만으로는 기후위기를 해결할 수 없다는 주장에 대해 동의하는가?'에 대해 자신의 생각을 서론, 본론, 결론의 형식으로 서술하시오.

중요

5 기후위기 해결을 위한 교육은 과학 지식을 넘어서 삶의 방식에 대한 고민을 요구한다. 다음 <보기>를 참고하여 학교에서 배운 기후 관련 내용이 나의 생각이나 행동에 어떤 변화를 주었는지 구체적인 사례와 함께 서술하시오.

> **보기**
>
> 중학교 과학에서는 기후 변화, 온실가스 배출, 에너지 전환, 환경 윤리, 국제 협력 등 다양한 주제를 통해 지속 가능한 미래에 대해 고민하게 한다. 이는 과학 지식을 넘어서 기후 문제를 자신의 삶과 연결해 이해하고, 일상 속 실천으로 이어질 수 있도록 돕는 중요한 교육적 과정이다.

6 논제 '기후 과학자들은 연구보다 사회와의 소통에 더 힘써야 한다.'라는 주장에 대해 찬성과 반대 입장을 논하시오.

찬성	반대

08 팬데믹 백신 개발과 mRNA, 과학이 인류를 지키는 방식

2019년 말, 전 세계는 코로나19라는 새로운 감염병의 확산으로 큰 혼란을 겪었다. 학교는 문을 닫고, 일상생활은 멈췄으며, 사람들은 마스크 없이 외출할 수 없었다. 이러한 위기 속에서 과학자들은 빠르게 백신 개발에 착수했고, 그 결과 mRNA 백신❶이 탄생했다. 이 백신은 기존의 백신 개발 방식과는 다른 혁신적인 기술로, 인류를 보호하는 데 큰 역할을 했다.

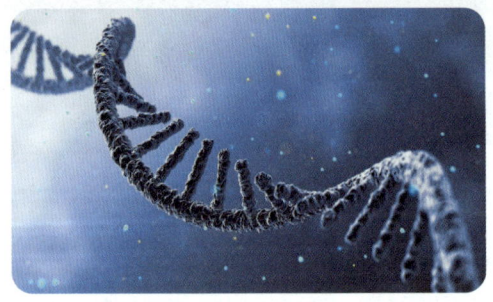
mRNA

mRNA 백신은 메신저 리보핵산(mRNA)을 이용하여 인체 내에서 특정 단백질을 생성하게 함으로써 면역 반응을 유도한다. 쉽게 말해, 바이러스의 일부분을 인체가 스스로 만들어내도록 하여 몸이 미리 바이러스를 인식하게 하는 방식이다. 이 기술은 바이러스의 유전 정보를 바탕으로 빠르게 백신을 설계할 수 있어, 감염병이 퍼지는 속도보다 더 빠르게 대응할 수 있다. 실제로, 코로나19 바이러스의 유전 정보가 공개된 후 11개월 만에 mRNA 백신이 상용화되었으며, 이는 백신 개발 역사상 매우 빠른 속도였다.

mRNA 백신은 코로나19뿐만 아니라 다양한 질병에 대한 예방과 치료에도 활용되고 있다. 예를 들어, mRNA 기술을 이용한 암 백신은 개인의 유전자 정보를 분석하여 맞춤형으로 설계되며, 기존 항암치료의 한계를 넘어서는 시도로 주목받고 있다. 또한, 희귀 유전 질환, 감염병, 알레르기 등 다양한 질환에 적용 가능성이 연구되고 있으며, mRNA 기술을 활용한 '질병 맞춤형 치료 시대'가 열릴 것으로 기대된다. 이런 과학기술의 발전은 전통적인 의료 패러다임을 바꾸고 있다. mRNA 백신의 장점 중 하나는 제조 공정이 비교적 간단하고, 새로운 감염병에 빠르게 대응할 수 있다는 점이다. 이는 앞으로도 팬데믹 상황이 반복될 가능성이 있는 현대 사회에서 매우 큰 장점이 된다.

우리나라에서도 mRNA 백신 개발에 대한 관심과 투자가 빠르게 증가하고 있다. 질병관리청은 2028년까지 국산 mRNA 백신 개발을 목표로 대규모 연구 사업을 추진하고 있으며, 이를 위해 총 5,052억 원의 예산을 지원하고 있다. 국내 제약·바이오 기업들도 글로벌 백신 경쟁에 뛰어들고 있으며, 대학과 연구 기관도 백신 플랫폼❷ 기술 개발에 적극적으로 나서고 있다. 이는 단순한 기술 개발을 넘어, 미래 팬데믹에 대비하고 백신을 자급자족할 수 있는 능력을 갖추려는 국가적 전략이다.

mRNA 백신의 개발과 활용은 과학이 인류의 건강을 지키는 데 얼마나 중요

❶ mRNA 백신: 메신저 리보핵산(mRNA)을 이용하여 인체 세포가 바이러스의 특정 단백질을 생성하게 한 후, 면역 반응을 유도하는 방식의 백신이다.
❷ 백신 플랫폼: 다양한 질병에 공통적으로 적용 가능한 백신 제조 기술 기반을 말한다.
❸ 감염병 대응: 신종 감염병의 발생과 확산에 대비하여 예방, 진단, 백신 개발, 치료제 확보 등을 포함한 국가적·국제적 대응체계를 의미한다.
❹ 과학적 시민성: 과학 지식에 관심을 갖고 사회적 문제 해결에 과학적 태도로 참여하는 시민의 자질을 말한다.

꼭 기억하렴

국어 공신 선생님

한 역할을 하는지를 잘 보여준다. 팬데믹 속에서 수많은 과학자, 의사, 연구원들이 협력하여 백신을 개발하고, 데이터를 분석하고, 실험을 반복한 덕분에 우리는 일상으로 돌아올 수 있었다. 청소년들도 이러한 과학 기술의 발전에 관심을 갖고, 미래의 감염병에 대응❸하는 과학자의 꿈을 키워야 한다. 더 나아가 평소 과학 뉴스를 주의 깊게 읽고, 생명과학과 의학 관련 지식을 꾸준히 탐구해 나가는 습관을 기르는 것도 중요하다. 과학은 실험실 안에서만 존재하지 않는다. 과학은 인류를 지키는 도구이며, 우리 삶과 직접 연결되어 있다. 팬데믹 시대를 겪은 지금, 과학은 우리에게 '왜 과학을 배워야 하는가'에 대한 가장 강력한 대답을 보여주고 있다. 따라서 우리는 과학을 단순한 학문이 아닌, 인류의 미래를 설계하는 핵심 도구로 인식해야 한다. mRNA 백신의 사례는 과학적 상상력과 실험, 협력의 힘이 위기를 기회로 바꿀 수 있음을 증명한다. 앞으로의 시대는 과학적 시민성❹과 실천이 중심이 되는 시대가 될 것이다.

국어 공신 선생님의 감상 꿀팁!

 ## 좀 더 깊이 생각해 보기

• mRNA 기술은 백신 개발 외에도 다양한 분야에서 활용 가능성이 높다. mRNA 기술이 가져올 수 있는 미래 산업의 변화는?

mRNA 기술은 기존의 감염병 백신을 넘어서 개인 맞춤형 치료와 정밀의학의 핵심 기술로 주목받고 있다. 특히 암 치료에서는 환자의 유전자 정보를 분석해 종양에 최적화된 백신을 개발할 수 있으며, 이는 기존 항암치료보다 효과적이고 부작용이 적은 방향으로 진화할 수 있다. 또한, 희귀 유전 질환, 자가면역질환, 알레르기 치료 등에도 활용 범위가 확장되고 있어, 제약·바이오 산업의 패러다임을 변화시키고 있다. mRNA 기술은 생산 공정도 디지털화와 자동화에 적합해, 의료 산업의 속도와 유연성을 높이며 의료의 개인화·대중화를 동시에 실현할 수 있는 기반이 된다. 결국 mRNA는 치료제 개발뿐 아니라 바이오 플랫폼 산업 전반을 혁신하는 촉매가 될 것이다.

• mRNA 기술은 유전 정보를 기반으로 하는 만큼 사회적 신뢰와 윤리적 기준이 중요하다. 본문 내용을 바탕으로, 이러한 기술 발전이 불평등이나 차별을 일으키지 않도록 하기 위한 사회적 조건은 무엇인가?

mRNA 기술은 개인 유전자 정보를 활용하는 만큼, 생명윤리와 개인정보 보호가 반드시 전제되어야 한다. 유전자 데이터는 단순한 의료 정보가 아니라 개인의 정체성과 직결된 민감한 정보이므로, 유출 시 보험, 고용, 사회적 차별로 이어질 수 있다. 이를 방지하기 위해선 첫째, 강력한 법적 제도와 기술적 보안 체계가 마련되어야 하며, 둘째, 의료기관과 기업의 데이터 활용에 대한 투명성과 책임성을 높여야 한다. 셋째, 모든 시민이 유전자 기술의 위험성과 기회를 이해할 수 있도록 윤리 교육이 강화되어야 한다. 특히 사회적 신뢰를 구축하기 위해서는 정부와 과학자, 시민이 참여하는 공론화 과정을 통해 '데이터 사용의 한계'와 '권리 보호 원칙'이 합의되어야 한다. 과학 발전이 불평등을 심화시키지 않기 위한 사회적 기반이 필수적이다.

• mRNA 기술은 과학자들의 협업과 실험의 반복을 통해 발전해왔다. 이 사례를 바탕으로 과학 연구의 본질적 특성은 무엇인가?

mRNA 백신 개발 과정은 과학이 단순한 결과 중심이 아니라, '과정 중심의 집단적 탐구 활동'임을 보여준다. 코로나19라는 위기 상황 속에서 다양한 국적의 과학자들이 바이러스 유전 정보를 공유하고, 실험과 데이터를 수없이 반복하며 빠른 시일 내 백신을 개발해냈다. 이는 과학의 핵심이 '협업', '검증 가능성', '반복 실험', '증거 기반'에 있음을 잘 보여준다. 또한, LK-99 초전도체 사례처럼 새로운 주장은 반드시 재현 가능성과 증거를 통해 검토되어야 한다는 과학의 자기 교정 기능도 강조된다. mRNA 기술의 발전은 단독 천재의 산물이 아니라 수많은 과학자들의 지속적인 협력과 실패의 누적 속에서 만들어진 결과다. 따라서 과학은 불확실성을 줄여나가는 집단 지성의 과정이며, 사회와 긴밀히 연결된 공공의 지식 생산 활동이다.

정리해 볼까요?

기사에 대해서 알아볼까요?

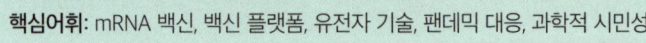

주제: 팬데믹은 생존 위기였으며, mRNA 백신은 과학기술의 힘을 보여줬다. 과학적 사고와 실천은 미래 감염병 대응의 핵심이다.

핵심어휘: mRNA 백신, 백신 플랫폼, 유전자 기술, 팬데믹 대응, 과학적 시민성

1단락 요약: 2019년 말 발생한 코로나19는 전 세계를 혼란에 빠뜨렸고, 이러한 위기 속에서 과학자들은 빠르게 백신 개발에 착수해 mRNA 백신이 탄생했다.

2단락 요약: mRNA 백신은 메신저 리보핵산을 이용해 인체 내 특정 단백질을 생성해 면역 반응을 유도하는 기술로 바이러스의 유전 정보를 바탕으로 빠르게 백신을 설계할 수 있었다.

3단락 요약: mRNA 기술은 코로나19뿐 아니라 암, 유전 질환 등 다양한 질병에 적용 가능성이 크며, 미래 보건의료 패러다임을 바꾸는 핵심 기술로 주목받고 있다. 제조 속도와 유연성 또한 팬데믹 시대에 적합하다.

4단락 요약: 우리나라도 국산 mRNA 백신 개발에 박차를 가하고 있으며, 정부, 기업, 연구기관이 함께 백신 플랫폼 자립화에 나서고 있다. 이는 단순한 기술 확보를 넘어, 국가 보건 안보를 위한 전략적 선택이다.

5단락 요약: mRNA 백신은 과학이 인류를 지키는 방식의 대표 사례이며, 청소년도 이에 관심을 가지고 과학적 사고와 실천의 중요성을 인식해야 한다. 과학은 단지 이론이 아니라 삶을 바꾸는 실천적 도구임을 팬데믹이 보여주었다.

기사의 구조적 접근을 꼭 알아야 해요!

1) 서론: 감염병 팬데믹, 과학이 마주한 전 지구적 위기
코로나19로 세계가 혼란에 빠지고 일상이 멈춘 가운데, 과학자들은 신속히 백신 개발에 나섰고 혁신적인 mRNA 백신이 등장했다.

2) 본론: mRNA 백신과 질병 맞춤형 치료 시대의 도래
mRNA 기술은 바이러스 유전 정보를 바탕으로 빠르게 설계·생산되어 기존 백신보다 신속한 팬데믹 대응이 가능했다. 암·희귀질환 등으로 확장 가능하며, 개인 맞춤형 치료로도 발전 중이다. 이는 보건 미래를 여는 핵심 기술이다. 우리나라는 국산화와 기술 자립을 위한 투자를 확대하고 있으며, 청소년도 과학에 관심을 갖고 감염병 대응의 주체로 성장할 수 있다.

3) 결론: 과학은 미래를 설계하는 도구
과학은 위기 극복의 힘이며, mRNA 백신은 그 상징이다. 팬데믹은 과학의 중요성을 일깨웠고, 앞으로는 과학적 사고와 실천이 중심이 될 것이다.

비판적 사고 키워 볼까요? ✚

1 다음 중 본문의 내용과 일치하지 않는 것은?

① mRNA 백신은 인체가 바이러스 단백질을 만들어내도록 유도한다.
② mRNA 백신은 코로나19 유전 정보 공개 후 11개월 만에 상용화되었다.
③ 암, 희귀 유전 질환, 알레르기 등에도 mRNA 기술이 활용되고 있다.
④ mRNA 백신은 제조 공정이 복잡하고, 감염병 대응에 느리다는 단점이 있다.
⑤ 정부는 2028년까지 국산 mRNA 백신 개발에 5,052억 원을 투자하고 있다.

2 다음 <보기>를 읽고, 본문 「팬데믹 백신 개발과 mRNA」의 내용을 바탕으로 알 수 있는 사실로 가장 적절한 것을 고르시오.

보기

> 2023년 독일 바이오기업 넥스트젠바이오는 mRNA 기술을 활용한 꽃가루 알레르기 치료 백신 개발에 성공했다. 이 백신은 기존 치료제보다 면역 반응 유도율이 30% 이상 높고, 빠른 설계·제조와 높은 안정성으로 계절성 알레르기에 적합하다는 평가를 받았다. 또한 개인의 면역 반응 차이를 반영한 맞춤형 치료 알고리즘을 도입했으며, 향후 음식 알레르기와 아토피 피부염 등으로 적용 범위를 확대할 계획이다. 연구진은 코로나19를 계기로 확장된 mRNA 플랫폼이 만성질환 치료 영역으로 진입하고 있다고 밝혔으며, 향후 5년 내 연간 20개 이상의 백신을 설계할 수 있는 시스템을 구축 중이다. 이는 기존 기술보다 개발 속도를 3~5배 단축할 수 있다.

① mRNA 기술은 감염병에만 사용되며, 알레르기나 만성질환에는 적용하기 어렵다.
② mRNA 기술의 장점은 설계와 제조가 빠르다는 점이며, 이는 팬데믹 같은 긴급 상황에 특히 유리하다.
③ 개인 맞춤형 백신은 유전자 정보가 불변이기 때문에 동일한 방식으로 누구에게나 적용된다.
④ 알레르기 백신의 개발은 코로나19 팬데믹 이전에도 mRNA 기술로 활발히 이루어졌다.
⑤ mRNA 기술은 의료 시스템과 무관하게 자동적으로 감염병을 해결해주는 만능 기술이다.

3 본문에서 mRNA 백신 기술이 기존 백신 개발 방식과 다른 점을 서술하시오.

4 논제 'mRNA 기술이 단순한 감염병 대응을 넘어 미래 사회 전반에 어떤 영향을 미치는 가?'에 대해 자신의 생각을 서론, 본론, 결론의 형식으로 서술하시오.

중요

5 다음 <보기>를 읽고, mRNA 백신 기술이 개인 유전 정보를 기반으로 작동하는 만큼, 생명윤리와 개인정보 보호 측면에서도 논란이 될 수 있다. 이와 관련하여 자신의 생각을 쓰고, 사회적 대응 방안을 제시하시오.

> mRNA 백신은 바이러스 유전 정보를 분석해 인체가 특정 단백질을 생성하도록 유도해 면역 반응을 일으킨다. 최근 암, 희귀 질환, 알레르기 등 맞춤형 의료로 확장되며 개인 유전 정보를 활용한 치료가 증가하고 있다. 하지만 유전체 데이터는 민감한 생물학적 정보로, 유출이나 악용 시 피해가 크며 차별과 불이익 문제도 제기된다. 기술 발전은 윤리와 신뢰가 동반되어야 하며, mRNA 기술과 개인 권리 보호의 조화를 위한 사회적 논의가 필요하다.

6 논제 'mRNA 백신 기술은 전통적인 백신 방식보다 인류의 건강을 지키는 데 더 효과적이다.'라는 주장에 대해 찬성과 반대 입장을 논하시오.

찬성(과학기술의 효율성)	반대(검증된 안정성)

9 초전도체, 진짜 혁명일까?

대부분의 전기 제품은 에너지 손실이 발생한다. 이는 전선을 통해 전기가 흐를 때 '저항'이라는 성질이 발생하기 때문이다. 하지만 특정 조건에서는 전기가 아무런 저항 없이 흐르는 '초전도 현상'이 나타난다. 이러한 특성을 지닌 물질을 '초전도체❶'라고 부른다. 초전도체는 전류가 에너지 손실 없이 흐를 수 있

영구 자석 위로 부상하는 고온(액체 질소 냉각) 초전도체

으며, 자기장을 밀어내는 '마이스너 효과❷'라는 현상도 나타난다. 이로 인해 자기부상 열차, 병원에서 사용하는 MRI 장비, 입자가속기 등에 사용되고 있다. 그러나 대부분의 초전도체는 영하 200도 이하의 극저온 환경에서만 작동하기 때문에, 실제 생활에서 활용하는 데에는 여러 제약이 있다.

이러한 한계를 극복하기 위해, 과학자들은 상온에서도 작동하는 초전도체 개발에 도전하고 있다. 2023년, 한국의 연구팀은 상온에서 초전도성을 보인다는 'LK-99'라는 새로운 물질을 발표하며 전 세계 과학계의 주목을 받았다. 이는 영하 수백 도가 아닌, 실온과 가까운 조건에서도 초전도 현상이 나타난다는 주장으로, 과학계와 산업계에 큰 기대를 불러일으켰다. 하지만 이후 여러 나라의 연구소에서 LK-99의 실험 결과를 재현하지 못하면서 과학적 검증❸의 중요성

이 다시 한번 강조되었다. 이 사건은 '과학은 주장보다 증거가 중요하다'는 사실을 우리에게 다시 알려준 대표적인 사례다.

초전도체가 정말 상온에서 작동할 수 있게 된다면, 그 파급력은 매우 클 것이다. 예를 들어, 전기를 멀리 보내도 손실이 없는 '꿈의 전력망'이 현실이 되고, 도심을 가로지르는 초고속 자기부상열차, 양자 컴퓨터와 같은 차세대 기술의 구현이 앞당겨질 수 있다. 최근에는 인공지능(AI)을 활용하여 새로운 초전도체 물질을 찾는 연구도 활발하게 이루어지고 있다. 플로리다 대학교의 연구팀은 AI를 통해 초전도체의 구조와 특성을 예측하는 모델을 개발했으며, 이는 신소재 개발의 속도를 크게 높여줄 수 있다. 이처럼 초전도체는 미래 에너지와 정보 기술을 변화시킬 수 있는 핵심 소재로 주목받고 있다.

우리나라에서도 초전도체 연구에 대한 관심이 높아지고 있다. 국내 대학과 연구소에서는 초전도체의 상온 구현뿐 아니라, 산업 응용을 위한 기술 개발에도 집중하고 있다. 특히 한국전력은 초전도 케이블을 실제 송전망에 적용하는 실증 사업을 진행하고 있으며, 이는 기존 전력선보다 훨씬 더 많은 전력을 안전하게 보낼 수 있다는 점에서 주목받고 있다. 과학 교육 현장에서도 초전도체를 쉽게 이해할 수 있도록 다양한 영상, 실험 키트, 애니메이션 등을 활용한 교육이 이루어지고 있다. 미국 캔자스 대학교에서는 중학생을 위한 초전도체 원리 애니메이션을 제작해 과학적 흥미를 높이려는 시도를 하고 있다.

❶ 초전도체: 전기가 흐를 때 저항이 전혀 발생하지 않아 에너지 손실 없이 전류가 흐를 수 있는 물질을 말한다.
❷ 마이스너 효과: 초전도체가 특정 온도 이하로 냉각되었을 때 외부 자기장을 밀어내는 현상이다.
❸ 과학적 검증: 과학적 주장은 관찰, 실험, 반복 가능한 재현을 통해 신뢰성을 입증해야 한다는 원칙이다.
❹ 상온 초전도체: 영하 수백 도가 아닌 실온에 가까운 조건에서 초전도 현상을 보이는 물질이다. 기존 초전도체의 활용 한계를 극복할 수 있어 '꿈의 소재'로 불린다.

꼭 기억하렴

국어 공신 선생님

물론, 초전도체의 실생활 상용화를 위해서는 아직 넘어야 할 기술적 장벽이 많다. 그러나 그것이 가져올 수 있는 사회적, 경제적, 환경적 변화는 분명히 혁명적인 수준이다. 청소년들도 이러한 미래 과학 기술에 관심을 갖고, 물리학과 신소재 과학을 주제로 한 탐구 활동에 도전해보는 것이 좋다. 상온 초전도체❶가 현실이 되는 날, 그 연구의 중심에 오늘의 중학생이 있을 수도 있다. 과학은 아직 밝혀지지 않은 수많은 가능성으로 가득하며, 그 미래는 상상하는 이들의 몫이다. 따라서 초전도체 연구는 단순한 이론을 넘어, 인류의 생활 방식과 산업 구조를 근본적으로 바꿀 수 있는 잠재력을 지닌 분야다. 지금이 바로 그 출발점이다.

국어 공신 선생님의 감상 꿀팁!

집중!

좀 더 깊이 생각해 보기

• 상온 초전도체가 실제로 상용화된다면, 우리 사회의 어떤 분야에 가장 큰 변화가 일어나고 어떤 영향을 미칠까?

상온 초전도체가 상용화된다면 가장 큰 변화는 정보통신 분야에서 일어날 것이다. 초전도체는 전류 흐름에 저항이 없어 기존보다 빠르고 안정적인 신호 전송이 가능하며, 통신망의 속도와 효율성을 획기적으로 높일 수 있다. 데이터 센터의 서버 연결이나 초고속 인터넷 인프라에 활용되면 통신 지연과 발열 문제가 크게 줄어든다. 긍정적으로는 6G 이상의 차세대 통신기술 개발, 양자 컴퓨터 상용화, 의료·국방 분야의 정밀 제어 기술 발전 등이 기대된다. 또한 VR, AR, 자율 주행차 통신 등 다양한 분야에 새로운 가능성을 열어줄 수 있다. 그러나 초고속 정보 처리 기술은 사이버 감시, 해킹, 정보 불균형 문제를 심화시킬 수 있으며, 기술 강국의 정보 독점은 디지털 격차를 확대할 우려가 있다. 따라서 기술 개발과 함께 정보 윤리, 보안 체계, 공정한 접근성에 대한 논의가 병행되어야 한다.

• AI가 초전도체 신소재를 개발하는 데 사용된다는 점에서, 인간 과학자와 인공지능의 역할은 앞으로 어떻게 달라질까?

AI가 초전도체 신소재 개발에 활용되면서 과학 연구 방식이 근본적으로 변화하고 있다. AI는 사람이 일일이 실험하던 방대한 물질 조합을 빠르게 분석해 유망한 후보 물질을 예측함으로써 시간과 비용을 절감하고 연구 효율성을 높인다. 특히 변수와 데이터가 많은 신소재 분야에서 AI의 예측 모델은 유용하며, 플로리다 대학교의 연구처럼 초전도체 구조와 특성을 시뮬레이션할 수 있다는 점은 큰 진전이다. AI는 계산 능력이 뛰어나고 인간이 놓치기 쉬운 패턴을 발견할 수 있지만, 창의적 문제 설정이나 윤리적 판단, 사회적 영향에 대한 통찰은 인간의 역할이다. AI는 학습된 데이터에 기반한 결과만 제시하며, 새로운 개념을 창출하거나 예측의 실험적 타당성을 판단하는 책임은 인간에게 있다. 앞으로 과학은 AI와 인간 과학자의 협업을 통해 발전할 것이며, AI는 탐색의 도구로, 인간은 해석과 방향 설정의 주체로서 균형 잡힌 협력이 중요하다.

• 상온 초전도체의 개발이 지구 환경 문제 해결에 어떤 기회를 제공할 수 있으며 그 과정에서 고려해야 할 새로운 환경 문제나 윤리적 쟁점은 무엇인가?

상온 초전도체 개발은 지구 환경 문제 해결에 중요한 기술적 기회를 제공한다. 초전도체는 전기 저항이 '0'이므로 송전 과정에서 에너지 손실이 없고, 상온에서 작동한다면 재생에너지 효율을 크게 높일 수 있다. 예를 들어 태양광이나 풍력으로 생산된 전기를 먼 도시까지 손실 없이 송전할 수 있어 탄소 배출을 획기적으로 줄이는 에너지 체계가 가능해진다. 그러나 초전도체 제작에 필요한 금속이나 희귀 원소의 채굴은 산림 훼손, 토양 오염, 물 부족 등 환경 파괴를 초래할 수 있으며, 일부 개발도상국에서는 인권 문제가 발생할 수 있다. 또한 기술 독점으로 인한 부의 집중과 국제 에너지 격차 확대도 우려된다. 결국 상온 초전도체는 환경 보호의 핵심 기술이 될 수 있지만, 그 이익과 부작용을 균형 있게 관리해야 한다. 과학기술 발전과 함께 사회적 책임과 국제 협력이 반드시 수반되어야 한다.

정리해 볼까요?

그룹 생각

기사에 대해서 알아볼까요?

주제: 초전도체는 에너지 손실 없는 미래 기술의 핵심 소재이며, 상온 초전도체 개발은 과학적 상상력을 현실로 바꾸는 도전이다.

핵심어휘: 초전도체, 초전도 현상, 마이스너 효과, 상온 초전도체, LK-99, 신소재 개발, 자기부상열차, 양자 컴퓨터, 과학적 검증

1단락 요약: 전기는 대부분 에너지 손실이 발생하지만, 초전도체는 저항 없이 전기가 흐르게 해주는 특별한 물질이다.

2단락 요약: 2023년 한국 연구팀이 상온 초전도체 'LK-99'를 발표했으나, 실험 재현 실패로 과학적 검증의 중요성이 다시 부각되었다.

3단락 요약: 상온 초전도체가 현실화되면 전력망, 자기부상열차, 양자 컴퓨터 등 첨단기술에 혁명적 발전이 가능하다. **최근에는** AI 기술을 활용한 초전도체 물질 예측 연구가 활발하며, 신소재 개발 속도를 높이고 있다.

4단락 요약: 한국도 초전도체 연구 및 응용 기술 개발에 힘쓰고 있으며, 실증사업과 교육 콘텐츠 개발이 진행 중이다.

5단락 요약: 초전도체 상용화에는 기술적 도전이 남아 있지만, 청소년이 미래 과학의 주역이 될 수 있는 가능성을 제시한다.

기사의 구조적 접근을 꼭 알아야 해요!

꼭 기억하기

1) 서론: 에너지 손실을 줄이는 꿈의 기술, 초전도체
초전도체는 전기 저항 없이 전류가 흐르기 때문에 에너지 손실 문제 해결에 주목받고 있다. MRI, 자기부상열차 등에 활용되지만 극저온이 필요하다는 한계가 있다.

2) 본론: 상온 초전도체의 가능성과 과학적 도전
LK-99 논란은 과학의 검증 원칙을 보여주는 사례로, 상온 초전도체의 가능성과 재현 실패를 통해 증거의 중요성을 강조했다. 상온 초전도체가 현실화되면 전력망, 자기부상열차, 양자 컴퓨터 등 기술 혁신이 가능하다. 플로리다 대학은 AI로 초전도체 구조를 예측해 연구 효율을 높였으며, 우리나라도 산업과 교육 분야에서 초전도체 활용을 확대 중이다.

3) 결론: 초전도체는 미래 산업과 삶을 바꿀 과학기술의 출발점
초전도체는 기술적 장벽이 있지만 사회·경제에 큰 변화를 일으킬 잠재력이 있다. 청소년들도 과학에 관심을 갖고 미래를 상상하며 탐구에 나서야 할 시점이다.

비판적 사고 키워 볼까요? ✚

1 다음 중 지문 내용과 일치하는 것은?

① 초전도체는 상온에서 자연적으로 생성되며, 대부분의 전자제품에 이미 활용되고 있다.

② LK-99는 미국 플로리다 대학에서 개발한 상온 초전도체이며, AI 기반으로 설계되었다.

③ 초전도체는 에너지 손실 없이 전류가 흐르며, MRI와 자기부상열차 등에 사용된다.

④ 현재까지 발표된 모든 초전도체는 실험 재현에 성공하여 상온 작동이 증명되었다.

⑤ 과학 교육에서는 초전도체 대신 일반 저항 원리를 중심으로 교육이 진행되고 있다.

2 다음 <보기>를 읽고, 이를 바탕으로 가장 적절한 판단을 내린 것은?

 보기

> 초전도체는 전류가 저항 없이 흐르는 물질로, 에너지 손실 없는 전력 전달이 가능해 '꿈의 기술'로 불린다. 그러나 대부분 극저온에서만 작동해 일상 적용에는 한계가 있다. 이를 해결하기 위해 과학자들은 상온 초전도체 개발에 힘쓰고 있으며, 2023년 한국 연구진이 발표한 LK-99는 가능성을 제시한 사례였다. 이후 여러 연구소에서 실험 재현에 실패하며 초전도성은 인정받지 못했지만, 과학에서 검증과 반복의 중요성을 일깨우는 계기가 되었다. 초전도체 기술이 발전하면 전력 시스템, 교통, 컴퓨터 등 다양한 분야에 혁신을 가져올 수 있어 과학기술에 대한 지속적인 투자와 사회적 관심이 필요하다.

① 초전도체는 이미 상용화가 완료된 기술이므로 더 이상의 연구 투자는 불필요하다.

② LK-99 실험 실패는 초전도체 연구의 한계를 보여주므로 개발을 중단해야 한다.

③ 과학은 주장이 아닌 증거를 바탕으로 발전하므로 반복 실험과 검증이 중요하다.

④ 미래 기술이 사회에 미치는 영향은 제한적이므로 정책적 지원은 불필요하다.

⑤ 초전도체는 일상생활에 영향을 주지 않기 때문에 과학 교육에서 다룰 필요가 없다.

3 다음 <보기>를 읽고, 상온 초전도체 연구가 가지는 과학적 의미와 사회적 파급력을 서술하시오.(단, 과학 개념과 실제 사례를 연결하여 설명할 것)

> 전기가 흐를 때 발생하는 저항은 에너지 손실을 유발하지만, 초전도체는 특정 온도 이하에서 저항이 0이 되는 초전도 현상을 통해 손실 없이 전류를 흐르게 한다. 현재 초전도체는 MRI, 입자가속기, 자기부상열차 등 다양한 분야에 활용되고 있으나 극저온에서만 작동하는 한계가 있다. 2023년 한국 연구팀이 발표한 LK-99는 상온 초전도성을 주장했지만, 실험 재현에 실패하며 과학적 검증을 통과하지 못했다. 그럼에도 상온 초전도체가 현실화된다면 전력, 교통, 정보통신 등 사회 전반에 혁신적인 변화를 가져올 수 있어 여전히 높은 관심을 받고 있다.

4 초전도체의 연구와 상용화를 둘러싼 기술적·윤리적·경제적 문제 중 가장 시급하다고 생각되는 문제를 제시하고, 그 해결 방안을 논하시오.(서론-본론-결론 구조로 서술할 것)

5 다음 <보기>를 읽고, 상온 초전도체 연구가 가진 장점과 한계에 대해 자신의 생각을 쓰고, 우리 사회가 어떤 점에 주의해야 하는지 제시하시오.

> 초전도체는 전기가 에너지 손실 없이 흐르고, 자기장을 밀어내는 성질을 가진 특별한 물질이다. 이 기술이 실생활에 활용되면 전기를 멀리 보내도 손실이 없고, 초고속 자기부상열차나 양자컴퓨터 같은 새로운 기술이 가능해진다. 하지만 대부분 초전도체는 영하 200도 이하의 아주 낮은 온도에서만 작동한다. 최근 한국 연구팀이 'LK-99'라는 물질이 상온에서도 초전도체가 될 수 있다고 발표했지만, 다른 나라 연구팀이 이를 재현하지 못해 과학에서는 '주장보다 증거가 중요하다'는 점이 다시 강조되었다.

6 논제 '초전도체 기술의 상용화는 환경 보호보다 경제 성장에 더 큰 영향을 미칠 것이다.'라는 주장에 대해 찬성과 반대 입장을 논하시오.

찬성(산업 혁신, 기술 수출, 전력 효율)	반대(에너지 절감, 탄소 배출 저감의 핵심)

10 우주를 향한 새로운 경쟁, 민간이 쏘아올린 로켓

2024년 11월, 미국 플로리다의 케네디 우주센터에서는 스페이스X가 개발한 '스타쉽' 로켓이 우주로 날아올랐다. 민간 기업이 주도하는 우주 경쟁 시대가 열렸기 때문에 이제 우주 산업은 더 이상 국가의 전유물이 아니다. '우주항공 산업의 민영화❶'는 우리 시대 과학기술의 결정체이자, 미래 산업의 핵심 분야로 떠오르고 있다. 로켓 발사체는 단순히 '우주선을 쏘아 올리는 기계'가 아니다. 위성, 우주탐사선, 우주인, 심지어 우주 쓰레기를 치우는 장비까지, 다양한 물체를 지구 밖 궤도에 올려놓는 중요한 기술이다. 예전에는 미국의 NASA, 러시아의 로스코스모스, 유럽우주국(ESA) 등 국가 기관이 이 임무를 독점해왔다. 그러나 2000년대 중반부터 민간 기업들이 우주 산업에 뛰어들기 시작하면서 변화가 일어났다.

대표적인 기업은 바로 일론 머스크가 이끄는 '스페이스X'이다. 스페이스X는 로켓을 재활용하는 기술❷을 개발하며 우주 발사의 비용을 획기적으로 낮췄다. 이전에는 한 번 쏘아 올린 로켓은 바다에 떨어져 사라졌다. 그러나 스페이스X의 '팰컨9'은 발사 후 지구로 돌아와 다시 사용할 수 있도록 설계되었다. 이 기술은 우주 산업의 판

'팰컨9' 우주 발사체

도를 바꾸는 전환점이 되었다. 이 외에도 '블루 오리진', '버진 갤럭틱' 같은 기업들이 민간 우주여행[3]을 준비하고 있다. 블루 오리진은 아마존 창업자 제프 베이조스가 설립한 기업으로, 2021년 실제로 민간인을 태운 로켓을 발사하며 세계적인 주목을 받았다. '버진 갤럭틱'은 비행기를 타듯 우주선을 타고 지구 밖 상공을 경험할 수 있는 우주 관광 상품을 내놓았다. 이제는 돈만 있다면 누구나 우주여행을 꿈꿀 수 있는 시대가 된 것이다.

그렇다면 왜 민간 기업들이 우주 산업에 이렇게 관심을 가질까? 그 이유는 크게 세 가지로 살펴볼 수 있다. 첫째, 우주 산업은 미래 성장 산업이기 때문이다. 인공위성을 활용한 통신, 지구 관측, 기상 예보는 이미 다양한 산업에 필수 기술로 사용된다. 둘째, 국방 및 안전 전략과 연결된다. 위성을 이용한 정찰 기술은 국가 안보와도 밀접한 관련이 있다. 셋째, 달이나 화성 같은 행성 탐사, 우주 자원 개발 등이 미래의 새로운 시장으로 떠오르고 있다. 예를 들어, 달의 표면에 있는 헬륨-3[4]은 미래의 핵융합 에너지 자원이 될 수 있다는 주장이 제기되고 있다.

한편, 이러한 민간 주도의 우주 경쟁은 긍정적인 면만 있는 것은 아니다. 로켓 발사의 증가로 우주 쓰레기가 급격히 늘어나고 있으며, 각국의 군사 경쟁이 우주 공간으로 확대될 가능성도 있다. 국제사회는 이를 조율하기 위해 '우주공간조약(Outer Space Treaty)' 같은 협약을 맺고 있지만, 민간 기업의 등장은 새로운

꼭 기억하렴

❶ **우주항공 산업의 민영화**: 우주 산업이 국가 기관 중심에서 민간 기업 중심으로 이동하는 현상이다.
❷ **로켓 재활용 기술**: 로켓 발사 후 본체가 회수되어 다시 사용하는 기술이다.
❸ **민간 우주여행**: 정부 기관의 우주비행이 아닌, 개인이 비용을 지불하고 우주 공간을 체험하는 서비스이다.
❹ **헬륨-3**: 달 표면에 존재하는 희귀 동위원소로, 미래의 핵융합 발전에 활용될 수 있는 에너지 자원이다.

국어 공신 선생님

법적, 윤리적 논의를 요구하고 있다.

우리나라도 이 흐름에서 예외는 아니다. 2022년 한국형 발사체 '누리호'의 성공은 국내 우주 산업의 가능성을 보여준 사건이었다. 이후 한국은 '스페이스 허브 코리아' 프로젝트를 추진하며, 민간 기업들이 로켓 발사와 위성 제작에 참여할 수 있는 길을 열고 있다. 최근에는 '한화에어로스페이스', '페리지항공우주' 같은 기업이 우주 사업에 적극 투자하고 있다. 이러한 변화는 과학기술 고등교육, 엔지니어링, 인공지능, 재료공학 등의 연계를 강화하며 미래 산업 구조를 변화시킬 것으로 기대된다. 결국, 로켓 발사체는 단지 기술적 진보를 상징하는 것이 아니라, 인류의 미래를 다시 설계하는 열쇠가 된다. 우주 산업은 더 이상 영화 속 상상이 아니라, 우리의 일상과 경제, 정치, 환경과 연결된 현실이 되고 있다.

국어 공신 선생님의 감상 꿀팁!

 한컬음 더 깊이 생각해 보기  집중!

• 로켓 재활용 기술이 우주개발의 지속 가능성 확보에 기여하는 방식은 무엇인가?

로켓 재활용 기술은 우주개발의 지속 가능성을 뒷받침하는 핵심 기술이다. 전통적인 1회용 발사체는 매 발사마다 수천억 원의 비용과 자원을 소비했으며, 해양 환경 오염까지 유발했다. 하지만 스페이스X의 '팰컨9'은 발사 후 착륙 플랫폼에 귀환하여 재사용이 가능하다. 이 기술은 발사 단가를 약 30~50% 절감시키고, 우주 접근성을 크게 확대하였다. 또한 로켓 재활용은 탄소 배출 감소와 자원 낭비 축소를 통해 지구 환경에도 긍정적인 영향을 미친다. 이는 우주 산업이 단기 경쟁이 아닌 장기적 생태계를 형성하기 위한 기반 기술로 작용하고 있다는 점에서 지속 가능성과 연결된다. 앞으로 더 많은 국가와 기업이 이를 채택함으로써, 지속 가능한 우주개발 패러다임이 정착될 것으로 기대된다.

• 우주 관광 산업이 개인과 사회에 미칠 수 있는 긍정적·부정적 영향은 무엇인가?

우주 관광 산업은 상상 속 꿈을 현실로 바꾸며 개인과 사회에 새로운 가능성을 제시하고 있다. 개인에게는 비행기를 타듯 우주를 경험할 수 있는 기회가 제공되며, 이는 과학적 호기심 고취와 우주과학에 대한 대중적 관심 증가로 이어질 수 있다. 또한 관련 기술의 발전은 항공우주산업, 가상현실, 의료 등 다양한 분야로 확산되어 경제적 효과도 크다. 그러나 반면 고비용 중심의 산업 구조는 '부자만의 특권'으로 전락할 우려가 있다. 또한 매번의 발사에서 배출되는 연료와 발생하는 우주 쓰레기 문제도 무시할 수 없다. 사회적으로는 기술 양극화와 환경 부담이 커질 수 있으며, 규제 없이 확산될 경우 안전성 논란도 야기된다. 따라서 우주 관광은 기술 진보와 함께 사회적 책임을 수반해야 지속 가능한 산업으로 정착할 수 있다.

• 한국이 우주 산업에서 주도권을 확보하기 위해 중점적으로 추진해야 할 전략은 무엇인가?

한국이 우주 산업의 주도권을 확보하기 위해서는 세 가지 전략이 필요하다. 첫째, '스페이스 허브 코리아'처럼 민관 협력 중심의 산업 생태계를 조성해 민간 기업의 기술 개발을 지원하고 자생력을 키워야 한다. 둘째, 인공지능, 재료공학, 항공우주공학 등 첨단 기술 간 융합을 기반으로 핵심 인재를 양성하는 고등교육 체계를 강화해야 한다. 셋째, 국제 협력과 공공 인프라 구축을 통해 위성·통신·자원 개발 등 다양한 분야에서 실질적인 기술 우위를 확보해야 한다. 이와 함께 지속 가능한 개발을 위한 윤리적 기준 마련과 우주 환경 보존을 고려한 정책도 병행되어야 한다. 이러한 전략은 단기 경쟁이 아닌 장기적 기술 주권과 산업 경쟁력을 확보하는 핵심 동력이 될 것이다.

정리해 볼까요?

기사에 대해서 알아볼까요?

주제: 우주항공 산업의 민영화는 미래 산업의 핵심 동력이자, 인류의 생활과 경제·안보·환경을 변화시키는 거대한 전환점이다.

핵심어휘: 우주항공 산업, 스페이스X, 블루 오리진, 버진 갤럭틱, 인공위성, 국방·안보, 우주 자원 개발, 우주 쓰레기, 한국형 발사체 '누리호'

1단락 요약: 과거에는 국가 기관만이 우주 발사체를 독점했지만, 스페이스X의 스타쉽 발사와 함께 민간 기업이 우주 산업의 주도권을 확보하는 시대가 열렸다.

2단락 요약: 스페이스X는 로켓 재활용 기술을 통해 발사 비용을 크게 낮췄으며, 블루 오리진과 버진 갤럭틱은 민간 우주여행을 추진해 '누구나 우주를 경험할 수 있는 시대'를 열고 있다.

3단락 요약: 민간 기업이 우주 산업에 뛰어드는 이유는 통신·기상 등 실생활과 관련된 기술, 국가 안보, 그리고 달·화성 탐사 및 우주 자원 개발 등 미래 시장 때문이다.

4단락 요약: 그러나 민간 주도의 우주 경쟁은 우주 쓰레기 증가, 군사 경쟁 확산 등 부정적 결과도 낳고 있으며, 새로운 국제 규범과 윤리 논의가 필요하다.

5단락 요약: 우리나라도 '누리호' 발사 성공 이후 민간 기업 참여가 확대되며, 우주 산업이 과학기술·교육·산업 구조 전반을 바꾸는 핵심 분야로 성장하고 있다.

기사의 구조적 접근을 꼭 알아야 해요!

1) 서론: 우주 산업, 국가 독점에서 민간 참여로
과거 우주 발사는 NASA, 로스코스모스 같은 국가 기관의 전유물이었으나, 스페이스X 스타쉽 발사를 계기로 민간 기업이 본격적으로 참여하는 '우주 민영화 시대'가 열렸다.

2) 본론: 민간 우주 산업의 가능성과 과제
스페이스X는 재활용 로켓으로 비용을 절감했고, 블루 오리진·버진 갤럭틱은 민간 우주여행을 추진 중이다. 통신·자원 개발 등 미래 가치가 기업 진출을 촉진하며, 우주 쓰레기·군사 경쟁 등 윤리적 과제도 대두된다. 누리호 성공 이후 한국도 '스페이스 허브 코리아'로 민간 참여를 확대하고 있다.

3) 결론: 인류의 미래를 다시 설계하는 열쇠
우주 발사체와 민간 산업은 기술을 넘어 경제·정치·환경과 연결된 미래 설계의 핵심이며, 우주 산업은 상상이 아닌 전략적 현실로 자리잡고 있다.

비판적 사고 키워 볼까요? +

1 다음 중 지문 내용과 일치하는 것을 고르시오.

① 우주 산업은 여전히 국가 기관만이 주도하며, 민간 기업의 진입은 아직 허용되지 않았다.

② 스페이스X는 로켓 재활용 기술이 아닌, 1회용 로켓 기술에 집중해왔다.

③ 블루 오리진은 정부 우주 계획의 일환으로 설립된 미국 국방부 산하 기업이다.

④ 민간 기업들이 우주 산업에 뛰어든 이유 중 하나는 달이나 화성의 자원 개발 가능성 때문이다.

⑤ 한국은 아직까지 민간 기업이 우주 산업에 진출한 사례가 없다.

2 다음 <보기>를 읽고, 이를 바탕으로 판단한 내용 중 가장 적절한 것을 고르시오.

> 최근 민간 기업이 주도하는 우주 산업이 빠르게 성장하고 있다. 스페이스X, 블루 오리진, 버진 갤럭틱 같은 기업들은 로켓 재활용 기술, 민간 우주여행, 위성 사업 등에 적극적으로 투자하며 과거 국가가 독점하던 우주 분야에 본격적으로 진입하고 있다. 이러한 변화는 발사 비용 절감, 기술 혁신, 미래 자원 확보라는 긍정적인 효과를 가져오지만, 동시에 우주 쓰레기 증가, 군사적 충돌 가능성, 법적 기준 미비와 같은 새로운 문제도 발생시키고 있다. 따라서 우주항공 산업의 민영화는 기술 발전과 산업 성장의 기회인 동시에, 사회적 논의와 제도적 정비가 필요한 중요한 과제가 되고 있다.

① 민간 기업의 참여로 발사체 기술이 퇴보하고 있으며, 우주 산업 전반이 정체될 가능성이 높다.

② 우주항공 산업은 오직 국가가 관리해야 하므로, 민간 기업의 진입은 전면 금지되어야 한다.

③ 민간 주도의 우주 산업은 기술과 경제 발전 가능성을 열지만, 국제적 윤리 기준과 제도 마련도 반드시 병행되어야 한다.

④ 우주 산업의 민영화는 국가의 과학기술 발전에 도움이 되지 않으며, 오히려 안보 위협이 될 뿐이다.

⑤ 우주 쓰레기 문제는 과장된 주장에 불과하며, 민간 기업의 자유로운 경쟁이 오히려 해결책이 될 수 있다.

3 제시문에서는 '우주항공 산업의 민영화'와 '로켓 재활용 기술'이 우리 사회와 미래 산업에 미치는 영향을 설명하고 있다. 이와 관련하여 다음 두 가지 질문에 대해 답하시오.

제시문

① 우주항공 산업의 민영화가 갖는 과학기술적 의의와 함께 사회적 우려 요소를 각각 1가지 이상 서술하시오.
② 로켓 재활용 기술이 갖는 경제적 또는 환경적 장점을 구체적인 사례와 함께 설명하시오.

4 스페이스X가 선도하는 로켓 재활용 기술은 비용 절감뿐 아니라 환경적 측면에서도 중요한 의미를 지닌다. 이 기술이 미래 산업과 환경 보호에 미치는 영향을 다각적으로 분석하고, 그 잠재력을 평가하시오.(서론-본론-결론 구조로 서술할 것)

중요

5 한국이 '스페이스 허브 코리아' 프로젝트를 추진하는 목적과, 그에 따른 산업적 기대효과를 간략히 설명하시오.(조건: 국가 정책 방향성과 미래 산업 구조 변화 내용을 포함해 3문장 이상 기술할 것)

6 논제 '헬륨-3 자원 채굴과 같은 우주 자원 개발은 윤리적으로 정당화될 수 있다.'라는 주장에 대해 찬성과 반대 입장을 논하시오.

찬성	반대

11 범인을 밝혀내는 과학의 힘, DNA 감식 기술의 진화

대한민국을 떠들썩하게 했던 '화성연쇄살인사건'의 진범이 사건 발생 33년 만에 밝혀졌다. 유일한 단서는 낡은 속옷 조각 한 장. 그 안에 남아 있던 미세한 체액에서 DNA를 분석해 범인을 특정할 수 있었던 것은 첨단 DNA 감식 기술❶ 덕분이었다. 이는 과학의 힘이 과거의 진실을 밝히는 데 얼마나 결정적인 역할을 할 수 있는지를 보여주는 대표적인 사례다.

DNA는 '디옥시리보핵산(Deoxyribonucleic Acid)'의 줄임말로, 우리 몸속 세포 안에 들어 있는 유전 정보다. 머리카락, 각질, 침 한 방울 속에도 존재하며, 사람마다 고유하기 때문에 누군가의 신원을 확인하는 데 결정적인 열쇠가 된다.

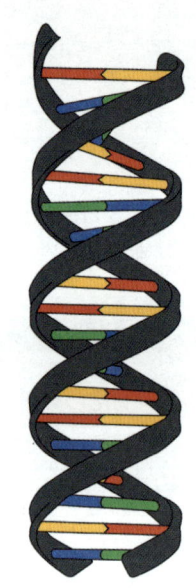

DNA

DNA 감식 기술은 과학수사의 흐름을 완전히 바꾸고 있다. 과거의 목격자 진술에 의존하던 방식에서 벗어나 정황이나 목격자 진술에 의존하던 방식에서 벗어나, 생물학적 증거에 기반한 객관적인 수사 체계로 진화했다. DNA 감식은 1980년대 후반, 영국 유전학자 알렉 제프리스가 처음 'DNA 지문' 개념을 제안하면서 본격적으로 수사에 활용되기 시작했다. 초창기에는 혈액, 타액 등 많은 양의 샘플이 필요했으나, 기술 발전으로 인해 지금은 머리카락 한 올, 피부의 각질처럼 아주 소량의 흔적만으로도 분석이 가능하다. 현재 가장 널리 사용되는 기술은 PCR(중합효소연쇄반응)[2]이다. 이 기술은 극소량의 DNA를 수백만 배로 증폭시켜 분석할 수 있게 만든다. 예를 들어 범행 현장의 담배꽁초에 남은 침에서도 DNA를 추출해, 용의자를 특정할 수 있다. PCR은 분석 속도가 빠르며 정밀도도 높아, 현재 전 세계에서 표준 감식 방식으로 사용되고 있다. 최근에는 NGS(차세대 염기서열 분석)[3] 기술이 개발되어, DNA 염기 배열 전체를 정밀하게 읽고 해석할 수 있게 되었다. 이를 통해 단순히 범인을 찾는 것을 넘어, 유전 질병 예측, 실종자나 재난 희생자의 신원 확인 등 다양한 분야로 활용 범위가 넓어지고 있다. 세월호 참사 당시에도 이 기술이 희생자들의 신원을 식별하는 데 큰 역할을 했다.

　DNA 감식은 범죄 수사 외에도 친자 확인, 전쟁 피해자 확인, 이산가족 상봉, 실종 아동 찾기 등 폭넓게 사용된다. 국립과학수사연구원은 유전자 데이터베이스를 구축하여 장기 미제 사건 해결과 국가 차원의 신원 확인 업무에 활용하고 있으며, 이를 통해 억울한 사람을 구제하고, 정의 실현에 이바지하고 있다. 하지만 DNA 감식 기술이 마냥 긍정적인 것만은 아니다. DNA는 민감한 개인 정보이기 때문에 무단 수집이나 보관은 인권 침해로 이어질 수 있다. 우리나라는 법원의 영장 없이는 DNA를 강제로 채취하거나 저장할 수 없도록 엄격한 기준을 두고 있다. 당사자의 동의 절차와 목적 외 사용 금지 등의 윤리적 기준도 중요하다.

　또한, 쌍둥이처럼 유전 정보가 거의 동일한 경우나, 여러 사람의 DNA가 섞

❶ DNA 감식 기술: DNA를 분석하여 개인을 식별하거나 유전적 정보를 확인하는 과학 수사 기술이다.
❷ PCR(중합효소연쇄반응): DNA의 특정 구간을 수백만 배로 증폭시키는 기술로, 현재 가장 널리 사용되는 DNA 분석 방법이다.
❸ NGS(차세대 염기서열 분석): DNA 염기 배열 전체를 정밀하게 분석하는 차세대 유전자 해독 기술이다.

꼭 기억하렴

국어 공신 선생님

여 있는 혼합 샘플의 경우에는 감식의 정확도가 떨어질 수 있다는 점도 고려해야 한다. DNA 감식은 단순한 기계적 분석이 아닌, 고도의 과학적 판단과 윤리의식이 함께 요구되는 정밀한 작업이다.

　최근에는 AI와 빅데이터 기술을 DNA 감식에 접목하려는 시도도 활발히 진행되고 있다. 수천 개의 DNA 정보를 AI가 자동으로 비교하고 분석하여, 수사 시간을 단축하고 정확도를 높이는 지능형 분석 시스템이 개발 중이다. 미래의 과학수사는 인간의 직관과 기술의 정밀성이 조화를 이루는 형태로 발전할 것이다. DNA는 말이 없지만 거짓말을 하지 않는다. 아주 작은 흔적 속에 담긴 진실은 과학기술을 통해 세상 밖으로 드러나고, 억울함을 푸는 힘이 된다. DNA 감식은 이제 인류의 안전과 존엄, 그리고 사회의 공정함을 지키는 가장 믿을 수 있는 과학적 도구가 되었다.

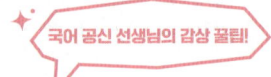 국어 공신 선생님의 감상 꿀팁!

🧢 좀 더 깊이 생각해 보기

• DNA 감식 기술이 과학 수사에서 '게임 체인저' 역할을 하게 된 이유는 무엇인가?

DNA 감식 기술은 정황 증거나 목격자 진술에 의존하던 기존 수사 방식에서 벗어나, 생물학적 증거를 토대로 객관적이고 과학적인 범죄 수사 체계로의 전환을 가능하게 했다. 특히 PCR 기술을 활용하면 머리카락 한 올, 각질 한 조각처럼 극소량의 증거물로도 용의자를 특정할 수 있다. 이는 장기 미제 사건 해결의 실마리를 제공하고, 억울한 피해자의 명예 회복에도 중요한 역할을 한다. 대표적으로 '화성연쇄살인사건'의 진범이 사건 발생 33년 만에 특정된 사례는 DNA 감식 기술의 결정적 의의를 잘 보여준다. DNA는 말이 없지만 거짓말을 하지 않는다는 말처럼, 정확하고 신뢰도 높은 증거 기반 수사의 전환점이 바로 DNA 감식 기술이다.

• **DNA 감식 기술이 인공지능, 빅데이터와 결합될 때 기대할 수 있는 미래 활용 가능성은 무엇인가?**

DNA 감식 기술이 AI 및 빅데이터와 결합될 경우, 수천 건의 분석 데이터를 자동으로 비교·해석할 수 있는 지능형 수사 시스템이 가능해진다. 이는 범죄 수사의 속도를 단축시키고, 인간이 놓칠 수 있는 미세한 단서를 포착해 정확도를 높여줄 수 있다. 미래에는 유전 질병 예측, 생물학적 맞춤 치료, 유전자 기반 생명보험 설계 등 의료·보건·안전 분야 전반으로 기술이 확장될 가능성이 있다. 그러나 AI 기반 DNA 분석에도 개인정보 보호와 윤리적 통제 장치는 필수적이며, 기술 중심의 수사가 인간 중심의 정의를 침해하지 않도록 하는 사회적 합의가 병행되어야 한다. 이 융합은 과학과 윤리가 조화를 이루는 미래형 생명 기술 체계의 핵심이 될 것이다.

• **한국이 DNA 감식 기술 분야에서 국제 경쟁력을 확보하기 위해 중점적으로 추진해야 할 전략은 무엇인가?**

한국이 DNA 감식 기술 분야에서 국제 경쟁력을 확보하려면 첫째, 국립과학수사연구원을 중심으로 한 국가 DNA 데이터베이스 인프라 확대가 필요하다. 둘째, PCR 및 NGS 기반 감식 기술을 AI·빅데이터와 융합하는 생명정보 분석 전문 인력을 양성해야 한다. 셋째, 개인정보 보호법 강화 및 기술 활용 범위에 대한 사회적 윤리 기준 수립을 통해 국제적 신뢰를 확보해야 한다. 넷째, 재난 대응, 유전자 의학, 범죄 수사 등 다양한 분야에서 DNA 기술을 범정부적 협력 과제로 확장시켜야 한다. 이처럼 기술 개발, 인재 양성, 윤리 기준, 정책 융합이 함께 이루어질 때 한국은 정의 실현과 과학기술 선도국가라는 두 축을 동시에 달성할 수 있을 것이다.

정리해 볼까요?

기사에 대해서 알아볼까요?

주제: DNA 감식은 과학수사의 핵심 도구로 진실과 정의 실현에 기여하며, 윤리와 기술 정교함을 요구하는 미래 과학의 중심이다.

핵심어휘: DNA 감식, DNA 지문, PCR, NGS, 실종자 신원 확인, 유전자 데이터베이스, 개인정보 보호 , AI 분석, 윤리 기준

1단락 요약: 화성연쇄살인사건을 해결한 사례로 DNA 감식 기술의 위력 소개. 생물학적 증거 중심의 과학수사 체계로 전환된다.

2단락 요약: DNA 감식의 역사와 발전 소개. PCR과 NGS 기술을 통해 감식 정밀도와 활용 범위가 크게 향상된다.

3단락 요약: DNA 감식의 사회적 활용 사례(친자 확인, 실종자 찾기 등)와 국가 차원의 데이터베이스 구축. 과학이 정의 실현에 기여한다.

4단락 요약: DNA 감식의 윤리적 문제와 기술적 한계 제기. 인권 보호, 동의, 혼합 샘플 문제 등을 고려해야 한다.

5단락 요약: AI와 빅데이터 기술의 융합으로 DNA 감식의 미래를 제시. DNA는 진실을 밝히는 과학적 정의 실현 도구임을 강조한다.

기사의 구조적 접근을 꼭 알아야 해요!

1) 서론: 진실을 밝히는 정밀 과학, DNA 감식 기술

DNA 감식 기술은 유전 정보를 분석해 신원을 특정하며, 과학수사의 핵심 도구로 자리 잡았다. 이는 정황 중심 수사에서 생물학적 증거 기반의 객관적 수사로 전환을 이끌었고, 화성연쇄살인사건 등 장기 미제 사건 해결에도 크게 기여했다.

2) 본론: 기술의 발전, 사회적 활용, 그리고 윤리적 과제

DNA 감식은 1980년대 후반 알렉 제프리스의 'DNA 지문' 제안으로 수사에 도입되었고, PCR과 NGS 기술로 정밀성과 범위가 확대되었다. 세월호 참사, 친자 확인, 실종자·전쟁 피해자·이산가족 상봉 등 다양한 분야에 활용되며, 국립과학수사연구원은 유전자 데이터베이스로 장기 미제 사건 해결에 기여하고 있다. 그러나 DNA는 민감한 정보로, 영장 없는 채취나 무단 저장은 인권 침해가 될 수 있고, 유사 유전자나 혼합 샘플로 인한 오류 가능성도 존재한다. 과학적 정밀성과 윤리 의식이 함께 요구된다.

3) 결론: DNA는 말이 없지만 진실을 말한다

DNA 감식은 인간 존엄과 사회 정의를 지키는 과학적 도구로, AI·빅데이터와 결합해 분석 정확도와 속도를 높이며 미래형 수사 체계 구축에 기여한다.

비판적 사고 키워 볼까요? ✚

1 위 내용과 일치하는 것을 고르시오.

① DNA 감식 기술은 증인의 진술이나 정황 증거보다 비과학적인 수사 방식으로 평가된다.

② NGS 기술은 DNA를 증폭해 분석하는 방식으로, PCR과 동일한 원리로 작동한다.

③ DNA는 모든 사람에게 동일하게 존재하기 때문에 감식 기술의 신뢰도가 떨어진다.

④ DNA 감식 기술은 현재 세포 한 개 수준의 극미량 샘플로는 분석이 어렵다.

⑤ DNA 감식 기술은 과거에는 혈액 등 많은 양의 샘플이 필요했으나 지금은 각질 한 조각으로도 가능하다.

2 다음 <보기>를 읽고, 옳지 않은 것을 고르시오.

보기

> DNA 감식 기술은 진범을 밝히는 데 결정적인 역할을 해왔으며, 특히 세월호 참사와 같은 재난 상황에서 피해자 신원 확인에도 사용되었다. 또한 국가는 DNA 정보를 바탕으로 유전자 데이터베이스를 구축하고 있으며, 이를 통해 실종자 확인, 이산가족 상봉, 친자 확인 등의 업무를 수행하고 있다. 그러나 DNA 정보는 민감한 개인정보이기 때문에 반드시 법적 절차를 따라야 하며, 영장 없는 채취나 무단 보관은 인권 침해가 될 수 있다.

① DNA 감식 기술은 과거 사건의 진실을 밝히는 데에도 활용될 수 있다.

② DNA 감식 기술은 과학기술과 인권 보호가 균형을 이뤄야 함을 보여주는 사례이다.

③ 유전자 데이터베이스는 국가가 과학기술을 이용해 신원 확인 기능을 독점하려는 위험한 장치이다.

④ DNA 감식 기술은 자연 재해나 대형 사고 발생 시 피해자 확인에 중요한 수단이 된다.

⑤ DNA 감식은 법적·윤리적 기준을 지키지 않으면 개인의 권리를 침해할 수 있다.

3 DNA 감식 기술이 가지는 과학기술적 의의와 사회적 우려 요소를 각각 1가지 이상 서술하시오.

4 DNA 감식 기술이 수사 분야뿐 아니라 사회 정의 실현과 인간 존엄 보호에 어떤 영향을 미치는지를 다각도로 분석하고, 이 기술의 미래적 가능성과 한계에 대한 자신의 생각을 서술하시오.(서론-본론-결론 구조로 서술할 것)

중요

5 국립과학수사연구원이 유전자 데이터베이스를 구축하는 이유와, 그에 따른 사회적 효과를 간략히 설명하시오.

집중

6 논제 '수사와 사회적 안전을 위해 국가가 개인의 DNA 정보를 수집·보관하는 것은 윤리적으로 정당화될 수 있다.'라는 논제를 바탕으로 찬성과 반대의 생각을 서술하시오.

찬성	반대

12 전자책과 종이책, 뇌는 정말 다르게 읽을까?

스마트폰이나 태블릿으로 책을 읽는 것이 어느새 자연스러워졌다. 학교에서도 전자책을 활용한 디지털 교과서가 도입되고 있고, 도서관에서도 전자책 서비스를 이용할 수 있다. 전자책은 종이책보다 가볍고, 수백 권의 책을 한 기기에 담을 수 있으며, 검색이나 메모 기능까지 갖추고 있어 편리하다는 장점이 있다. 그렇

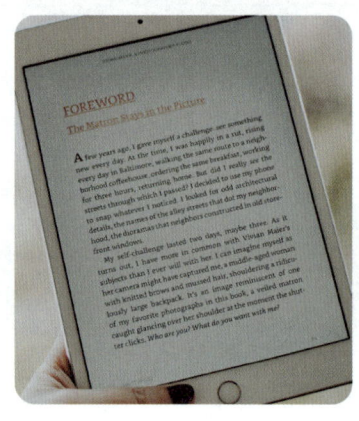

다면, 전자책으로 읽는 독서와 종이책으로 읽는 독서는 정말 차이가 없을까?

최근 과학자들과 교육자들은 이 질문에 대해 다양한 실험과 연구를 통해 분석을 시도하고 있다. 실제로 많은 연구들이 전자책과 종이책이 뇌에 서로 다른 방식으로 영향을 준다는 결과를 보여준다. 2019년 노르웨이 스타방에르대학교에서 중학생들을 대상으로 흥미로운 실험을 진행한다. 학생들에게 같은 소설을 전자책과 종이책으로 각각 읽게 한 뒤, 줄거리 이해도를 비교한 것이다. 그결과, 종이책을 읽은 학생들이 전자책을 읽은 학생보다 이야기의 구조와 순서를 더 잘 기억한다는 사실이 밝혀졌다. 이는 종이책을 읽을 때 손으로 페이지를 넘기는 감각, 책의 무게와 두께, 그리고 시각적 위치 정보가 독서 이해력을 높인

다는 것을 의미한다. 또한, 전자책은 눈의 피로도를 높이고 집중력을 떨어뜨릴 수 있다는 연구도 존재한다. 미국 워싱턴대학교의 한 교수는 디지털 기기를 통한 독서가 시선을 더 자주 움직이게 하고, 불필요한 정보에 쉽게 노출된다는 점을 지적한다. 전자책에는 하이퍼링크, 팝업 사전, 알림창 등 독서에 방해가 될 수 있는 요소들이 많기 때문이다. 이러한 요소들은 뇌가 깊이 읽기(deep reading) 대신 단순한 정보 처리에 집중하도록 유도한다.

반면, 전자책의 장점을 강조하는 연구도 존재한다. 2020년 MIT 미디어랩에서는 전자책이 시각장애인이나 학습장애 학생들에게 정보 접근성을 높이는 데 유용하다는 결과를 발표한다. 화면 확대, 음성 지원, 텍스트 하이라이트 기능 등은 종이책에서는 제공하기 어려운 맞춤형 학습 환경을 가능하게 한다. 또한, 전자책을 활용한 독서 습관이 오히려 독서량을 늘리는 계기가 된다는 분석도 있다. 실제로 한국출판문화산업진흥원의 조사에 따르면, 청소년 중 약 35%가 "전자책으로 책을 더 자주 읽게 되었다"고 응답했다.

물리적 책과 전자책의 차이는 뇌의 인지 방식과 관련이 있다. 종이책은 선형적인 정보 구조를 따라가며 뇌가 정보를 장기 기억으로 전환하는 데 유리하다. 책의 흐름을 손으로 넘기며 따라가는 과정이 집중력과 이해도를 높인다. 반면, 전자책은 스크롤과 하이퍼링크를 통한 비선형적 탐색이 많아, 정보 구조를 체

꼭 기억하렴

❶ 하이브리드 독서: 종이책과 전자책을 목적에 따라 융합하여 활용하는 독서 방식이다. 소설이나 인문학 도서는 종이책, 정보 검색이나 이동 중 독서는 전자책으로 나누어 읽는 것이 대표적 예다.
※ 디지털 독서: 전자기기를 통해 이루어지는 독서 활동을 의미한다. 스마트폰, 태블릿, 전자책 단말기 등 다양한 디지털 매체를 통해 텍스트를 읽는 방식을 말한다.
※ 종이책 독서: 전통적인 형태의 독서로, 인쇄된 종이책을 통해 정보를 습득하는 방식이다.
※ 독서 인지 차이: 같은 내용을 읽더라도 매체의 유형에 따라 뇌의 정보 처리 방식, 기억력, 집중력에 차이가 생기는 현상이다.

국어 공신 선생님

계적으로 파악하는 데 다소 어려움이 있다.

이러한 차이로 인해 교육 현장에서는 어떤 독서 방식이 더 효과적인지를 두고 논의가 활발하다. 최근에는 두 방식을 상황에 따라 활용하는 '하이브리드 독서[1]'가 주목받고 있다. 예컨대 소설이나 인문서는 종이책으로, 정보 검색이 필요한 백과사전이나 참고서는 전자책으로 읽는 방식이다. 전문가들은 독서 목적에 따라 매체를 선택하라고 조언한다. 깊이 있는 사고와 몰입이 필요한 독서는 종이책이, 빠른 정보 습득이나 이동 중 독서는 전자책이 적합하다. 그러나 종이책과 전자책의 선택보다 더 중요한 것은 '읽는 습관'과 '이해하는 태도'다. 독서는 시대와 기술이 변해도 여전히 인간이 세상을 이해하고 자신을 성장시키는 핵심 활동이다. 종이책과 전자책은 경쟁자가 아니라, 함께 우리의 독서 생활을 더욱 풍요롭게 만드는 상호 보완적 도구임을 기억해야 한다.

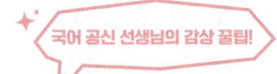
국어 공신 선생님의 감상 꿀팁!

 한걸음 더 깊이 생각해 보기

• '하이브리드 독서' 방식이 미래 교육에서 주목받는 이유는 무엇인가?

'하이브리드 독서'는 종이책과 전자책의 장점을 상황에 따라 적절히 활용하는 독서 전략으로, 학습 효율성과 몰입 경험을 동시에 추구할 수 있어 미래 교육에서 주목받고 있다. 종이책은 선형적 읽기 구조와 촉각적 경험을 통해 집중력과 이해력, 장기 기억 형성에 유리하다. 반면 전자책은 검색 기능, 하이라이트, 텍스트 조절 등 다양한 사용자 맞춤 기능을 통해 정보 접근성과 학습 편의성을 높인다. 교육현장에서 이 두 매체를 병행하면 깊이 있는 사고와 빠른 정보 탐색이 균형을 이루며, 개별 학습자의 특성과 상황에 맞춘 맞춤형 교육을 실현할 수 있다. 이는 디지털 리터러시 강화와 정보 소비 능력 향상이라는 미래 교육 패러다임 전환에 부합하는 전략이다.

• 디지털 독서 시대에 학교가 추진해야 할 독서 교육 전략은 무엇인가?

디지털 독서 시대에 학교는 독서 매체의 다양성뿐 아니라 '읽는 방식'과 '이해하는 태도'를 중심으로 독서 교육을 재설계해야 한다. 첫째, 종이책과 전자책을 병행하며 매체 특성에 따라 심화 읽기와 탐색 읽기 등 적절한 전략을 지도해야 한다. 둘째, 메모, 요약, 독서 토론 등 능동적 읽기 활동을 강화하여 학생들의 비판적 사고력과 이해력을 증진시켜야 한다. 셋째, 디지털 독서의 단점인 산만함을 보완하기 위해 학습 관리 시스템(LMS)이나 집중 도구를 활용하고, 자기 조절 능력을 키우는 훈련이 필요하다. 특히 디지털 환경에서는 정보 과잉과 주의 분산이 발생하기 쉬우므로, 독서의 목적과 태도를 명확히 하는 교육이 중요하다. 종합적으로 학교는 독서의 본질을 유지하며, 학생들이 매체에 관계없이 깊이 있는 독서 경험을 할 수 있도록 태도 중심의 교육을 추진해야 한다.

• 전자책 중심의 독서 환경이 학생들의 학습 태도와 사고력에 미치는 긍정적·부정적 영향은 무엇인가?

전자책 중심의 독서 환경은 학생들에게 빠르고 효율적인 정보 접근성을 제공하지만, 깊이 있는 사고력과 집중력 저하의 우려도 존재한다. 장점으로는 검색 기능, 메모 정리, 멀티미디어 자료 연동 등을 통해 학습 편의성과 자기주도 학습 역량이 강화될 수 있다. 반면 하이퍼링크, 팝업, 알림 등 디지털 요소는 주의력을 분산시키고, 선형적 사고보다는 단편적 정보 처리에 머물 가능성이 있다. 이로 인해 학습이 표면적으로 흐를 수 있으며, 사고의 깊이를 요구하는 과목에서는 종이책 기반 학습이 더 효과적일 수 있다. 따라서 전자책의 장점을 활용하되, 집중력 유지와 사고력 향상을 위한 태도 교육과 환경 설계기 병행되어야 한다. 특히 교사는 매체 선택뿐 아니라 학습 목적에 맞는 읽기 전략을 지도함으로써 학생들이 균형 잡힌 독서 역량을 기를 수 있도록 해야 한다.

정리해 볼까요?

기사에 대해서 알아볼까요?

주제: 전자책과 종이책은 인지 방식과 집중력에 서로 다른 영향을 주며, 디지털 시대에는 두 매체를 병행하는 하이브리드 독서가 필요하다.

핵심어휘: 전자책, 비선형 구조, 하이퍼링크, 하이브리드 독서, 디지털 교과서

1단락 요약: 스마트폰, 태블릿 등으로 책을 읽는 디지털 독서가 일상화되었고, 전자책은 편리성과 휴대성을 갖추고 있어 학교나 도서관에서도 활용이 늘고 있다.

2단락 요약: 전자책과 종이책이 뇌에 서로 다른 방식으로 영향을 준다는 연구 결과가 다수 존재하며, 특히 종이책은 이야기의 구조를 더 잘 이해하게 한다.

3단락 요약: 전자책은 시각장애인, 학습장애 학생들에게 정보 접근성을 높이며, 독서량을 늘리는 데 긍정적 효과가 있다는 연구도 존재한다.

4단락 요약: 종이책은 선형적 정보 구조로 인해 장기 기억에 유리하며, 전자책은 비선형 구조로 인해 정보 파악이 어려운 경우도 있다.

5단락 요약: 최근 교육계에서는 전자책과 종이책의 장점을 살린 하이브리드 독서가 주목받으며, 독서 목적에 따라 적절한 매체 선택이 중요하다는 조언이 강조된다.

기사의 구조적 접근을 꼭 알아야 해요!

1) 서론: 디지털 시대, 책을 읽는 방식이 바뀌고 있다

전자책은 휴대성과 접근성 덕분에 교육과 공공 서비스에 확산 중이나, 종이책과 비교해 뇌의 인지적 효과가 동일한지에 대한 논의가 이어지고 있다.

2) 본론: 전자책 vs 종이책 - 독서 방식의 인지적 차이

전자책은 접근성과 독서량 확대에 기여하지만, 하이퍼링크와 알림 등으로 집중력과 깊이 읽기에 한계를 보인다. 반면 종이책은 감각적 자극을 통해 이해력과 기억력에 긍정적 영향을 준다. 이에 따라 두 매체를 병행하는 하이브리드 독서가 시대에 맞는 전략으로 주목받고 있다.

3) 결론: 독서 방식보다 중요한 건 '읽는 태도'

전자책과 종이책은 뇌 작동과 학습 효과에 영향을 주는 중요한 매체이며, 독서의 본질은 매체보다 읽는 방식에 있고, 두 방식은 상호보완적으로 독서 문화를 풍요롭게 한다.

# 비판적 사고 키워 볼까요? ✚

1 다음 중 지문의 내용과 일치하는 것을 고르시오.

① 종이책은 휴대성이 높아 언제 어디서든 읽기에 편리하다고 기술되어 있다.
② 전자책을 읽으면 시선을 덜 움직이기 때문에 오히려 집중력이 향상된다.
③ 종이책은 페이지 감각이 독서 이해력과 기억에 긍정적인 영향을 준다고 설명된다.
④ 전자책은 모든 학습자에게 종이책보다 더 높은 이해도를 제공한다고 평가됐다.
⑤ 지문에서는 전자책과 종이책이 뇌에 미치는 영향이 동일하다고 결론 내리고 있다.

2 다음 <보기>를 참고하고, 이를 바탕으로 가장 적절한 항목을 고르시오.

보기

전자책과 종이책은 뇌의 인지 방식에 서로 다른 영향을 미치며, 각각 고유한 장단점을 지닌다. 종이책은 물리적인 페이지 넘김과 시각적 위치 정보 덕분에 독자가 이야기의 구조를 더 잘 파악하고 기억하는 데 유리하다. 특히 줄거리 이해나 장기 기억 형성에 효과적이라는 연구 결과도 있다. 반면 전자책은 글자 확대, 음성 지원 등 맞춤형 기능을 제공해 시각장애나 학습장애가 있는 학생들에게 정보 접근성을 높여준다. 또한 이동 중이나 빠른 정보 검색이 필요한 상황에서는 전자책이 더욱 편리하다. 이러한 특성 덕분에 최근에는 두 매체의 장점을 결합한 '하이브리드 독서' 방식이 주목받고 있다. 하이브리드 독서는 상황과 목적에 따라 종이책과 전자책을 병행하여 활용함으로써 학습 효율을 높이는 전략으로, 다양한 독서 환경에 적응할 수 있는 유연한 접근법으로 평가된다.

① 이동 중 독서를 위해서는 종이책이 가장 적합하다.
② 깊이 읽기(deep reading)가 필요한 상황에는 전자책이 더 뛰어나다.
③ 하이브리드 독서는 전자책과 종이책의 단점을 보완하며, 각각의 장점을 활용해 독서 효율성과 접근성을 높이는 해결책으로 주목받고 있다.
④ 전자책은 시청각 지원 기능으로 인해 모든 독자에게 종이책보다 더 유리하다.
⑤ 종이책은 접근성이 높아 시각장애 학생의 학습에 가장 적합하다.

3 본문에서는 전자책과 종이책이 뇌의 인지 방식, 이해력, 집중력 등에 서로 다른 영향을 주며, 두 매체를 목적에 따라 선택하거나 병행하는 '하이브리드 독서'가 바람직하다고 제안하고 있다. 이에 관해 다음 질문에 답하시오.

> ① 종이책이 독서 이해력과 기억력에 유리한 이유를 두 가지 서술하시오.
> ② 전자책이 지닌 장점 두 가지를 서술하시오.
> ③ '하이브리드 독서'가 제안되는 이유를 내용을 바탕으로 설명하시오.

4 독서의 본질이 매체의 형태보다 독자의 '이해 태도'에 달려 있다는 관점에서, 전자책 시대에 우리가 지녀야 할 바람직한 독서 태도는 무엇인가?(서론-본론-결론 구조로 서술할 것)

중요

5 전자책과 종이책의 차이를 뇌 과학적 측면에서 비교하고, 효과적인 독서를 위한 매체 선택 기준을 제시하시오.

집중

6 다음 '전자책이 종이책을 완전히 대체할 수 있다.'라는 논제를 바탕으로 찬성과 반대의 생각을 서술하시오.

찬성	반대

13 눈으로 보는 과학, 자가진단 키트의 과학적 원리는?

'COVID19'가 유행하면서 자가진단 키트❶ 사용이 급격히 증가했다. 자가진단 키트의 핵심 원리는 면역학과 생화학의 융합 기술이다. 가장 흔히 사용되는 COVID19 자

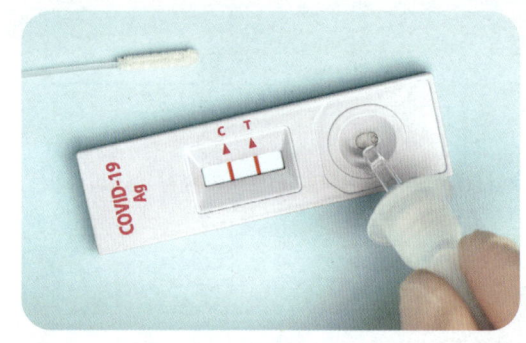

가진단 키트는 항원-항체 반응❷을 이용한 '면역크로마토그래피❸' 방식으로 작동한다. 이 기술은 감염 여부를 빠르게 알아내기 위해 특정 항원을 탐지하고, 그 항원이 존재할 경우 색깔 변화로 결과를 보여주는 것이다.

자가진단 키트를 구성하는 가장 핵심 부품은 검사지 스트립이다. 이 스트립은 샘플을 떨어뜨리는 부분, 반응이 일어나는 부분, 결과가 나타나는 부분으로 구분된다. 사용자가 코나 입에서 채취한 검체(보통 점액)를 시약과 섞은 뒤 스트립에 떨어뜨리면, 그 액체는 모세관 현상에 의해 스트립을 따라 이동하게 된다. 이때 스트립 안에 포함된 항체가 검체 속에 포함된 바이러스 항원을 만나면 결합한다. 이 결합된 항원-항체 복합체는 이동하면서 '테스트 라인'에 도달한다. 테스트 라인에는 또 다른 항체가 고정되어 있어, 복합체가 여기에 붙으면 색이 나타나는 반응이 일어난다. 이것이 바로 우리가 눈으로 확인할 수 있는 '두 줄

표시'이다. 반대로 항원이 없을 경우에는 이 결합이 일어나지 않아, 테스트 라인에 색이 생기지 않는다. 이러한 면역 반응은 마치 열쇠와 자물쇠처럼 정확하게 작동한다. 항체는 특정 항원만 인식할 수 있는 구조로 되어 있기 때문에, 다른 바이러스나 단백질에는 반응하지 않는다. 이처럼 선택성과 특이성이 높은 반응을 이용해 감염 여부를 판별하는 것이 자가진단 키트의 핵심 기술이다.

하지만 이 기술에는 한계도 존재한다. 자가진단 키트는 바이러스의 양이 일정 수준 이상 많아야 검출이 가능하다. 그래서 증상이 초기이거나 바이러스 농도가 낮을 경우, 위음성❹(false negative)이 나올 수 있다. 반대로, 아주 드물지만 위양성❹(false positive) 반응도 나타날 수 있다. 따라서 자가진단 키트는 선별 용도로는 유용하지만, 확진을 위해서는 병원에서 PCR 검사와 같은 정밀 검사가 필요하다. 그렇다면 자가진단 키트와 PCR 검사는 어떻게 다를까? PCR(중합효소연쇄반응) 검사는 유전자 수준에서 바이러스 RNA를 증폭시켜 검사하는 방식이다. 매우 민감하고 정확도가 높지만, 전문 장비와 시간이 필요하다. 반면 자가진단 키트는 빠르고 간단하게 사용할 수 있지만, 민감도와 정확도는 PCR보다 낮다. 이 때문에 방역 체계에서는 두 방식이 상호 보완적인 도구로 사용된다.

코로나19 이후, 자가진단 키트 기술은 더 다양하게 활용되고 있다. 독감, A형 간염, 임신, 배란, 심지어 일부 암의 초기 표지자까지 검사할 수 있는 키트가 개

---

❶ **자가진단 키트**: 개인이 병원이나 의료진의 도움 없이 질병 감염 여부를 간편하게 확인할 수 있도록 고안된 휴대용 검사 기기이다.
❷ **항원-항체 반응**: 면역 시스템의 핵심 반응으로, 항체가 특정 항원을 인식해 결합하는 생화학적 작용이다.
❸ **면역크로마토그래피**: 항원-항체 반응을 이용해 특정 물질의 존재 여부를 색 변화로 나타내는 생화학적 분석 기법이다.
❹ **위음성 및 위양성**: 진단 검사에서 실제 상태와 다른 결과가 나타나는 현상이다.
❺ **디지털 자가진단**: 스마트폰, 앱, 인공지능(AI), 사물인터넷(IoT) 기술과 연동하여 자가진단 키트의 결과를 자동 분석하고 의료 서비스와 실시간 연결하는 시스템이다.

꼭 기억하렴

국어 공신 선생님

발되고 있다. 또한 혈당 측정기, 알레르기 진단 키트 등도 같은 과학적 원리를 바탕으로 작동한다. 이처럼 자가진단 기술은 개인 맞춤형 건강 관리 시대를 여는 열쇠로 주목받는다. 최근에는 디지털 자가진단 키트❺도 등장하고 있다. 스마트폰과 연동되어 결과를 자동으로 분석하고, 앱을 통해 의사와 정보를 공유할 수 있는 방식이다. 이는 인공지능(AI), 사물인터넷(IoT) 기술과 연결되어, 개인의 건강 데이터를 실시간으로 관리하는 체계로 확장되고 있다.

자가진단 키트는 단순한 도구가 아니다. 눈에 보이지 않는 바이러스와의 싸움 속에서, 과학이 우리를 어떻게 보호하고 있는지를 보여주는 예시다. 그리고 이 작은 도구 안에는 면역학, 화학, 물리학, IT 기술이 어우러진 복잡하고 정밀한 과학의 결실이 담겨 있다. 미래의 질병 대응은 '빠르게 감지하고, 정확하게 판단하는' 능력에서 시작된다. 자가진단 키트는 그 첫걸음을 우리 손에 쥐여주는 과학 기술이다.

국어 공신 선생님의 감상 꿀팁!

 좀 더 깊이 생각해 보기
집중!

• **자가진단 키트가 감염병 대응 과정에서 갖는 사회적 의미는 무엇인지 생각해보자.**
자가진단 키트는 감염병 확산을 조기에 억제하고, 사회적 부담을 완화하는 데 중요한 역할을 한다. COVID19처럼 전파력이 강한 질병의 경우, 빠르고 간편한 진단 도구는 개인의 감염 여부를 신속히 판단하게 하여 자가 격리나 치료 등의 초기 대응을 가능하게 한다. 이는 감염 확산을 줄이고, 병원 내 감염이나 의료 붕괴를 예방하는 데 기여한다. 특히 의료 자원이 부족한 국가나 지역에서는 자가진단 기술이 필수적인 대응 수단으로 떠오르고 있으며, 방역 체계를 분산시켜 공공 의료기관의 부담을 줄이는 데 효과적이다. 더불어 시민 개개인이 능동적으로 건강을 관리하고 사회적 책임을 다하게 만드는 역할도 한다. 즉, 자가진단 키트는 단순한 검사 도구를 넘어, 공동체 보건을 지키는 과학기술의 실천적 예시라 할 수 있다.

• **자가진단 키트에 적용된 '모세관 현상'과 이와 관련된 과학 원리는 무엇인지 살펴보고, 이것은 진단 결과에 어떻게 기여하는지 생각해보자.**

자가진단 키트에서 검체가 스트립을 따라 이동할 수 있는 이유는 바로 '모세관 현상(capillary action)' 덕분이다. 모세관 현상은 액체가 좁은 공간이나 가는 튜브를 따라 중력에 역행하여 이동하는 현상으로, 액체와 고체의 분자 간 응집력과 부착력에 의해 발생한다. 자가진단 키트에서는 이러한 현상을 이용해 검체가 스스로 흡수되고 이동하게끔 설계되어 있다. 검체가 스트립에 떨어지면, 그 액체는 반응 부위까지 이동하며 내부에 배치된 항체와 만나게 된다. 그 항체가 바이러스 항원과 결합하면서 테스트 라인에서 색 반응을 일으키게 되고, 우리는 그 결과를 시각적으로 확인할 수 있다. 따라서 모세관 현상은 자가진단 키트가 별도의 기계적 동력 없이도 작동하게 해주는 핵심 원리이자, 간편성과 휴대성을 가능케 한 중요한 과학 기반 기술이다..

• **자가진단 키트가 디지털 헬스케어와 융합되면 미래는 어떻게 변화할지 생각해보자.**

자가진단 키트는 최근 IoT와 AI 기술과의 융합을 통해 디지털 헬스케어의 중심 기술로 부상하고 있다. 기존에는 단순히 결과를 눈으로 확인하는 데 그쳤다면, 이제는 스마트폰과 연동되어 데이터를 사동 분석하고, 이를 원격의료 플랫폼과 공유하는 시스템으로 진화하고 있다. 이로 인해 사용자 맞춤형 건강 관리가 가능해지고, 일상 속에서 건강 상태를 실시간으로 추적할 수 있다. 예를 들어, 혈당이나 호르몬 수치 변화가 실시간으로 앱에 기록되면, AI가 위험 신호를 감지해 의사에게 알림을 보내는 방식으로 조기 대응이 가능하다. 또한 빅데이터 기반의 질병 예측 모델이 구축됨에 따라 개인의 생활습관 개선에도 긍정적 영향을 줄 수 있다. 결국 자가진단 기술은 단순한 진단을 넘어, 예방과 맞춤형 치료를 가능하게 하는 헬스케어 혁신의 토대가 된다.

정리해 볼까요?

그룹 생각

기사에 대해서 알아볼까요?

집중!

주제: 자가진단 키트는 면역학·생화학·IT 기술이 융합된 정밀 과학 기술로, 빠르고 정확한 질병 대응과 개인 맞춤형 건강 관리 시대를 이끄는 핵심 도구다.
핵심어휘: 자가진단 키트, 항원-항체 반응, 면역크로마토그래피, 위양성, 위음성, PCR 검사

1단락 요약: 자가진단 키트는 항원-항체 반응 기반 면역크로마토그래피 기술을 활용해 감염 여부를 색 변화로 빠르게 진단하는 방식이다.
2단락 요약: 자가진단 키트는 검사지 스트립 내 항원-항체 반응을 통해 테스트 라인에 색이 나타나는 방식으로 감염 여부를 진단한다.
3단락 요약: 자가진단 키트는 민감도가 낮아 위음성·위양성이 발생할 수 있어, 확진을 위해서는 PCR과 같은 정밀 검사가 필요하다.
4단락 요약: 자가진단 키트는 독감, 간염, 임신, 암 등 다양한 질병 진단에 활용되며, 스마트 헬스케어 분야로 확장되는 융합 기술로 주목받고 있다.
5단락 요약: 자가진단 키트는 융합 과학기술이 집약된 도구로, 질병 대응의 시작점을 제공하며 미래 보건 분야의 핵심 기술로서 중요한 역할을 수행한다.

기사의 구조적 접근을 꼭 알아야 해요!

꼭 기억하렴!

1) 서론: 질병을 '보는 눈'이 생겼다 - 자가진단 키트의 부상
코로나19의 세계적 유행은 진단 기술의 중요성을 부각시켰고, 자가진단 키트는 면역학·생화학·물리학·IT가 융합된 핵심 기술로 자리 잡았다.

2) 본론: 자가진단 키트 - 기술과 원리
자가진단 키트는 항원-항체 반응을 기반으로 면역크로마토그래피 기술을 활용해 감염 여부를 빠르게 확인하는 도구다. 하지만 바이러스 농도가 낮을 경우 위음성이나 위양성이 발생할 수 있어, 확정 진단은 PCR 검사가 보완한다. 자가진단은 선별용, PCR은 정밀 확진용으로 상호보완적 역할을 한다. 이 기술은 독감, 간염, 임신, 암 등 다양한 질환으로 활용 범위를 넓히고 있으며, AI·IoT 기반의 스마트 자가진단 시스템으로 발전해 개인 맞춤형 건강관리와 디지털 헬스케어 혁신을 이끄는 핵심 기술로 주목받고 있다.

3) 결론: '빠른 감지, 정확한 판단'의 시대 - 자가진단 키트는 미래의 시작
자가진단 키트는 응급용을 넘어 일상 속 건강 관리를 돕는 장치로, 감염병·만성질환·건강 지표 관리 등 미래 의료와 헬스케어의 기반이 된다.

비판적 사고 키워 볼까요?

1 다음 중 지문의 내용과 일치하는 것을 고르시오.

① 자가진단 키트는 항체와 항체가 반응해 색을 띠는 원리를 이용한다.
② 자가진단 키트는 PCR보다 더 높은 정확도를 가진 확진용 검사이다.
③ 자가진단 키트는 바이러스 RNA를 증폭해 민감하게 검사하는 방식이다.
④ 자가진단 키트는 항원과 항체의 반응을 이용해 감염 여부를 판단한다.
⑤ 자가진단 키트는 항체가 다양한 바이러스에 반응할 수 있도록 설계되어 있다.

2 다음 <보기>를 참고하고, 이를 바탕으로 가장 적절한 항목을 고르시오.

 보기

 중요

> 자가진단 키트는 면역학 기반의 항원-항체 반응을 활용해 감염 여부를 빠르게 확인할 수 있는 간편하고 신속한 도구다. 면역크로마토그래피 기술을 통해 항체가 바이러스 항원과 결합하면 시각적 표시로 결과를 알려준다. 하지만 바이러스 양이 적거나 검사 시점이 부적절할 경우 위음성이 발생할 수 있으며, 위양성 가능성도 존재해 확진에는 PCR과 같은 정밀 검사가 필요하다. 최근에는 독감, 간염, 임신, 암 등 다양한 질환을 진단하는 자가진단 키트가 개발되고 있으며, 인공지능(AI)과 사물인터넷(IoT) 기술과 연계된 스마트 자가진단 시스템으로 진화하고 있다. 이는 개인 맞춤형 건강관리와 디지털 헬스케어 시대를 이끄는 핵심 기술로 주목받고 있다.

① 자가진단 키트는 확진 목적의 검사로 PCR보다 높은 정확도를 갖는다.
② 자가진단 키트는 항원-항체 반응의 불확실성으로 인해 방역 체계에서 배제되고 있다.
③ 자가진단 키트는 다양한 질병 진단에 활용될 수 있으며, 디지털 기술과 융합되고 있다.
④ 자가진단 키트는 오직 COVID19 진단에만 사용되도록 설계된 기술이다.
⑤ 자가진단 키트는 바이러스 유무에 관계없이 항상 두 줄이 표시된다.

3 자가진단 키트의 작동 원리와 PCR 검사와의 차이점을 기술하고, 자가진단 키트가 갖는 장점과 한계를 서술하시오.

4 논제 '자가진단 키트는 미래 보건의료에서 핵심 도구가 될 수 있는가?'에 대해서 서론, 본론, 결론의 형식으로 서술하시오.

중요

5 자가진단 키트가 자가진단 기술이 개인 건강 관리 및 공공보건에 끼치는 영향에 대해 서술하시오.

집중

6 다음 '자가진단 키트는 향후 전통적 병원 검사를 대체할 수 있다.'라는 논제를 바탕으로 찬성과 반대의 생각을 서술하시오.

찬성	반대

14 스마트 운동기기, 과학으로 건강을 설계하다

최근 공원이나 헬스장, 집 안에서도 스마트워치를 손목에 찬 채 운동하는 사람들을 쉽게 볼 수 있다. 그들은 단순히 땀을 흘리는 데 그치지 않고, 걸음 수, 심박수, 칼로리 소비량, 수면 패턴까지 정밀하게 측정하고 있다. 이러한 변화의 중심에는 '스마트 운동기기'가 있다. 이 기기들은 단순한 운동 보조 장비를 넘어, 운동 중에 발생하는 생체

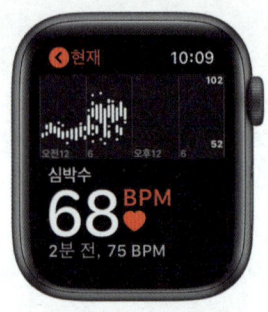

애플워치4의 심박 모니터 기능

정보를 실시간으로 분석하여 사용자의 건강 상태를 체계적으로 관리할 수 있도록 돕는다. 스마트 운동기기의 발달은 '감'으로 운동하던 시대를 지나 '데이터'로 운동을 설계하는 시대를 열었다.

스마트 운동기기는 스마트워치, 스마트 밴드, AI 러닝화, 스마트 자전거 등 다양한 형태의 웨어러블 디바이스❶로 구성된다. 이들은 운동 중 감지한 생체 데이터❷를 수집해 사용자의 운동 강도, 칼로리 소모량, 심박수 등을 분석한다. 예를 들어, 스마트워치는 손목의 혈류를 감지해 심박수를 측정하고, 사용자의 나이, 성별, 체중과 같은 정보를 결합해 적절한 운동 강도를 제시한다. 가속도 센서와 자이로센서는 걷기, 달리기, 자전거 타기 등의 활동을 자동으로 인식하고 칼로리 소모를 계산한다. 일부 고급 기기는 땀의 양, 피부 온도, 혈중 산소포화도 등까지 분석해 더욱 정밀한 운동 피드백을 제공한다. 이를 통해 운동 효과

를 극대화하고 부상 위험을 줄일 수 있다.

이러한 스마트 운동기기의 핵심에는 사물인터넷(IoT)과 빅데이터, 인공지능(AI) 기술이 있다. 기기는 사용자의 생체 정보를 수집해 스마트폰 앱이나 클라우드 서버로 전송하고, AI는 이를 분석해 개인에게 맞는 운동 프로그램을 추천한다. 예를 들어, 사용자의 피로도가 높아지면 휴식을 권유하고, 일정 기간 운동량이 부족하면 활동을 유도하는 알림을 보낸다. 이는 특히 혼자 운동하는 사람들에게 디지털 코치❸ 역할을 하며, 운동 습관을 형성하고 지속하도록 돕는다. 서울대학교 스포츠과학연구소의 조사에 따르면, 스마트 운동기기를 사용하는 사람은 그렇지 않은 사람보다 주 3회 이상 운동을 지속할 확률이 2배나 높다고 한다. 코로나19 이후 비만과 생활습관병 증가로 인해 정부와 학교는 청소년 체육 교육에도 스마트 운동기기를 적극 활용하고 있다.

그러나 스마트 운동기기에도 한계는 있다. 먼저, 과도한 데이터 의존은 운동의 본질을 흐릴 수 있다. 수치에 집착하다 보면 운동 자체의 즐거움을 잃거나 불안감을 느끼게 될 수 있다. 또한 기기를 통해 수집된 민감한 건강 정보가 유출될 경우 개인정보 침해 우려도 존재한다. 이러한 문제를 방지하려면 스마트 운동기기를 사용할 때 기술에 대한 이해는 물론, 스스로 데이터를 해석하고 조절할 수 있는 사용자 중심의 접근이 필요하다. 기계에 의존하기보다는 건강 관리를 위한 하나의 도구로 활용하는 태도가 중요하다.

앞으로 스마트 운동기기는 더욱 고도화될 것이다. 유전자 정보와 연계된 맞

꼭 기억하렴

❶ 웨어러블 디바이스: 사용자의 몸에 착용하는 형태의 스마트 전자기기이다.
❷ 생체 데이터: 인체에서 발생하는 생리적·행동적 데이터를 통칭하며, 심박수, 혈압, 체온, 피부 전도도, 혈중 산소포화도, 운동량 등이 포함된다.
❸ 디지털 코치: 인공지능 기술을 활용해 사용자의 운동 데이터를 분석하고, 운동 계획, 강도, 휴식 시간 등을 자동으로 추천하거나 피드백을 제공하는 시스템이다.

국어 공신 선생님

춤형 운동 처방, 가상현실(VR)을 활용한 몰입형 피트니스 서비스, 음성 기반 AI 트레이너 등 다양한 기능이 등장하고 있다. 이는 단순한 기기 발전을 넘어, 개인의 건강을 능동적으로 관리하는 새로운 시대의 시작을 의미한다. 건강은 이제 병원에서 받는 관리가 아니라, 일상에서 스

가상현실(VR)을 사용한 피트니스

스로 설계하는 삶의 일부가 되어가고 있다. 손목 위의 작은 기기가 나만의 헬스 코치가 되고, 운동은 과학과 알고리즘의 언어로 재구성되는 시대다. 미래의 체육관은 우리가 걷는 길, 일상 속의 스마트 기기일지도 모른다.

국어 공신 선생님의 감상 꿀팁!

 **한걸음 더 깊이 생각해 보기**  집중!

• **스마트 운동기기가 개인의 자율성과 건강 자기결정권에 어떤 긍정적 또는 부정적 영향을 미칠 수 있는가?**

스마트 운동기기는 개인의 자율적인 건강 관리 능력을 높이는 데 긍정적인 역할을 한다. 사용자는 자신의 생체 정보를 실시간으로 확인하며 운동 계획을 조정할 수 있어, 건강 목표 설정과 관리에 능동적으로 참여하게 된다. 특히 개인 맞춤형 피드백과 운동 처방 기능은 자율성과 동기 부여를 동시에 높여준다. 그러나 반대로, 데이터를 지나치게 의존할 경우 오히려 운동의 자율성을 해치고 불안감을 유발할 수 있다. 예를 들어, 심박수나 칼로리 소모량이 목표에 미치지 못하면 실패감이나 스트레스를 느끼기도 한다. 또한 자신의 몸 상태에 대한 직관적인 판단보다는 기계가 제공하는 수치에만 의존하게 되면 건강에 대한 자기 결정권이 기술에 종속될 우려가 있다. 결국 스마트 운동기기를 통해 자율성과

자기결정권을 키우기 위해서는 사용자 스스로 데이터의 의미를 이해하고, 이를 주체적으로 활용하려는 태도가 필수적이다.

• **스마트 운동기기를 활용한 체육 교육이 청소년의 운동 습관 형성과 학습 동기에 어떤 영향을 줄 수 있는가?**
스마트 운동기기를 활용한 체육 교육은 청소년들의 운동 습관 형성과 학습 동기를 향상시키는 데 효과적일 수 있다. 스마트 밴드나 워치를 통해 실시간으로 자신의 운동량, 심박수, 칼로리 소모량 등을 확인할 수 있기 때문에, 학생들은 운동의 결과를 눈으로 직접 확인하며 성취감을 느낄 수 있다. 이는 단순한 체육 활동을 넘어 데이터 기반의 학습으로 이어져, 과학적 사고력과 자율적인 자기 관리 능력까지 함양할 수 있다. 또한 활동 목표를 설정하고 이를 달성하기 위한 과정을 스스로 조절하면서 학습 동기도 높아진다. 특히 코로나19 이후 운동 기회가 줄어든 상황에서는 디지털 기기를 통한 운동 피드백이 지속적인 운동 습관 유지에 도움이 된다. 다만 기기 고장이나 착용의 불편함 등으로 인해 운동 집중도가 낮아질 수 있으므로, 스마트 기기의 한계에 대해서도 함께 교육할 필요가 있다.

• **스마트 운동기기는 운동의 즐거움을 높이는지에 대해 생각해보자.**
스마트 운동기기는 운동의 즐거움을 높이기도 하지만, 경우에 따라 오히려 낮출 수도 있다. 즐거움을 높이는 측면에서는, 자신의 신체 데이터를 실시간으로 확인하면서 성취감을 느끼고 목표 달성의 기쁨을 맛볼 수 있기 때문이다. 게임처럼 미션을 달성하는 요소는 재미를 더해준다. 운동 목표를 구체화하고 달성 과정의 진척을 시각화함으로써 지기주도적 동기 부여도 가능하다. 하지만 반대로, 지나치게 수치에 의존하면 운동이 과업처럼 느껴지고 즐거움이 줄어들 수 있다. 예를 들어 '하루 만 보를 채우지 못했다'는 이유로 스트레스를 받거나, 심박수가 적정 범위를 벗어났다는 경고에 불안감을 느낀다면 운동은 더 이상 재미있는 활동이 아닌 의무가 된다. 결국 스마트 운동기기가 주는 즐거움은 사용자의 태도에 달려 있다. 도구로 활용하되 수치에 얽매이지 않는 유연함이 필요하다.

정리해 볼까요?

기사에 대해서 알아볼까요?

주제: 스마트 운동기기는 IoT·AI·빅데이터 기반의 개인 맞춤형 건강 관리 도구로, 운동 습관 형성과 디지털 헬스케어의 중심으로 발전하고 있다.
핵심어휘: 스마트 운동기기, 웨어러블 디바이스, 생체 데이터, 사물인터넷, 빅데이터

1단락 요약: 스마트 운동기기는 생체 정보를 실시간 분석해 건강을 관리하며, 감각이 아닌 데이터 기반 운동 시대를 열었다.
2단락 요약: 스마트워치, AI 러닝화 등은 심박수·칼로리·활동을 측정하고 정밀 분석해 운동 효과를 높이고 부상 위험을 줄인다.
3단락 요약: 스마트 운동기기는 IoT·AI 기반으로 개인 맞춤 운동을 제시하며, 운동 습관 형성과 교육 현장에서 활용도가 증가했다.
4단락 요약: 데이터 의존은 운동 즐거움 상실과 불안을 초래할 수 있고, 개인정보 유출 위험도 있어 사용자 중심 활용이 필요하다.
5단락 요약: 스마트 운동기기는 유전자 맞춤 처방, VR 피트니스 등으로 진화하며, 일상에서 스스로 건강을 설계하는 시대를 연다.

기사의 구조적 접근을 꼭 알아야 해요!

1) 서론: 운동이 '데이터'가 된 시대 - 손목 위의 체육관
스마트 운동기기는 생체 데이터를 실시간 분석하며 운동을 과학화하고, 일상 속 건강 관리 문화를 선도하는 상징으로 자리 잡고 있다.

2) 본론: 스마트 운동기기 - 기술과 원리
스마트워치 등 웨어러블 기기는 생체 정보를 측정해 맞춤 운동을 제안하고, IoT·AI 분석을 통해 디지털 코치 역할을 수행한다. 서울대 연구에 따르면 사용자는 운동 지속률이 높으며, 일부 학교는 이를 체육 수업에 활용하고 있다.

3) 결론: 운동의 미래는 손목에 있다 - 헬스케어의 디지털 전환
스마트 운동기기는 실시간 건강 관리를 가능하게 하며, 혼자서도 과학적 운동을 돕는다. 기술 의존과 정보 보호 문제를 고려해야 하며, 유전자 기반 운동, VR 체험, AI 트레이너 등으로 운동은 알고리즘 중심으로 진화하고 있다.

 **비판적 사고 키워 볼까요?** ✚

1 다음 중 지문의 내용과 일치하는 것을 고르시오.

① 스마트 운동기기는 오직 헬스장이나 체육관에서만 사용이 가능하다.
② 스마트 운동기기는 사용자의 생체 정보를 AI가 자동으로 생성한다.
③ 스마트 운동기기는 감으로 운동하던 시대를 다시 복원하려는 기술이다.
④ 스마트 운동기기는 걷기, 달리기, 자전거 타기 등 활동을 자동으로 인식한다.
⑤ 스마트 운동기기는 단순한 걸음 수 측정 기능만 수행한다.

2 다음 <보기>를 참고하고, 이를 바탕으로 가장 적절한 항목을 고르시오.

보기

> 스마트 운동기기는 단순히 운동을 돕는 장치가 아니라, 운동 중에 발생하는 생체 데이터를 수집·분석해 개인 맞춤형 피드백을 제공한다. 예를 들어, 스마트워치는 심박수와 칼로리 소모량을 계산하고, AI는 운동 강도가 적절한지 알려준다. 이러한 기기는 혼자 운동하는 사람에게 '디지털 코치' 역할을 하며, 운동 습관을 형성하도록 돕는다. 하지만 데이터에 지나치게 의존할 경우 운동의 즐거움이 줄어들 수 있고, 개인정보 유출 같은 부작용도 생길 수 있다. 따라서 스마트 운동기기는 건강을 위한 도구로 적절히 활용하는 균형 잡힌 태도가 필요하다.

① 스마트 운동기기는 단순히 운동의 즐거움을 위한 오락 장치로만 사용되며, 건강 관리나 체력 향상에는 큰 역할을 하지 않는다.
② 사용자는 스마트 운동기기를 통해 자신의 건강 데이터를 분석할 수 있다.
③ 혼자 운동하는 사람은 스마트 운동기기를 활용하더라도 지속적인 동기 부여가 부족해 운동 습관을 꾸준히 유지하기 어렵다.
④ 스마트 운동기기의 가장 큰 문제는 사용 중 발생할 수 있는 기계적 결함으로 인해 사용자에게 부상을 유발할 위험이 있다는 점이다.
⑤ 스마트 운동기기는 인간 코치를 완전히 대체할 수 있으며, 운동 계획 수립과 자세 교정 등 모든 운동 지도를 기계가 담당한다.

3 스마트 운동기기에 적용된 기술 요소들을 구체적으로 설명하시오.

4 다음 참고문을 읽고 '기술 발전이 운동 문화를 어떻게 변화시키는가?'에 대한 생각을 서론, 본론, 결론의 형식으로 서술하시오.

참고

스마트 운동기기는 AI, 빅데이터, IoT 기술과 결합해 운동을 데이터 중심으로 바꾸고 있다. 또한 미래에는 VR 피트니스, 유전자 맞춤 운동 처방 등 더 고도화된 서비스가 등장할 것이라고 한다. 이러한 기술이 운동 문화를 어떻게 변화시키는지 설명하고, 학생이 생각하는 미래 운동 문화의 모습과 그 의미를 논술하시오.

5 스마트 운동기기의 활용이 코로나19 이후 개인 및 사회에 어떤 영향을 미쳤는지 서술하시오.

6 다음 '스마트 운동기기는 헬스 트레이너를 대체할 수 있다.'라는 논제를 바탕으로 찬성과 반대의 생각을 서술하시오.

찬성	반대

15 빛보다 빠른 치료의 가능성, 입자 치료 시대를 열다

현대 의학에서 암 치료는 끊임없는 기술 혁신을 통해 발전하고 있다. 기존에는 수술, 항암제, 방사선 치료가 암 치료의 주된 방식이었지만, 최근에는 보다 정밀한 '입자 치료(Particle Therapy)❶'가 주목받고 있다. 양

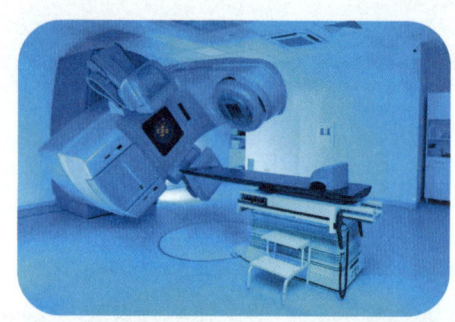

대만 암 센터에 있는 입자 치료기기

성자 치료, 중성자 치료, 중입자 치료는 입자의 특성을 활용해 암세포를 타격하는 차세대 치료법으로, 모두 방사선 치료의 한 형태에 속하지만, 기존 엑스선(X-ray) 치료와는 큰 차이를 보인다. 특히 입자 치료는 인체를 통과하며 에너지를 넓게 퍼뜨리는 엑스선과 달리, 특정 깊이에서 에너지를 집중 방출하는 '브래그 피크(Bragg Peak)❷' 현상을 활용해 정상세포의 손상을 최소화하고 암세포에만 정밀하게 영향을 줄 수 있는 것이 핵심이다.

가장 널리 보급된 입자 치료는 양성자 치료(Proton Therapy)다. 양성자는 수소 원자의 핵으로, 전하를 띠고 있어 인체 조직 내 특정 위치에서 멈추며 에너지를 방출한다. 이를 이용하면 종양 부위에만 정확하게 방사선을 전달할 수 있어, 정상 조직의 손상을 최소화할 수 있다. 이 때문에 양성자 치료는 소아암이나 두경부암처럼 민감한 부위에 특히 효과적이다. 국내에서는 국립암센터, 연세암병

원 등에서 양성자 치료 시스템을 운영하고 있으며, 관련 수요는 점차 증가하고 있다. 양성자 치료는 입자 치료 가운데에서도 비교적 안정성과 접근성이 높은 편에 속한다.

중성자 치료(Neutron Therapy)는 보다 강한 생물학적 효과를 보이는 치료법이다. 중성자는 전하를 띠지 않아 전자기력의 영향을 받지 않으며, 조직을 깊게 관통할 수 있다. 이로 인해 저산소 상태의 고형 종양이나 기존 방사선 치료에 잘 반응하지 않는 암종에 효과적이라는 평가를 받는다. 그러나 중성자는 주변 정상세포에도 에너지를 많이 전달하기 때문에, 조직 손상 가능성이 크고 부작용 우려가 있어 현재는 제한적이고 신중하게 사용되고 있다. 특히 치료의 정밀성 확보와 안정성 문제로 인해 중성자 치료는 특정 상황에서만 시행된다.

가장 고도화된 형태의 입자 치료는 중입자 치료(Carbon-ion Therapy)다. 중입자는 탄소 원자핵처럼 무거운 입자로, 양성자보다 큰 질량과 높은 에너지를 갖고 있어 브래그 피크의 정밀도가 더욱 높다. 이를 통해 암세포에 에너지를 더욱 집중시킬 수 있고, 치료 범위의 경계도 뚜렷하다. 중입자 치료는 난치성 암[3], 재발암, 방사선 저항성 암 등에 대해 기존 치료보다 월등한 효과를 보인다는 연구 결과도 나오고 있다. 일본, 독일 등은 이미 중입자 치료를 상용화하였으며, 우리나라도 국립암센터에서 2025년 중입자 치료센터 완공을 목표로 관련 인프라를 구축 중이다.

꼭 기억하렴

❶ 입자 치료: 고에너지 입자(양성자, 중성자, 중입자 등)를 이용하여 암세포를 정밀하게 타격하는 방사선 치료법이다.
❷ 브래그 피크: 고에너지 입자가 인체 조직을 통과하며 에너지를 점차 저장하다가 특정 깊이에서 급격히 방출하는 물리적 현상이다.
❸ 난치성 암: 기존의 항암제나 방사선 치료에 잘 반응하지 않거나 재발이 잦은 암을 지칭한다.
❹ 가속기: 입자 치료에 필요한 고에너지 입자를 생성하고 가속시키는 장치로, 양성자, 중입자 치료의 핵심 설비이다.

국어 공신 선생님

하지만 입자 치료는 아직 해결해야 할 과제가 많은 기술이다. 입자 치료는 장비 구축과 운영 비용이 매우 높고, 대형 가속기❶ 등 전문 인프라가 필수적이기 때문에 모든 병원이 쉽게 도입할 수 없다. 또한 입자의 종류와 암종 사이의 적합성, 치료 효과에 대한 임상 데이터도 계속 축적되어야 한다. 이에 따라 과학자들은 입자의 에너지 조절 기술, 치료 정밀도 향상, 치료 효과 예측 모델 등 다양한 연구를 이어가고 있다. 입자 치료는 물리학과 의학이 융합된 대표적인 첨단 분야로, 향후 정밀 의료와 개인 맞춤 치료가 보편화되는 시대의 핵심 기술로 자리 잡을 가능성이 높다.

국어 공신 선생님의 감상 꿀팁!

한걸음 더 깊이 생각해 보기

집중

• 입자 치료 기술은 물리학, 의학, 공공 보건 정책이 융합된 대표적 사례이다. 이러한 기술의 발전이 미래 사회에 끼칠 과학적, 윤리적, 정책적 영향을 구체적으로 이야기해보자.

입자 치료는 양성자, 중성자, 중입자 등 다양한 입자의 물리적 특성을 활용해 암세포에 정밀하게 방사선을 전달하는 첨단 치료 기술로, 물리학과 의학의 융합을 보여주는 대표적 사례다. 입자의 질량과 전하, 조직 침투력에 따라 치료 방식이 달라지며, 고난이도 물리 실험과 시뮬레이션 기술이 치료의 정확성과 직결된다. 특히 소아암이나 두경부암처럼 정밀한 접근이 필요한 분야에서 높은 효과를 보이며, 암 치료 성공률을 높이고 환자의 삶의 질을 개선하는 데 기여한다.

그러나 입자 치료는 고비용 장비와 숙련된 인력, 국가 차원의 보건 인프라가 필요해 공공 보건 정책과 밀접하게 연결된다. 현재는 국가 암센터나 대형 병원 등 자원이 충분한 기관에서만 시행 가능해 의료 형평성 문제가 제기된다. 누구나 접근 가능한 치료법이 되기 위해서는 정부의 정책적 지원, 보험 제도 개선, 민간 협업을 통한 인프라 확충이 필수적이다.

윤리적 측면에서도 기술 격차로 인한 치료 접근성 불균형, 치료 우선순위 결정, 비용 대비 효과 논의 등 사회적 합의가 필요하다. 과학기술이 발전할수록 인간 중심의 가치가 중요해지며, 입자 치료는 단순한 기술 진보를 넘어 인간 존엄성과 건강권을 보장하는 방향으로 나아가야 한다. 궁극적으로 입자 치료는 의료 윤리, 보건 정책, 경제적 지속 가능성이라는 다차원적 융합을 통해 미래 의료 생태계를 재편할 수 있는 잠재력을 지닌 기술이다.

• 입자 치료 기술은 암 치료의 미래를 열고 있지만, 이를 둘러싼 기술 불균형, 지역 격차, 경제적 장벽 문제도 함께 제기된다. 이러한 입자 치료 기술이 지속가능한 의료 기술로 자리잡기 위해 해결해야 할 사회적·과학기술적 과제를 각각 이야기해보자.

입자 치료는 높은 정밀도와 생물학적 효과로 암 치료에 혁신을 가져온 기술이다. 그러나 수도권 대형 암센터에 집중되어 있어 지방 및 농산어촌 환자들은 시간과 비용 부담이 크다. 이를 해소하려면 권역별 입자 치료 센터 설치와 의료 교통비 지원이 필요하다. 또한 고가의 장비와 운영비로 인해 치료비 부담이 크며, 건강보험 적용도 제한적이다. 정부는 치료 효과가 입증된 암종에 대해 보험 확대와 사회적 의료기금 마련 등 제도 개선을 병행해야 한다.

과학기술 측면에서도 과제가 있다. 입자 치료는 암 조직의 특성, 위치, 깊이에 따라 적합한 입자 유형(양성자, 중입자 등)을 선택해야 하며, 이를 위해 AI 기반 치료 예측 시스템과 개인맞춤 방사선 시뮬레이션 기술이 필요하다. 또한 장비 소형화와 유지비 절감 기술이 병행되어야 전국 병원으로의 확산이 가능하다. 에컨대 초전도 기술을 활용한 싱크로사이클로트론 개발과 단일 치료실용 장비가 주목받고 있으며, 일본에서는 회의실 크기의 중입자 치료기 시제품도 개발 중이다.

결론적으로 입자 치료가 지속가능한 미래 의료 기술이 되기 위해서는 과학기술 혁신과 공공의료 접근성 강화, 제도적 장치 마련이 균형 있게 추진되어야 한다. 치료의 정밀성과 형평성이 동시에 충족될 때, 입자 치료는 진정한 '사람 중심'의 미래 암 치료법으로 자리매김할 수 있다.

정리해 볼까요? 그룹 생각

기사에 대해서 알아볼까요?

주제: 입자 치료는 고에너지 입자를 활용해 종양을 정밀 제거하며, 기존 엑스선보다 부작용이 적고 효과가 높아 미래 정밀의학의 핵심 기술로 주목받고 있다.
핵심어휘: 입자 치료, 양성자 치료, 중성자 치료, 중입자 치료, 브래그 피크, 고에너지 입자, 가속기, 난치성 암, 의료 융합기술, 암세포 표적

1단락 요약: 입자 치료는 브래그 피크 현상을 활용해 종양에만 에너지를 집중시켜 암세포를 정밀하게 제거하며, 기존 엑스선 치료의 한계를 보완하는 기술이다.
2단락 요약: 양성자 치료는 수소 원자핵을 이용해 특정 깊이에서 에너지를 방출, 암세포만 정밀 타격하는 방식으로 정상 조직 손상을 줄이며 소아암·두경부암에 효과적이다. 국내 주요 병원에서도 임상 활용 중이다.
3단락 요약: 중성자 치료는 깊은 조직 관통이 가능해 내성 암에 효과적이지만, 정상세포 손상 위험이 커 활용이 제한되며, 안전성과 정밀성 확보가 핵심 과제다.
4단락 요약: 중입자 치료는 탄소 원자핵 등 무거운 입자를 활용해 정밀한 브래그 피크를 형성하며, 방사선 저항성 암과 재발암에 효과적이다. 일본·독일에서 상용화되었고 한국도 도입을 준비 중이다.
5단락 요약: 입자 치료는 고비용 장비와 인프라로 보급에 한계가 있으며, 임상 데이터 축적도 필요하다. 정밀의료·AI 예측 기술과의 융합을 통해 개인 맞춤 치료를 선도할 미래 의료 핵심 기술로 주목된다.

기사의 구조적 접근을 꼭 알아야 해요!

1) 서론: 암 치료의 정밀화, 입자의 시대가 온다
입자 치료는 고에너지 입자를 활용해 암세포를 정밀 타격하고 정상세포 손상을 줄이며, 엑스선 치료의 한계를 보완하는 새로운 대안으로 주목받고 있다.

2) 본론: 기업과 법의 역할
입자 치료는 입자의 특성에 따라 암세포를 정밀하게 제거하는 방식이다. 양성자 치료는 수소 원자핵으로 종양에만 에너지를 집중시켜 민감 부위에 효과적이며, 중성자 치료는 깊은 조직 관통이 가능하지만 정상조직 손상 위험으로 제한적이다. 중입자 치료는 탄소 원자핵을 활용해 더욱 정밀한 치료가 가능하며, 난치성 암에 효과적이라는 연구 결과가 있다.

3) 결론: 의료 기술과 과학 융합의 최전선 - 입자 치료의 미래
입자 치료는 고비용과 데이터 부족 등의 한계가 있지만, 정밀의료 기술로서 향후 암 유형과 위치에 따라 맞춤형 치료를 제공할 핵심으로 기대된다.

비판적 사고 키워 볼까요? +

1 다음 중 지문의 내용과 일치하는 것을 고르시오.

① 중성자 치료는 정상세포 손상을 최소화하여 가장 안전한 치료법으로 분류된다.

② 중입자 치료는 양성자보다 가벼운 입자를 이용해 정밀도를 높인 기술이다.

③ 엑스선 치료는 인체를 통과하면서 에너지를 집중적으로 암세포에만 방출한다.

④ 입자 치료는 고에너지 입자를 활용하여 특정 깊이에만 에너지를 집중할 수 있다.

⑤ 양성자 치료는 일반적으로 사용이 제한적이며 국내에서는 아직 도입되지 않았다.

2 다음 <보기>를 참고하고, 이를 바탕으로 가장 적절한 설명을 고르시오.

 보기

> 입자 치료는 기존 엑스선 방사선 치료와 달리, 고에너지 입자가 인체 내 특정 깊이에서 에너지를 집중적으로 방출하는 '브래그 피크' 원리를 활용해 암세포를 정밀하게 제거하는 기술이다. 이 원리를 통해 종양에만 고선량을 집중시켜 정상 조직 손상을 최소화할 수 있다. 대표적인 입자 치료에는 양성자 치료와 중입자 치료가 있으며, 입자의 물리적 특성과 생물학적 효과에 따라 암의 종류와 위치에 맞춰 적용된다. 양성자 치료는 정밀도가 높아 소아암이나 안구종양 등에 적합하고, 중입자 치료는 생물학적 효과가 강해 췌장암, 육종 등 난치성 암에 효과적이다. 중성자 치료는 높은 생물학적 효과를 가지지만 브래그 피크를 활용하지 않으며, 정상 조직 손상 위험이 커 임상 적용에 제한이 있다. 또한 입자 치료는 고비용과 대형 장비 구축이 필요해 모든 병원에서 쉽게 도입하기 어려운 한계가 있다.

① 입자 치료는 모든 병원에서 쉽게 사용 가능하며, 고비용 문제는 없다.

② 양성자 치료는 모든 조직에 에너지를 퍼뜨리는 기존 엑스선 방식과 유사하다.

③ 중입자 치료는 비교적 가벼운 입자를 사용해 조직 침투력을 높인다.

④ 중성자 치료는 생물학적 효과가 높아 일부 내성 암에 효과적이지만, 정상 조직 손상 위험이 커 활용에 제한이 따른다.

⑤ 엑스선 치료는 브래그 피크 원리를 이용해 특정 깊이에서 멈춘다.

3 입자 치료에서 '브래그 피크(Bragg Peak)'가 암 치료에 유리한 이유를 2가지 이상 설명하시오.

4 논제 '입자 치료 기술은 기존 방사선 치료의 한계를 극복할 수 있는 차세대 암 치료법으로 자리잡을 수 있을까?'에 대해 양성자 치료, 중성자 치료, 중입자 치료의 특징을 서론, 본론, 결론의 형식으로 서술하시오.

중요

5 입자 치료 기술이 암 환자에게 미치는 의학적·사회적 영향을 서술하시오.

6 다음 '입자 치료 기술은 기존의 방사선 치료를 완전히 대체할 수 있다.'라는 논제를 바탕으로 찬성과 반대의 생각을 서술하시오.

찬성	반대

16 수소차와 연료전지의 과학, 미래의 길을 달린다

현대자동차가 수소전기차 '디 올 뉴 넥쏘'

전 세계가 탄소중립을 향해 달려가고 있다. 석유, 석탄 등 화석연료는 지구 온난화의 주요 원인으로 지적되며, 이를 대체할 친환경 에너지 기술이 급속도로 발전하고 있다. 그 중심에는 전기차와 함께 수소차가 있다. 수소차는 전기를 이용하는 점에서는 전기차와 같지만, 전기를 배터리 대신 '연료전지[1]'에서 직접 만들어 사용하는 차라는 점에서 과학적으로 매우 흥미롭다.

수소차는 말 그대로 수소(H_2)를 연료로 사용하는 자동차이다. 그러나 수소를 그대로 연소시키는 것이 아니라, 연료전지라는 장치에서 수소와 산소의 화학 반응을 이용해 전기를 만들어내고, 이 전기로 모터를 움직여 차가 달린다. 이 과정에서 나오는 부산물은 오직 물(H_2O)뿐이다. 매연도, 이산화탄소도 나오지 않기 때문에 수소차는 '달리는 공기청정기'라는 별명으로도 불린다. 연료전지는 수소와 산소가 만나 전기를 생성하는 장치로, 기본적인 원리는 산화환원 반응에 기반한다. 연료전지 내부에서는 수소 분자가 플라티늄(Pt) 촉매를 통해 양성자(H^+)와 전자(e^-)로 분리된다. 이때 전자는 외부 회로를 통해 이동하며 전류를 형성하고, 양성자는 전해질 막을 통과해 반대쪽의 산소와 결합해 물을 만든다. 이 반응은 고온에서 일어나지 않아 비교적 안전하고 조용하게 전기를 생성한다.

수소차의 장점은 단순한 환경 친화성에 그치지 않는다. 연료전지 시스템은 빠른 충전 속도와 긴 주행 거리를 자랑한다. 일반 전기차는 완충에 30분 이상 걸리는 반면, 수소차는 수소 충전에 단 3~5분이면 충분하다. 또한 수소차는 한 번 충전으로 600km 이상 달릴 수 있어, 장거리 운전에 유리하다. 현재 국내에는 현대자동차가 개발한 수소차 '넥쏘(NEXO)'가 상용화되어 있으며, 서울을 비롯한 일부 도시에서는 수소 택시도 운행 중이다.

그러나 수소차가 널리 보급되기까지는 해결해야 할 과제도 많다. 가장 큰 문제는 수소 생산과 저장의 어려움이다. 수소는 우주에서 가장 풍부한 원소이지만, 자연 상태에서는 대부분 다른 물질과 결합된 상태로 존재한다. 물에서 수소를 얻기 위해서는 전기분해가 필요하며, 이 과정에서 많은 에너지가 소모된다. 만약 이 전기를 석탄이나 천연가스 같은 화석연료로 만든다면, 결국 친환경이 아니라는 문제가 발생한다. 이를 해결하기 위해 최근에는 태양광이나 풍력 같은 재생에너지로 물을 전기분해해 수소를 생산하는 '그린 수소❷' 기술이 주목받고 있다. 또한 수소는 폭발 위험성이 있는 기체이기 때문에 안전한 저장과 운송 기술이 필요하다. 고압의 수소를 담을 수 있는 튼튼한 탱크, 유출을 막는 센

꼭 기억해둬!

❶ 연료전지: 수소와 산소의 산화환원 반응을 통해 전기를 생산하는 장치로, 수소차의 핵심 동력원이다.
❷ 그린 수소: 태양광, 풍력 등 재생에너지를 활용한 전기분해로 생산된 친환경 수소를 의미한다.
※ 수소 충전 인프라: 수소차가 안정적으로 운행되기 위해 필요한 충전소, 고압 저장탱크, 유출 감지 센서 등의 물리적 기반 시설을 의미한다.
※ 수소 경제: 수소를 주요 에너지원으로 활용하는 경제 시스템 전반을 일컫는다.

국어 공신 선생님

서, 안전한 충전소 인프라 등이 갖춰져야 대중이 안심하고 사용할 수 있다. 현재 우리나라에는 전국에 걸쳐 약 200여 개의 수소충전소가 운영 중이며, 정부는 이를 2030년까지 600곳 이상으로 확대할 계획을 발표했다.

전문가들은 수소차가 단순히 자동차에 그치지 않고 에너지 사회 전체를 바꾸는 핵심 기술이 될 것이라고 말한다. 특히 연료전지는 자동차 외에도 발전소, 선박, 드론, 열차, 우주선 등 다양한 분야에 적용될 수 있다. 예를 들어, 일본의 도쿄올림픽 선수촌은 수소 연료전지로 전력을 공급받았으며, 유럽에서는 수소 열차가 실제로 운행 중이다. 또한 최근에는 수소 드론을 활용한 장거리 비행 실험도 성공적으로 마무리되었다.

국어 공신 선생님의 감상 꿀팁!

 좀 더 깊이 생각해 보기

• 수소차의 친환경성과 연료전지 기술의 연관성을 중심으로, 수소차가 환경 문제 해결에 어떤 기여를 할 수 있을지 생각해 보자.

수소차는 연료전지 기술을 바탕으로 작동하는 친환경 차량이다. 연료전지는 수소와 산소의 화학 반응을 통해 전기를 발생시키며, 이 과정에서 유일하게 나오는 부산물은 물이다. 즉, 이산화탄소나 질소산화물 같은 대기오염 물질이 배출되지 않는다. 이는 내연기관 차량과 달리 온실가스 배출이 전무하여, 지구온난화와 미세먼지 등 환경문제 해결에 크게 기여할 수 있음을 뜻한다. 특히 수소차는 운행 중 오히려 공기를 정화하는 효과까지 있어 '달리는 공기청정기'라 불릴 만큼 환경에 긍정적인 영향을 준다. 더불어 수소 연료가 태양광이나 풍력 같은 재생에너지로 생산되는 '그린 수소'일 경우, 전체 에너지 생산 과정까지 포함한 탄소 배출을 획기적으로 줄일 수 있다. 이는 기후 위기 대응을 위한 '탄소중립 사회'로 전환하는 데 중요한 기술적 수단이 될 수 있다.

• 수소차 보급 확대에 필요한 사회적, 기술적 인프라 조건은 무엇이고, 이를 달성하기 위한 정부와 민간의 역할은 무엇인지 생각해 보자.

수소차 보급 확대를 위해서는 사회적·기술적 인프라가 필수적으로 뒷받침되어야 한다. 가장 중요한 기술 인프라는 수소 충전소 구축이다. 현재 전국에 약 200여 개의 충전소가 운영 중이나, 접근성과 밀도 면에서 부족하다. 이를 2030년까지 600개 이상으로 늘리려면 정부의 투자와 제도 정비가 선행되어야 한다. 사회적으로는 대중의 인식 개선이 필요하다. 수소는 폭발 위험이 있다는 편견이 강한데, 이를 해소하기 위한 안전성 홍보와 교육이 중요하다. 민간 기업은 수소 생산, 저장, 운송 기술 개발에 힘써야 하며, 특히 그린 수소 생산 시스템 구축에 적극 나서야 한다. 정부는 이 과정에서 세금 감면, 보조금 지원, 기술 개발 투자 등을 통해 민간의 참여를 유도할 수 있다. 이처럼 공공과 민간이 유기적으로 협력해야 수소차 시대를 앞당길 수 있다.

• 수소차 기술이 교통 분야를 넘어 에너지 사회 전체에 미칠 수 있는 영향을 중심으로 미래 전망은 무엇인지 생각해 보자.

수소차 기술은 단순한 교통 수단을 넘어서, 전체 에너지 시스템을 바꾸는 혁신의 중심이 될 수 있다. 연료전지 기술은 수소와 산소의 반응으로 전기를 생성하는데, 이 기술은 자동차뿐 아니라 발전소, 선박, 드론, 열차, 우주선 등 다양한 분야에 활용이 가능하다. 예컨대 일본은 도쿄올림픽 선수촌에 수소 연료전지를 적용하여 지속 가능한 에너지 도시를 실현했다. 유럽에서는 수소 열차가 상용화되어 교통의 탈탄소화를 이끌고 있다. 향후 수소 기술은 분산형 발전 시스템, 이동식 에너지 저장장치 등으로 발전할 수 있으며, 이는 기존의 중앙 집중식 전력 체계에서 벗어나 자율적이고 친환경적인 에너지 사회 구현에 기여할 것이다. 수소는 에너지 전환의 핵심 자원이자 미래 산업을 이끄는 원동력으로 작용할 것이며, 이에 따라 관련 기술과 산업에 대한 국가 차원의 전략적 접근이 필수적이다.

정리해 볼까요?

기사에 대해서 알아볼까요?

주제: 수소차는 연료전지를 통해 친환경 에너지를 생산하며, 탄소중립 시대를 이끄는 핵심 교통·에너지 기술이다.
핵심어휘: 수소차, 연료전지, 산화환원 반응, 수소, 산소, 물, 그린 수소, 탄소중립, 재생에너지, 수소경제

1단락 요약: 전 세계는 지구 온난화에 대응하기 위해 탄소중립을 추진 중이다. 그 중심 기술로 전기차와 함께 수소차가 주목받고 있다.
2단락 요약: 수소차는 수소와 산소의 화학 반응으로 전기를 생성해 달린다. 이 과정에서 물만 배출되며, 매우 친환경적이다.
3단락 요약: 수소차는 충전 시간이 짧고 주행거리가 길어 실용성이 높다. 넥쏘와 수소 택시처럼 실제 운행 사례도 존재한다.
4단락 요약: 수소 생산에는 많은 에너지가 들며, 저장과 운송도 어려운 점이 있다. 그린 수소 기술과 안전 인프라 확보가 필수다.
5단락 요약: 수소차는 다양한 산업 분야에 활용될 수 있는 에너지 전환 기술이다. 수소 열차, 드론 등은 미래 확산 가능성을 보여준다.

기사의 구조적 접근을 꼭 알아야 해요!

1) 서론: 탄소중립 시대, 수소차의 부상
지구 온난화 대응과 탄소중립 실현을 위한 친환경 에너지 기술의 필요성을 제시하며, 전기차와 함께 수소차가 주목받고 있다. 수소차는 연료전지를 통해 스스로 전기를 생성해 구동된다는 점에서 기술적 흥미를 유발한다.

2) 본론: 수소차의 과학적 원리와 활용
수소차는 연료전지를 통해 수소에서 전기를 생성해 친환경적으로 주행하며, 충전 속도와 주행 거리에서 전기차보다 우수하다. 넥쏘·수소택시 등 상용화 사례가 있으며, 선박·드론 등 다양한 산업으로 확장 가능하다. 수소 생산·저장 기술은 도전 과제지만, 그린 수소와 인프라 정책으로 극복 중이다.

3) 결론: 수소차, 이동 수단을 넘어 에너지 전환의 열쇠
수소차는 단순한 교통수단이 아니라 탄소중립 사회로 나아가기 위한 핵심 인프라이자 기술이다. 그린 수소 생산, 안전한 인프라 구축, 다양한 산업 적용을 통해 수소차는 미래 에너지 생태계의 중심에 설 것으로 기대된다.

비판적 사고 키워 볼까요? ✚

1 다음 중 지문의 내용과 일치하는 것을 고르시오.

① 수소차는 수소를 연소시켜 에너지를 얻고 이산화탄소를 배출한다.
② 수소차는 수소와 산소의 화학 반응으로 전기를 만들어 모터를 구동한다.
③ 수소차는 배터리를 이용해 전기를 저장하고 사용하는 방식이다.
④ 수소차는 충전 시간이 오래 걸리고 짧은 거리만 주행할 수 있다.
⑤ 수소차는 아직 실제로 상용화된 사례는 전혀 없다.

2 다음 <보기>에 나타난 환경 비판자의 입장에서 수소차 관련 제시문을 비판한 내용으로 적절하지 않은 것은?

 보기

> 환경 비판자는 기술 중심의 해결책이 근본적인 생태 위기를 해결할 수 없다고 본다. 그는 인간이 자연을 끊임없이 통제하려는 시도 자체가 문제의 핵심이라고 주장한다. 기술은 오히려 문제를 은폐하거나 새로운 문제를 만들 가능성이 있으며, 인간이 자연과의 관계를 다시 설정하지 않는 한 진정한 지속가능성은 없다고 본다. 자연에 대한 존중 없이 에너지 소비 구조만 바꾸는 것은 본질적인 해결책이 아니라 임시방편에 불과하다는 시각이다.

① 수소차의 연료전지 기술은 에너지 문제 해결에 집중한 점에서 본질적인 생태 인식 전환과는 거리가 있다.
② 수소 생산에 많은 에너지가 소모되고, 그 에너지원이 화석연료일 경우 오히려 환경 문제를 심화시킬 수 있다.
③ 수소차의 실용성과 효율성은 인간 중심의 편의 추구에 치우친 기술 논리로, 생태적 관계 회복과는 무관하다.
④ 수소차의 상용화는 인간과 자연이 조화를 이루며 공존하기 위한 철학적 실천의 좋은 예로 평가된다.
⑤ 연료전지의 다양한 활용 가능성은 기술이 자연을 통제하는 수단으로 오용될 수 있는 위험성을 내포하고 있다.

3 수소차가 '달리는 공기청정기'로 불리는 이유와, 이를 실현하게 하는 연료전지의 작동 원리에 대해 설명하시오.

4 논제 '수소차 기술이 우리 사회에 미치는 영향과 향후 발전 방향'에 대해 서론, 본론, 결론의 형식으로 서술하시오.

중요

5 수소차의 연료전지가 작동하는 과학적 원리를 설명하고, 이 기술이 친환경성과 어떻게 연결되는지 서술하시오.

6 다음 '수소차 보급 확대가 기후 위기 대응의 최적의 해법이 될 수 있다.'라는 논제를 바탕으로 찬성과 반대의 생각을 서술하시오.

찬성	반대

17 유전자 가위(CRISPR 기술)를 통한 질병 치료의 미래

"과학자들이 유전자를 잘라서 병을 고 쳤대요."

몇 년 전까지만 해도 공상과학영 화 속 이야기로 여겨졌던 이 말이 이제는 뉴스에서 자주 들려온다. 바로 '유전 자 가위'라 불리는 크리스 퍼(CRISPR) 기술 때문이다. 이 기술 은 특정 유전자를 정밀하게 잘라내고 수

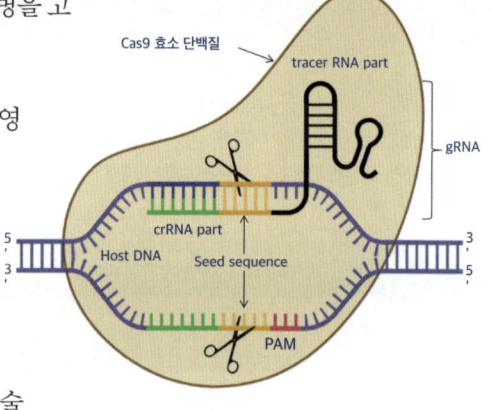

유전자 편집(CRISPR/Cas9)

정할 수 있어, 암이나 유전병, 희귀질환 등 기존의 치료 방법으로는 접근하기 어려웠던 질병들을 치료하는 데 새로운 가능성을 열어주었다. 크리스퍼는 원 래 박테리아의 면역 체계에서 유래한 유전자 구조로, 바이러스로부터 자신을 방어하기 위해 DNA를 자르는 기능을 가진다. 이 원리를 과학자들이 연구하여, 인간의 유전자에 적용 가능한 기술로 발전시킨 것이 바로 유전자 편집(CRISPR/ Cas9[1]) 유전자 가위 기술이다.

크리스퍼 기술의 가장 큰 특징은 매우 정밀하고 간단하다는 점이다. 마치 글 자 속 오탈자를 고치듯, DNA의 특정 위치를 정확히 찾아내어 잘못된 유전자 서열(유전적 돌연변이)[2]을 제거하거나 교체할 수 있다. 2012년, 프랑스의 샤르팡

티에와 미국의 다우드나 교수가 이 기술을 개발한 이후 생명과학계에 혁신을 불러왔으며, 두 사람은 2020년 노벨화학상을 공동 수상했다. 크리스퍼는 기존 유전자 조작 기술보다 훨씬 빠르고 저렴하게 작동하며, 실제로 미국에서는 이 기술을 통해 겸상적혈구빈혈증[3]을 치료한 사례도 보고되었다. 현재 다양한 질병, 예를 들어 암, 근위축성 측삭경화증(ALS), 시신경 질환, 희귀 유전질환 등에 크리스퍼를 적용한 연구가 활발히 진행되고 있다.

이 기술은 의료 분야에만 국한되지 않는다. 농업, 축산업, 바이오 산업 전반에서도 폭넓게 활용되고 있다. 예를 들어 병충해에 강한 벼 품종, 더 많은 열매를 맺는 토마토, 유당 소화를 돕는 젖소 등도 크리스퍼 기술을 활용하여 개발된 것이다. 이러한 기술은 생산성을 높이고 식량 문제 해결에도 기여할 수 있어 많은 관심을 받고 있다. 과학계에서는 크리스퍼를 '게임 체인저'로 평가하며, 앞으로의 산업과 인류 삶의 방식을 바꿀 중요한 도구로 보고 있다. 그러나 기술의 급속한 발전이 항상 환영받는 것만은 아니다. 특히 인간의 유전자를 다루는 만큼, 윤리적 문제도 수면 위로 떠오르고 있다.

대표적인 예가 2018년 중국에서 발생한 사건이다. 한 과학자가 크리스퍼 기술을 이용해 HIV 면역력을 가진 아기 쌍둥이를 태어나게 했다는 주장이 나오자, 전 세계 과학계는 충격에 빠졌다. 그는 국제적인 비난을 받았고, 해당 연구는 중단되었다. 이 사건은 유전자 편집 기술이 단지 치료를 넘어 인간을 '설계'하는 방향으로 오용될 수 있음을 경고한다. 실제로 '디자이너 베이비[4]'라는 용

꼭 기억하렴!

❶ Cas9 단백질: DNA를 자르는 기능을 가진 효소로, CRISPR 시스템에서 가위 역할을 수행한다.
❷ 유전적 돌연변이: DNA 염기서열의 비정상적인 변화로 유전 질환의 주요 원인이다.
❸ 겸상적혈구빈혈증: 적혈구가 낫 모양으로 변형되는 유전 질환이다.
❹ 디자이너 베이비: 유전자 편집 기술을 활용해 부모가 원하는 특정 형질(지능, 외모, 성격 등)을 갖도록 태아의 유전자를 조작한 아이를 의미한다.

국어 공신 선생님

어가 등장하며, 원하는 성격이나 외모, 지능을 가진 아이를 인위적으로 만들 수 있다는 우려가 커지고 있다.

현재 세계 여러 나라는 유전자 편집을 치료 목적에 한정하거나, 생식세포나 배아 단계의 유전자 편집을 금지하고 있다. 우리나라도 2023년 '생명윤리 및 안전에 관한 법률'을 개정하여 연구 윤리를 강화하고 있다. 국내에서도 크리스퍼를 활용한 유전성 실명 질환 치료나 암 면역세포 조작 연구 등 다양한 의료 연구가 활발히 이뤄지고 있다. 앞으로 크리스퍼 기술은 의료뿐 아니라 식량, 에너지, 환경 분야에서도 정교하고 안전한 방향으로 확장될 것으로 기대된다. 기술은 언제나 두 얼굴을 가진다. 하나는 희망의 얼굴이고, 다른 하나는 통제 실패의 위험을 내포한 얼굴이다. 중요한 것은 기술 그 자체가 아니라, 그것을 어떻게 사용하느냐에 달려 있다. 유전자 가위라는 강력한 도구 앞에서 우리는 기술, 윤리, 생명, 책임 사이에서 진지하게 고민해야 한다.

국어 공신 선생님의 감상 꿀팁!

 좀 더 깊이 생각해 보기

• 유전자 편집 기술의 발전에 따라 여러 국가에서는 생명윤리법을 강화하고 있다. 우리나라의 2023년 법 개정 배경과 그 의의는 무엇이고, 생명윤리의 관점에서 유전자 가위 기술의 올바른 활용 방향은 무엇인지 생각해 보자.

2023년 우리나라는 '생명윤리 및 안전에 관한 법률(생명윤리법)'을 개정하며 유전자 편집 기술에 대한 규제와 윤리 기준을 대폭 강화하였다. 이는 CRISPR-Cas9 등 유전자 가위 기술의 급속한 발전과 그에 따른 윤리적 우려, 특히 2018년 중국의 '유전자 편집 아기' 사건에서 드러난 기술 오용의 위험성을 반영한 것이다. 우리나라는 기술 발전을 수용하면서도 인간 생명과 존엄을 보호할 수 있는 제도적 장치 마련의 필요성을 인식하고, 생식세포 및 배아 단계의 유전자 편집 연구에 대해 더욱 엄격한 제한을 두었다. 또한 유전자 연구 수행 기관의 심의 및 보고 절차를 강화하고, 연구 대상자에게는 정보 제공과 동의 절차를 세밀하게 규정하였다. 이는 인간을 실험 대상으로 삼는 연구의 남용을 막고, 유전자 편집 기술이 상업적 목적이나 인간 설계에 악용되는 것을 방지하기 위한 조치이다. 생명윤리 관점에서 유전자 가위 기술은 질병 치료와 삶의 질 향상에 기여할 수 있는 혁신적 도구지만, 인간 생명은 단순한 실험 대상이 아니며 개체의 다양성과 존엄성은 반드시 보호되어야 한다. 따라서 유전자 편집은 치료 목적에 한정되어야 하며, 사회적 합의와 과학적 검증을 거친 신중한 접근이 필요하다. 향후에는 과학계, 윤리학계, 정책 결정자들이 함께 참여하는 다학제적 논의 구조를 구축해 기술 발전과 윤리적 책임 사이의 균형을 유지하는 방향으로 나아가야 한다.

• 본문 마지막 문단에서는 "기술은 언제나 두 얼굴을 가진다"고 말하며, 유전자 가위 기술이 단지 과학적 도구를 넘어 윤리적 성찰의 대상임을 강조하고 있다. 이 표현이 담고 있는 의미는 무엇이고, CRISPR 기술을 바라보는 우리 사회의 자세는 어때야 하는지 생각해 보자.

"기술은 언제나 두 얼굴을 가진다"는 표현은 과학기술이 인류에 혜택을 주는 동시에, 통제 실패나 남용 시 심각한 위험을 초래할 수 있음을 경고한다. 크리스퍼 유전자 가위 기술도 암, 유전병, 희귀질환 치료 등에서 새로운 가능성을 열었고, 농업과 환경 분야에서도 획기적 성과를 내고 있다. 그러나 인간 생식세포나 배아 편집이 현실화되면 '디자이너 베이비' 논란처럼 인간 존재를 설계하고 계급화할 수 있는 윤리적 위협이 따른다. 유전 형질 선택 기술이 상업적 욕망과 결합하면 생명이 상품화되고 생물학적 불평등이 심화될 위험도 있다. 따라서 크리스퍼 기술은 단순한 과학적 진보가 아니라 윤리적 성찰의 대상이 되어야 하며, 기술 사용에 앞서 무엇이 옳고 모두에게 이로운 방향은 무엇인지 끊임없이 고민해야 한다. 이를 위해 시민사회, 과학자, 윤리학자, 입법자가 참여하는 공론장이 필요하며, 국제적 기준과 협력도 필수적이다. 과학이 인류의 미래를 이끄는 동력이 되기 위해서는 윤리가 그 방향을 결정하는 나침반이 되어야 한다.

정리해 볼까요?

그룹 생각

기사에 대해서 알아볼까요?

집중!

주제: 크리스퍼 유전자 가위 기술은 질병 치료, 농업, 산업 등 다양한 분야에서 활용되며, 생명윤리와 책임의식을 함께 요구하는 첨단 과학 기술이다.
핵심어휘: 크리스퍼, 유전자 가위, Cas9 단백질, 디자이너 베이비, 생명윤리, 겸상적혈구빈혈증

1단락 요약: 유전자 가위인 크리스퍼기술은 기존 치료가 어려웠던 유전병이나 암을 정밀하게 치료할 수 있는 가능성을 보여주는 첨단 기술이다.
2단락 요약: 크리스퍼는 DNA를 정확히 잘라내고 수정할 수 있는 간단하면서 정밀한 기술로, 기존 유전자 조작보다 효율적이며 다양한 질병 치료에 적용되고 있다.
3단락 요약: 의료 외에도 농업, 축산업 등 산업 전반에서 활용되며, 식량 문제 해결과 생산성 향상 등 긍정적 효과를 기대하게 한다.
4단락 요약: 중국의 사례처럼 인간 설계 가능성에 대한 윤리적 문제도 커지고 있으며, 과학계는 이 기술의 오남용 가능성에 대해 우려하고 있다.
5단락 요약: 세계 각국은 치료 목적에 한정해 규제하고 있으며, 한국도 법률을 강화하고 연구를 확대 중이다. 기술의 사용 방식이 중요함을 강조한다.

기사의 구조적 접근을 꼭 알아야 해요!

꼭 기억해!

1) 서론: 새로운 과학 기술, 크리스퍼의 등장
뉴스에서 자주 들리는 '유전자 가위'는 이제 실제로 병을 치료하는 과학 기술로 현실화되었으며, 박테리아 면역 체계를 기반으로 개발되었다.

2) 본론: 크리스퍼 기술의 구조와 적용
크리스퍼는 DNA의 오탈자를 고치듯 유전자를 정밀하게 편집하는 기술로, 샤르팡티에와 다우드나가 개발해 노벨상을 수상했다. 겸상적혈구빈혈증 치료 등 다양한 질병에 효과를 보였으며, 농작물·가축 개량 등 산업 전반에 활용돼 '게임 체인저'로 평가된다. 그러나 중국의 디자이너 베이비 사례는 윤리적 논란을 불러일으켜 과학계의 자정과 규제 필요성이 제기되고 있다.

3) 결론: 과학과 윤리의 균형 필요성
크리스퍼는 생명을 구할 수 있는 도구이지만 동시에 오용 가능성도 내포하며, 법과 윤리를 기반으로 안전하게 활용될 수 있는 환경 조성이 무엇보다 중요하다는 점을 강조한다.

1 다음 중 지문의 내용과 일치하는 것을 고르시오.

① 크리스퍼 기술은 인간의 면역 체계에서 발견된 원리를 응용해 개발되었다.

② 크리스퍼는 기존 유전자 조작 기술보다 빠르고 저렴하게 작동한다고 설명되어 있다.

③ 2018년 중국의 크리스퍼 유전자 편집 아기 사례는 국제 사회로부터 긍정적인 평가를 받았다.

④ 대부분의 국가는 인간 배아 단계의 유전자 편집을 자유롭게 허용하고 있다.

⑤ 크리스퍼 기술은 아직 농업 분야에는 적용되지 않았다고 지문에서 언급된다.

2 다음 <보기>는 '기술 발전에 따른 윤리적 우려'를 제기하는 과학 철학자의 입장이다. 이에 비추어 제시문에서 크리스퍼 기술에 대한 설명 중 이 입장과 부합하지 않는 것을 고르시오.

보기

> 윤리 비판적 입장을 가진 과학 철학자는 첨단 생명과학 기술이 인류에 기여할 수 있는 잠재력은 인정하되, '기술 만능주의'와 '인간의 자연 지배 욕망'이 위험한 방향으로 이어질 수 있음을 경계한다. 그는 기술의 발전이 단지 병을 고치는 수단을 넘어, 인간 존재 자체를 통제하거나 설계하려는 방식으로 흐를 때, 생명의 고유성과 다양성을 훼손할 수 있다고 본다. 특히, 생식세포나 배아 단계의 조작은 미래 세대의 권리를 침해할 가능성이 크며, 생명은 조작의 대상이 아니라 존중과 책임의 윤리로 다뤄져야 한다는 입장을 갖는다.

① CRISPR는 특정 유전자를 정밀하게 잘라내고 수정할 수 있어 기존에 치료가 어려웠던 질병의 치료 가능성을 열어주었지만 인간의 유전 문제를 다루는 만큼 윤리적 문제도 안고 있다.

② 디자이너 베이비 개념은 인간의 특성을 인위적으로 선택할 수 있다는 점에서 윤리적 비판을 받고 있다.

③ 일부 과학자는 CRISPR의 개발을 '게임 체인저'라 평가하여 앞으로 인류 삶의 방식을 중요 도구로 보지만윤리적 문제 발생에 대한 대책도 필요하다.

④ 유전자 가위 기술은 박테리아의 면역 체계에서 착안한 것이며, DNA를 자르는 생물학적 기능에 기반한다.

⑤ 인간 유전자 편집에 대한 규제를 위해, 각국은 생식세포와 배아의 편집을 금지하거나 제한하고 있다.

3 CRISPR-Cas9 기술이 '분자 가위'(genetic scissors)라고 불리는 이유를 설명하고, 가이드 RNA(gRNA)와 Cas9 단백질이 협동해 DNA를 절단·교정하는 분자적 과정을 단계별로 서술하시오. 이어서, 이 기술이 의료 혁신의 열쇠이면서도 심각한 윤리적 논란을 동시에 불러일으키는 이유를 2가지 이상 제시하시오.

4 유전자 편집 기술 크리스퍼는 질병 치료와 생명공학 발전에 혁신을 가져왔지만, 인간 유전자에 직접 개입하는 만큼 윤리적 문제도 함께 제기되고 있다. 크리스퍼 기술의 과학적 가능성과 그에 따른 윤리적 쟁점을 균형 있게 서술하고, 미래 사회에서 이 기술이 바람직하게 활용되기 위한 조건은 무엇인지 논술하시오.

중요

5 크리스퍼 기술이 생명공학 분야의 '게임 체인저'로 평가받는 이유를 기술적, 사회적 측면에서 각각 설명하시오.

6 다음 '인간의 유전자를 치료 목적 외에도 개선·설계하는 데 크리스퍼 기술을 활용해도 되는가?'라는 논제를 바탕으로 찬성과 반대의 생각을 서술하시오.

찬성	반대

18 인공 태양 프로젝트, 핵 융합 발전의 꿈

지구의 에너지 위기와 기후 변화 문제를 동시에 해결할 방법은 없을까? 세계 각국의 과학자들은 이 질문에 대한 해답을 우주에서 찾는다. 바로 태양이 에너지를 만드는 방식인 핵융합[1] 기술이다. 핵융합은 두 개의 가벼운 원자핵이 높은 온도와 압력에서 하나로 합쳐지며 거대한 에너지를 내는 반응이다. 이 원리를 지구에서 인공적으로 구현하려는 실험을 과학자들은 '인공 태양 프로젝트'라고 부른다.

핵융합은 기존의 화석연료나 핵분열 방식과 다르게 친환경적이고 안전한 에너지 생산 방식으로 주목받는다. 핵융합의 연료가 되는 수소는 바닷물에 풍부하게 존재하며, 반응 과정에서 온실가스나 방사성 폐기물이 거의 발생하지 않는다. 또한 연

국제핵융합실험로(ITER)에서 핵융합 반응이 일어나는 도넛 모양의 '토카막' 원자로 구조

쇄 반응이 일어나지 않기 때문에 원자력 발전소에서 우려되는 폭발 위험도 훨씬 낮다. 이런 이유로 핵융합은 '궁극의 청정 에너지', 또는 '꿈의 에너지'라고 불린다. 이 기술을 실현하기 위한 대표적인 국제 공동 프로젝트가 바로 ITER[2] (International Thermonuclear Experimental Reactor)이다. ITER는 유럽연합(EU), 한국, 미

국, 일본, 중국, 러시아 등 35개국이 참여하고 있는 세계 최대 규모의 핵융합 실험 장치로, 프랑스 남부 카다라슈에 건설 중이다. 이 장치는 섭씨 1억 5천만 도에 달하는 초고온의 플라즈마❸ 상태를 안정적으로 유지하며 핵융합 반응을 일으키는 것이 핵심 목표다. 한국은 ITER 프로젝트에 참여하는 동시에, 독자적으로 KSTAR(한국형 초전도 핵융합 장치)❹라는 실험 장비를 운영하며 연구를 선도하고 있다.

2023년, KSTAR는 1억 도의 초고온 플라즈마를 30초 이상 유지하는 데 성공했다. 이는 핵융합 상용화에 한 걸음 다가선 성과로 평가받는다. 하지만 핵융합 발전이 실제로 전기를 생산해 상용화되기까지는 아직 많은 기술적 과제가 남아 있다. 초고온을 안정적으로 유지하는 장치의 내구성, 에너지를 전기로 변환하는 효율성, 경제성 확보 등이 해결되어야 한다. 또한 수십 년에 걸친 장기 투자와 국제적인 협력이 필수적이라는 점도 이 기술의 도전 요소다. 그럼에도 불구하고 인공 태양 프로젝트는 인류가 반드시 도전해야 할 가치 있는 과학 연구다. 화석연료 고갈, 기후 변화, 에너지 전쟁의 시대에 핵융합은 새로운 돌파구가될 수 있다.

전문가들은 2050년경이면 핵융합 기술이 상용화되어 실제로 가정과 도시의 전기를 공급할 수 있을 것으로 예상한다. 에너지를 만들기 위해 더 이상 지구를

❶ 핵융합: 두 개의 가벼운 원자핵이 높은 온도와 압력에서 하나로 결합하면서 막대한 에너지를 방출하는 반응을 말한다.
❷ ITER: 인류가 핵융합 에너지를 상용화하기 위해 추진 중인 세계 최대 규모의 국제 공동 연구 프로젝트입니다.
❸ 플라즈마: 고체·액체·기체에 이은 물질의 제4상태로, 전자와 이온이 분리되어 자유롭게 움직이는 상태를 의미한다.
❹ KSTAR: 대한민국이 독자 개발한 초전도 핵융합 실험 장치로, 흔히 "한국형 인공태양"이라고 불립니다.
❺ 에너지 자립도: 한 국가가 자국 내에서 소비하는 전체 에너지 중 얼마나 많은 비율을 자체적으로 생산하고 있는지를 나타내는 지표입니다.

꼭 기억하렴

국어 공신 선생님

해치지 않아도 되는 세상, 그 미래는 결코 먼 이야기만은 아니다.

　에너지는 단순한 과학 기술의 문제가 아니라, 우리 삶과 지구의 지속 가능성에 직결된 문제다. 인공 태양을 만드는 과학자들의 노력은 더 밝은 미래를 위한 선택이다. 중학생인 우리에게도 이 이야기는 낯설지 않다. 과학은 결국 사람과 세상을 위한 것이며, 지금 우리가 배우는 과학이 언젠가 그 미래를 바꿀 수 있기 때문이다. 핵융합 발전이 상용화되면 우리 사회 전반에도 큰 변화가 예상된다. 전기 요금이 안정되고, 전력 생산 과정에서 발생하는 탄소 배출이 줄어들며, 에너지 자립도⁵가 높아질 수 있다. 특히 화석연료 수입에 의존하는 국가들은 에너지 안보를 확보할 수 있고, 에너지 불균형 문제로 어려움을 겪는 개발도상국에도 새로운 기회를 제공할 수 있다. 핵융합은 단지 전기를 만드는 기술을 넘어, 지속 가능한 지구 환경과 에너지 정의를 실현하는 데 핵심 역할을 하는 미래 과학으로 자리매김할 것이다.

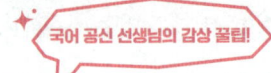

국어 공신 선생님의 감상 꿀팁!

 좀 더 깊이 생각해 보기

집중!

• **핵융합 발전 기술이 상용화될 경우 사회·경제적 측면에서 어떤 변화를 가져올 수 있을까요?**
핵융합 발전 기술은 수소 원자핵을 융합시켜 막대한 에너지를 생산하는 기술로, 화석연료의 대체 에너지원으로 주목받고 있다. 이 기술이 상용화되면 한국 사회의 에너지 구조에 상당한 변화가 예상된다. 첫째, 우리나라는 석유와 천연가스 등 에너지 수입 의존도가 약 90%에 달한다. 하지만 핵융합의 연료인 수소는 바닷물에서 무한히 얻을 수 있기 때문에, 핵융합 기술이 상용화되면 에너지 자립도가 높아지고, 국제 유가 변동에 따른 경제 불안정성도 크게 줄어들 수 있다. 둘째, 탄소중립 정책과도 밀접한 관련이 있다. 핵융합은 이산화탄소를 배출하지 않기 때문에, 정부의 2050 탄소중립 목표 달성에 결정적인 역할을 할 수 있다. 기존 석탄·LNG 발전소를 대체하면 산업 전반에서 친환경 전력 사용이 가능해지고, 국제 탄소세 부담도 줄어들 것이다. 셋째, 전기요금 체계에도 영향을 줄 수 있다. 초기에는 고비용이 예상되지만 장기적으로는 연료비 절감과 안정적 전력 공급으로 인해 국민 부담이 완화될 수 있다. 나아가 미래형 에너지 산업 육성 및 일자리 창출 측면에서도 긍정적인 사회·경제적 파급 효과가 클 것이다.

• 당신은 핵융합 에너지 전문가로서, 2040년 개발도상국 정부에 에너지 공급 정책을 제안하는 임무를 맡게 되었습니다. 핵융합 기술의 장점과 한계를 고려할 때, 해당 국가의 에너지 빈곤 문제를 해결하기 위한 창의적인 융합 대안은 무엇이며, 과학기술 외에 함께 고려해야 할 요소에는 어떤 것들이 있을까요?

2040년, 개발도상국의 에너지 빈곤 문제를 해결하기 위해 핵융합 에너지는 매우 유망한 대안이 될 수 있다. 핵융합 기술은 원자력 발전과 달리 방사성 폐기물이 거의 없고, 연료인 수소는 바닷물에서 쉽게 얻을 수 있어 자원 확보에 유리하다. 특히 온실가스를 배출하지 않아 기후변화 대응에도 효과적이며, 장기적으로 안정적이고 값싼 에너지 공급이 가능하다.

하지만 현실적인 한계도 분명하다. 핵융합 장치는 초고온 플라즈마를 안정적으로 제어할 수 있는 고도의 기술력과 막대한 초기 투자 비용이 필요하다. 따라서 단기적으로는 대형 발전소 설치가 어려운 개발도상국에 적합하지 않을 수 있다. 이를 보완하기 위한 융합적 대안으로는, 핵융합 기술의 장기 도입을 목표로 하되, 중단기적으로는 태양광, 풍력, 바이오에너지 등 소규모 재생에너지와 결합한 '하이브리드 에너지 모델'을 구축하는 것이 효과적이다.

또한 과학기술 외에 필요한 요소로는 국제 협력이 핵심이다. 선진국과의 기술 이전 협정, 공동 연구개발, 에너지 ODA 지원 등이 병행되어야 한다. 동시에 지역 기술 인력을 양성할 수 있는 교육 시스템, 국민의 인식 제고를 위한 캠페인과 정책 홍보도 필수적이다. 에너지는 단순한 기술이 아니라 사회 시스템 전반과 연결된 문제이므로, 기술, 제도, 사람의 융합적 접근이 필요하다.

정리해 볼까요?

기사에 대해서 알아볼까요?

주제: 핵융합은 에너지·기후 위기 해결의 청정에너지로 주목되나, 상용화엔 기술·경제·국제협력 과제가 병행돼야 한다.

핵심어휘: 핵융합, 인공 태양, 플라즈마, ITER, KSTAR, 에너지 자립도, 탄소중립

1단락 요약: 에너지 위기와 기후 변화 해결을 위해 과학자들은 태양의 원리인 핵융합 기술에 주목한다. 고온·고압에서 원자핵을 결합해 에너지를 얻는 인공 태양 프로젝트가 진행 중이다.

2단락 요약: 핵융합은 수소를 연료로 쓰며 온실가스·폐기물이 적어 '꿈의 청정에너지'로 불리며, ITER·KSTAR가 구현을 목표로 한다.

3단락 요약: 2023년 KSTAR는 1억 도 플라즈마를 30초 유지하며 핵융합 상용화에 근접했다. 기술적 과제와 국제 협력이 필요하지만, 핵융합은 에너지 위기와 기후 변화의 돌파구로 주목받는다.

4단락 요약: 핵융합 상용화는 2050년경으로 전망된다.

5단락 요약: 핵융합은 단순한 기술을 넘어 지속 가능한 지구와 에너지 정의를 위한 미래 과학이다. 상용화되면 탄소 배출 감소, 에너지 자립, 안보 강화에 기여할 수 있다.

기사의 구조적 접근을 꼭 알아야 해요!

1) 서론: 핵융합 기술의 필요성과 등장
지구의 에너지·기후 위기 해결을 위해 세계 과학자들은 태양의 에너지 생성 원리인 핵융합 기술에 주목하며, 이를 지구에 구현하는 '인공 태양 프로젝트'를 진행 중이다.

2) 본론: 핵융합의 장점, 국제 협력, 기술 과제
핵융합은 온실가스와 폐기물이 거의 없고 폭발 위험도 낮아 친환경적이고 안전한 '꿈의 에너지'로 주목받는다. ITER는 35개국이 참여하는 국제 프로젝트이며, 한국은 KSTAR를 통해 1억 도 플라즈마를 30초 이상 유지하는 데 성공했다. 하지만 상용화를 위해선 기술적 과제와 국제 협력이 필요하다.

3) 결론: 핵융합이 바꿀 미래와 우리의 역할
핵융합은 에너지·기후 위기 해결의 돌파구로, 2050년 상용화가 기대된다. 지속 가능한 미래를 위한 핵심 기술로, 사회 전반에 긍정적 변화를 가져올 것이다.

비판적 사고 키워 볼까요? ✚

1 다음 중 지문의 내용과 일치하는 것을 고르시오.

① 핵융합은 반응 과정에서 온실가스를 거의 배출하지 않는다.
② ITER는 일본 북부에 건설 중이며, 총 15개국이 참여하고 있다.
③ 핵융합 발전은 원자력 분열 발전보다 폭발 위험이 더 크다고 지문은 설명한다.
④ 2023년 KSTAR는 1억 도 플라즈마를 5초간 유지하는 데 그쳤다고 서술돼 있다.
⑤ 핵융합 연료인 수소는 지각 깊은 곳에서만 얻을 수 있어 공급이 제한적이라고 지문은 밝힌다.

2 다음 <보기1>은 기술 낙관론자의 입장이고, <보기2>는 제시문에 근거한 핵융합 기술에 대한 설명이다. 두 입장을 비교할 때, 기술 낙관론자의 주장과 가장 부합하는 내용을 <보기2>에서 모두 찾아 그 기호를 쓰시오.

> **보기 ①**
> 기술 낙관론자는 과학기술의 발전이 인류의 삶을 질적으로 향상시킬 것이라 믿는다. 그는 에너지 문제 역시 과학기술을 통해 해결할 수 있다고 보고, 핵융합 발전이 가져올 친환경성과 안전성, 경제성을 긍정적으로 평가한다. 적절한 투자와 협력이 뒷받침된다면 핵융합은 인류의 지속 가능한 미래를 여는 핵심 기술이 될 것이라고 확신한다.

> **보기 ②**
> ㉠ 핵융합은 수소 원자핵을 결합시켜 막대한 에너지를 발생시키는 반응으로, 태양의 원리를 모방한 것이다.
> ㉡ 핵융합은 화석연료처럼 온실가스를 배출하지 않고, 방사성 폐기물이 거의 없어 친환경적이다.
> ㉢ ITER와 KSTAR 같은 연구는 국제 협력과 장기 투자를 통해 미래 에너지 확보를 목표로 한다.
> ㉣ 핵융합 장치의 내구성, 에너지 변환 효율성, 경제성 확보는 아직 해결되지 않은 과제다.
> ㉤ 전문가들은 2050년경 핵융합 상용화가 가능할 것으로 보고 있으며, 전기 요금 안정과 에너지 자립에 기여할 수 있다고 전망한다.
> ㉥ 장치의 복잡성과 높은 비용은 상용화에 큰 걸림돌이 되고 있다.

3 핵융합 발전이 '꿈의 에너지'로 불리는 이유를 과학적 관점에서 설명하고, 이를 통해 인류가 직면한 에너지 문제에 어떤 해결책을 제시할 수 있는지 서술하시오.

4 당신은 2040년 '그린 퓨처(Green Future) 위원회'의 청정에너지 자문위원으로 임명되었다. 위원회는 ITER 첫 상용 핵융합 발전소(가칭 SUN-1)가 2050년 가동을 목표로 건설되자, 국가 차원의 "인공 태양 전환 로드맵" 초안을 마련하고자 한다. 아래 <자료>를 참고하여, 2030~2050년 사이에 정부와 산업계, 시민사회가 단계별로 수행해야 할 핵심 과제 세 가지를 선정·서술하고, 각각에 대해 ① 추진 이유 ② 예상 효과 ③ 위험 및 대응책을 구조화하여 제안하시오.

자료

- KSTAR는 2023년 1억 K 플라즈마 30 초 유지에 성공, 2035년 300 초 목표.
- 'SUN-1'의 설계 전력 출력은 500 MW, 건설 비용은 200 억 달러로 추산.
- 에너지 전환 시나리오(정부 연구): 2050년 전력 믹스 비중 → 핵융합 20 %, 재생에너지 60 %, 기타 20 %.
- 국제협력 의무: ITER 참여 35 개국은 기술 공유·안전 프로토콜 준수 협정 체결.

5 핵융합 발전 기술은 에너지 문제 해결뿐만 아니라 지구 환경 보존, 에너지 정의 실현 등 사회적 영향도 크다고 평가된다. 이러한 기술이 상용화될 경우 우리 사회의 구조나 시민의 삶에 어떤 긍정적 변화가 예상되는지 서술하시오.

6 다음 '핵융합 발전 기술은 인류의 에너지 문제를 해결할 궁극적인 해법이 될 수 있는가?'라는 논제를 바탕으로 찬성과 반대의 생각을 서술하시오.

집중

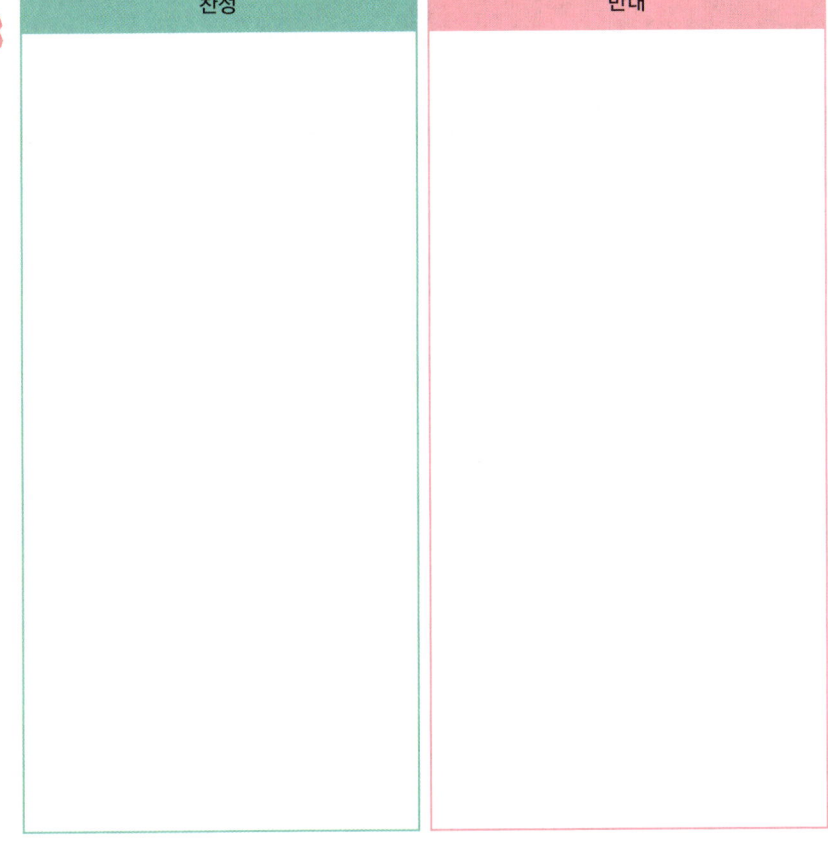

찬성	반대

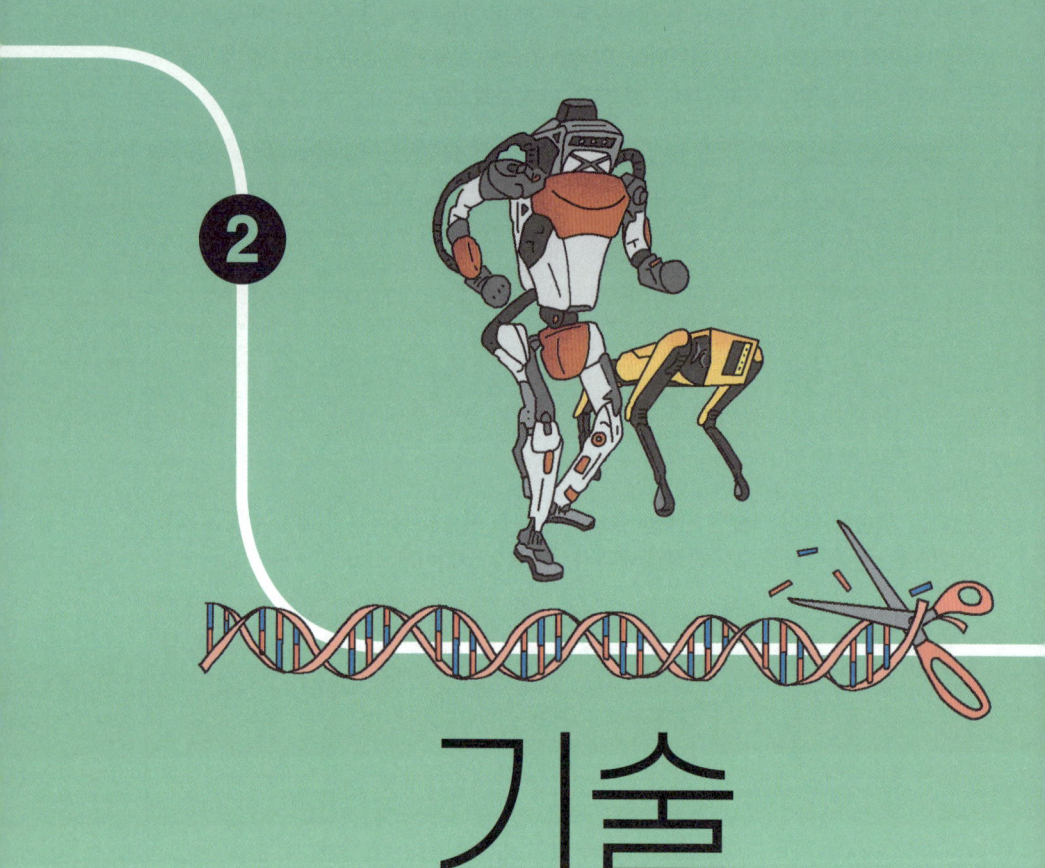

2

기술

혁신의 힘

삶을 변화시키고 미래를 설계하는
기술의 세계

01 탄소중립과 생활 속 실천 기술, 과학이 만드는 녹색 습관

지구가 점점 더워지고 있다. 여름은 길어 지고, 겨울은 짧아지고 있다. 이러한 현상의 주요 원인 중 하나는 온실가스 배출 증가, 특히 이산화탄소(CO_2)의 과다 배출이다. 이를 줄이기 위해 전 세계는 '탄소중립(Carbon Neutrality)[1]'이라는 목표를 세우고 있다. 탄소중립이란 인간의 활동으로 배출되는 이산화탄소의 양과 자연 또는 기술을 통해 흡수되는 양을 같게 만들어 순배출량을 0으로 만드는 것을 뜻한다. 탄소중립은 더 이상 국

노원구에 위치한 에너지 제로 주택

가나 기업만의 과제가 아니다. 개인의 일상생활 속에서도 탄소중립을 실천할 수 있는 다양한 기술과 방법이 등장하고 있다. 예를 들어, 스마트 콘센트[2]는 사용하지 않는 전자제품의 대기전력을 자동으로 차단해 전기 사용량을 줄여준다. 전기를 덜 쓰는 것만으로도 탄소 배출을 줄일 수 있기 때문에, 가정에서도 탄소 절약 습관을 기술로 실천할 수 있다.

또한 최근에는 '제로에너지 하우스[3]'라는 개념이 주목받는다. 이 집은 태양광 패널로 스스로 전기를 만들어 쓰고, 단열재와 고효율 창호를 이용해 에너지 손실을 최소화한다. 실내 온도 조절도 자동화되어 냉난방에 필요한 에너지를

줄여준다. 이처럼 건축 분야에서도 스마트 기술을 통해 탄소중립에 기여하는 사례가 늘어나고 있다. 학교에서도 에너지 절약형 조명과 자동 센서 조명을 도입하며 환경 보호에 동참하고 있다. 농업 분야에서는 '스마트팜' 기술이 탄소중립에 도움이 된다. 스마트팜은 온도, 습도, 토양 상태 등을 자동으로 관리해 불필요한 물과 에너지 소비를 줄인다. 예를 들어, 빗물을 수집해 재활용하거나, 식물의 이산화탄소 흡수량을 실시간으로 측정하는 시스템을 통해 효율적인 탄소순환이 가능해진다. 음식물 쓰레기를 줄이는 기술도 있다. 인공지능이 가정 내 음식 소비 패턴을 분석해 필요한 양만 구입하게 도와주는 앱은 탄소 배출의 또다른 주범인 음식물 낭비를 줄이는 데 기여한다.

교통에서도 탄소중립을 위한 기술이 활발히 적용되고 있다. 전기 자전거나 전동 킥보드는 짧은 거리 이동에서 자동차 대신 활용되며, 도심의 마이크로 모빌리티❹ 생태계를 구성한다. 대중교통 이용을 장려하는 스마트 카드 시스템이나, 전기버스·수소버스 확대도 같은 흐름이다. 특히 자율주행 기술은 효율적인 경로 설계를 통해 교통 체증을 줄이고, 연료 소모를 최소화해 간접적인 탄소 감축 효과를 얻는다.

정부와 지자체는 시민들의 참여를 독려하기 위해 '탄소포인트제'와 같은 프로그램도 운영한다. 전기나 수도 사용량을 절감한 만큼 포인트를 제공해, 이를 문화상품권이나 교통비로 교환할 수 있도록 한다. 이 과정에서 스마트 계량기

❶ **탄소중립**: 사람이 활동하면서 배출하는 이산화탄소의 양과 자연이나 기술로 흡수되는 이산화탄소의 양을 같게 만들어, 실질적인 탄소 배출량을 0으로 만드는 개념이다.
❷ **스마트 콘센트**: 사용하지 않는 전자제품의 대기전력을 자동으로 차단해주는 장치이다.
❸ **제로에너지 하우스**: 스스로 전기를 생산하고 에너지를 적게 사용하는 집으로, 태양광 패널과 단열 설계 등을 통해 외부 에너지 의존도를 줄인다.
❹ **마이크로 모빌리티**: 전기 자전거, 전동 킥보드처럼 짧은 거리를 빠르고 친환경적으로 이동할 수 있는 작은 이동 수단을 뜻한다.

꼭 기억하렴

국어 공신 선생님

와 앱 기반 데이터 분석 기술이 사용되어, 시민들이 직접 탄소 저감 효과를 확인하고 실천 의지를 높일 수 있다. 하지만 기술만으로 탄소중립을 이룰 수는 없다. 기술은 도구일 뿐이며, 중요한 것은 우리가 얼마나 자발적이고 꾸준히 실천하느냐에 달려 있다. 일회용품 사용을 줄이고, 자전거를 이용하고, 가까운 거리는 걷는 습관 역시 중요한 생활 속 기술 없는 탄소중립 실천 방법이다. 과학 기술은 이러한 습관을 도와주는 보조 장치일 뿐이다.

결국 탄소중립은 거대한 정책이 아니라 작은 생활 속 행동의 변화에서 출발한다. 우리가 매일 사용하는 전기, 물, 이동수단, 음식, 제품 하나하나가 지구에 영향을 준다. 그 영향력을 줄이기 위해 과학기술은 지금 이 순간에도 발전하고 있다. 중학생인 우리도 환경 문제에 관심을 가지고, 탄소중립을 위한 생활 속 실천에 기술을 잘 활용한다면 더 나은 미래를 만드는 주인공이 될 수 있다.

국어 공신 선생님의 감상 꿀팁!

한걸음 더 깊이 생각해 보기

• 만약 당신이 2055년, 탄소중립 시민참여 기술연구소의 정책 제안가로 임명되었다고 가정하자. 과학기술이 발전한 사회에서도 여전히 개인의 탄소중립 실천 참여율이 저조한 상황이다. 이에 따라 '일상생활 속 탄소중립 실천을 활성화할 수 있는 기술 기반 솔루션'을 제안하고, 이를 통해 기대할 수 있는 사회·경제적 효과와 함께 기술 외에 보완되어야 할 제도나 교육적 요소를 융합한 사례는 무엇이 있을까?

2055년, 탄소중립을 위한 기술은 빠르게 발전했지만 시민의 실천은 여전히 부족하다. 이를 해결하기 위해 '탄소 행동 피드백 플랫폼(TAFP)'이 제안된다. 스마트폰 앱과 IoT 기술을 활용해 개인의 에너지·자원 사용을 자동 기록하고 시각화하여, 탄소 감축량과 비용 절감 정보를 실시간으로 제공한다. 예를 들어, 전기자전거 이용이나 스마트 콘센트 사용 시 앱이 이를 인식해 감축량과 절감액을 알려주며, '탄소 챌린지 랭킹'으로 친구·이웃과 비교·공유해 참여를 유도한다. 지역별 탄소저감 현황도 지도 형태로 제공되어 공동체 내 네트워크 참여를 촉진한다. 이 플랫폼은 개인 참여를 통해 국가 탄소중립 정책 추진을 가속화하고, 에너지 소비 절감으로 가계 부담과 국가 에너지 수입 의존도를 낮출 수 있다. 또한 광고, 인증, 포인트 시스템을 연계해 녹색 경제 생태계로 확장 가능하다. 그러나 기술만으로는 한계가 있어, 세금 감면, 교통비 할인, 공공시설 우선 이용권 등 제도적 인센티브와 학교·직장 내 실천 이력 연계 제도, 탄소문해력 교육의 확산이 필요하다. 기술·사람·제도가 유기적으로 연결될 때 탄소중립이 실현되며, TAFP는 일상 속 행동에 의미를 부여하고 지속가능한 공동체 문화를 조성하는 핵심 역할을 할 것이다.

• 미래 도시 설계에 참여하게 된 당신은 '탄소중립 스마트시티'를 기획하게 되었다. 다양한 생활 영역(주거, 교통, 소비, 교육 등)에서 탄소중립을 실현하기 위한 스마트 기술의 도입 방안을 구체적으로 제시하고, 그 기술들이 시민의 행동 변화와 어떻게 연결되어야 실질적인 효과를 낼 수 있는지, 또한 이 도시가 환경 외에 시민 삶의 질에 긍정적 영향을 줄 수 있는 방안은 무엇이 있을까?

탄소중립 스마트시티는 에너지, 자원, 교통 등 도시 전반에서 탄소 배출을 최소화하며 지속가능한 삶을 구현하는 도시다. 이를 위해 기술 중심의 하드웨어 설계와 시민 행동을 유도하는 소프트웨어 전략이 병행된다. 주거 부문은 제로에너지 하우스와 AI 기반 에너지 관리 시스템을 통해 절약을 실천하게 하고, 교통은 전기차·수소버스, 자율주행 셔틀, 공유 전기자전거 등 친환경 수단을 활용해 탄소포인트를 제공한다. 소비·식생활에서는 탄소발자국 라벨링과 스마트 냉장고로 저탄소 제품 선택과 음식물 쓰레기 감소를 유도하며, 교육은 전 학년 탄소중립 시민교육과 평생교육을 통해 환경 인식을 높인다. 기술은 시민 행동을 유도하는 수단이며, 데이터 시각화, 실천 보상, 챌린지 시스템 등으로 참여를 촉진한다. 탄소중립 스마트시티는 기후 대응을 넘어 삶의 질 향상을 이끄는 지속가능한 미래 도시 모델이 될 것이다.

정리해 볼까요?

기사에 대해서 알아볼까요?

주제: 탄소중립은 CO_2 배출과 흡수를 같게 해 순배출 0을 만드는 것으로, 기술과 습관을 통해 개인도 실천하며 꾸준한 참여가 중요하다.
핵심어휘: 탄소중립, 스마트 콘센트, 제로에너지 하우스, 마이크로 모빌리티

1단락 요약: 지구 온난화의 주요 원인인 이산화탄소 배출을 줄이기 위해 전 세계는 탄소중립을 추진 중이다. 이는 배출과 흡수량을 같게 해 순배출을 0으로 만드는 것으로, 스마트 콘센트 등 기술을 활용해 개인도 일상에서 실천할 수 있다.
2단락 요약: 건축 분야의 제로에너지 하우스는 태양광, 단열재, 자동 온도 조절로 에너지 손실을 줄인다. 학교는 절약형 조명, 농업은 스마트팜으로 자원 소비를 줄이며, 빗물 재활용과 CO_2 흡수 측정, AI 소비 분석 앱은 탄소중립에 기여한다.
3단락 요약: 교통 분야에서는 전기 모빌리티, 대중교통, 자율주행 기술을 통해 탄소 배출을 줄인다.
4단락 요약: 정부와 지자체는 탄소포인트제 등 참여형 제도를 운영하며, 기술과 생활 습관의 병행이 중요함을 강조한다.

기사의 구조적 접근을 꼭 알아야 해요!

1) 서론: 탄소중립의 필요성 제시
지구 온난화와 계절 변화의 원인이 온실가스, 특히 이산화탄소의 과다 배출임을 지적하며, 이를 해결하기 위한 글로벌 대응 전략으로 '탄소중립' 개념이 등장하게 된 배경을 제시한다.

2) 본론: 생활 속 탄소중립 기술과 적용 현황
건축 분야에서는 제로에너지 하우스를 통해 에너지 손실을 최소화하고, 학교는 절약형 조명, 농업은 스마트팜으로 자원 소비를 줄인다. 빗물 재활용, CO_2 흡수 측정, AI 소비 분석 앱도 탄소중립에 기여한다. 교통은 전기 자전거, 자율주행, 스마트카드, 수소버스 등 친환경 기술이 활용되며, 정부는 탄소포인트제를 통해 시민 참여를 유도하고, 스마트 계량기와 앱 분석으로 실천 의지를 높인다.

3) 결론: 기술과 실천의 조화 강조
기술은 탄소중립을 돕는 수단일 뿐이며, 핵심은 일상 속 작은 실천과 자발적인 행동 변화에 달려 있음을 강조한다. 개인의 행동과 사회적 시스템이 함께 작동할 때 지속 가능한 탄소중립 사회가 가능함을 제시한다.

1 다음 중 지문의 내용과 일치하는 것을 고르시오.

① 스마트 콘센트는 실내 온도를 자동으로 조절해 냉난방 에너지를 줄여준다.
② 스마트팜은 식물에 비료를 더 많이 공급해 생산량을 늘리는 기술이다.
③ 탄소포인트제는 에너지 사용량을 줄이면 포인트를 제공하는 프로그램이다.
④ 전기 자전거와 전동 킥보드는 긴 거리 통근용으로 설계되었다.
⑤ 탄소중립은 정부와 기업의 몫이므로 개인의 실천은 강조되지 않는다.

2 다음 <보기>를 읽고, 본문의 내용을 참고하여 옳은 것을 고르시오.

보기

> 환경을 보호하고 탄소중립을 실천하기 위해 다양한 기술이 우리 생활 곳곳에 적용되고 있다. 예를 들어, 대기전력을 줄이기 위한 스마트 콘센트, 전기를 직접 생산하고 에너지를 절약하는 제로에너지 하우스, 음식물 낭비를 줄이는 인공지능 앱 등이 있다. 또한 대중교통 시스템 개선이나 자율주행 기술을 통해 교통 분야에서도 탄소 배출량을 줄이기 위한 노력이 이어지고 있다. 이러한 기술은 모두 인간의 생활 습관과 연결되어 있으며, 기술의 발전만큼 중요한 것은 꾸준한 실천과 태도의 변화라는 점이다.

① 제로에너지 하우스는 냉난방 장치를 없애고 자연 통풍만으로 실내 온도를 조절한다.
② 스마트팜은 에너지를 더 많이 사용하는 대신 생산량을 극대화하는 것이 목적이다.
③ 탄소포인트제는 스마트 계량기 등을 활용해 시민의 절약 노력을 가시적으로 보상한다.
④ 전기자전거와 전동 킥보드는 자동차보다 많은 탄소를 배출하지만 편리함 때문에 사용된다.
⑤ 탄소중립은 국가와 기업이 중심이 되어 실천해야 할 문제로, 개인의 일상은 큰 영향을 미치지 않는다.

3 '제로에너지 하우스'와 '스마트팜'은 각각 어떤 방식으로 탄소중립에 기여하는지 설명하시오.

4 과학기술은 탄소중립 실현을 위한 중요한 수단으로 주목받고 있다. 그러나 기술 발전만으로는 한계가 있으며, 개인의 실천이 함께 이루어져야 진정한 탄소중립이 가능하다는 주장도 있다. 과학기술과 개인의 실천 중 어느 쪽이 탄소중립 실현에 더 중요한 요소라고 생각하는지 논술하시오.

중요

5 지구온난화의 심화와 탄소중립 실현을 위한 다양한 기술적 노력이 전개되고 있다. 탄소중립을 실현하기 위한 과학기술의 예를 두 가지 이상 설명하고, 이러한 기술이 개인의 실천과 어떻게 연결되어야 효과적인 탄소중립이 가능한지 약술하시오.

6 다음 '탄소중립 실현을 위해서는 과학기술 개발보다 개인의 실천이 더 중요하다.'라는 논제를 바탕으로 찬성과 반대의 생각을 서술하시오.

찬성	반대

02 모바일 헬스케어, 스마트폰이 건강을 관리한다

바쁜 일상 속에서도 건강을 지키기 위한 방법은 점점 더 다양해지고 있다. 그중에서도 모바일 헬스케어는 최근 주목받는 분야다. 스마트폰과 웨어러블 기기를 활용해 건강을 관리하는 이 기술은 병원에 가지 않아도 스스로 건강 상태를 체크하고, 질병을 예방❶하거나 조기에 발견하는 데 도움을 준다. 스마트폰이 단순한 통신 수단을 넘어 '개인 주치의' 역할까지 하게 되는 시대가 열린 것이다. 모바일 헬스케어는 다양

서울대병원 스마트 헬스케어 플랫폼으로 '엠케어' 선정

한 방식으로 활용된다. 가장 흔하게 사용되는 것이 심박수, 걸음 수, 수면 상태, 칼로리 소비량 등을 측정하는 건강관리 앱이다. 스마트폰이나 스마트워치에 내장된 센서는 사용자의 움직임과 생체 신호를 감지해 실시간으로 데이터를 수집한다. 예를 들어, 아침에 일어난 뒤 스마트워치 앱을 열면 전날 얼마나 걸었는지, 얼마나 깊은 수면을 취했는지 확인할 수 있다. 이 정보는 나의 생활 습관을 점검하고, 더 나은 건강 관리를 위한 선택으로 이어진다.

최근에는 이 기술이 예방 의료의 영역까지 넓어지고 있다. 국내 한 대학병원은 고혈압, 당뇨병 환자에게 모바일 헬스케어 앱을 제공해 매일 혈압과 혈

당을 입력하게 하고, 의료진이 이를 모니터링하여 적절한 조언을 해주는 서비스를 운영 중이다. 이처럼 병원 밖에서 관리받는 디지털 치료 서비스(Digital Therapeutics)는 환자의 자율성**❷**과 생활 중심의 치료를 가능하게 한다. 특히 고령자나 만성질환자에게 효과적이며, 코로나19 이후 비대면 진료 수요가 늘면서 그 활용도는 더 커지고 있다. 청소년 건강 관리에도 모바일 헬스케어가 적극적으로 도입되고 있다. 스마트폰을 활용한 자세 교정 앱은 학생들이 오랜 시간 앉아 있을 때 자세를 교정할 수 있도록 도와준다. 또, 정신 건강 관리 앱은 감정 일기를 쓰거나 명상 콘텐츠를 제공해 스트레스를 해소하고 기분을 안정시키는 데 기여한다. 중학생이 주 대상인 건강 앱도 출시되어 식습관, 운동량, 공부 시간 등을 체크하면서 균형 잡힌 생활을 돕는다. 이처럼 모바일 헬스케어는 단순한 건강 기록이 아닌, 삶의 질을 높이는 도구로 활용되고 있다.

기술이 발전하면서 AI(인공지능)**❸** 기반의 모바일 헬스케어도 등장하고 있다. 인공지능은 사용자의 건강 데이터를 분석해 이상 징후를 조기에 발견하거나, 건강 상태에 따라 맞춤형 식단과 운동을 추천한다. 예를 들어, 미국의 한 헬스케어 스타트업은 스마트폰 카메라로 사용자의 얼굴을 인식해 피부 상태나 혈관 건강을 분석하고, 건강 리포트를 제공하는 서비스를 개발했다. 이처럼 AI와 빅데이터 기술이 결합되면 예측형 건강 관리가 가능해지며, 의료비 절감과 조기 진단 효과도 기대할 수 있다. 하지만 모바일 헬스케어의 발전에는 개인정보

꼭 기억하렴

❶ **예방:** 질병이나 문제 등이 생기기 전에 미리 방지하거나 막는 것을 말한다.
❷ **자율성:** 외부의 간섭이나 지시에 구애받지 않고 스스로 판단하고 행동하는 성질이나 능력이다.
❸ **인공지능:** 사람의 지능을 인공적으로 구현한 것으로, 컴퓨터가 학습, 추론, 판단 등의 지능적 기능을 수행하는 기술을 말한다.
❹ **개인정보:** 특정 개인을 알아볼 수 있게 하는 정보로서 이름, 주민등록번호, 연락처 등 개인의 신상과 관련된 정보를 뜻한다.

국어 공신 선생님

보호라는 중요한 과제가 따른다. 건강 정보는 매우 민감한 개인정보❹이기 때문에, 유출되거나 악용될 경우 심각한 문제가 발생할 수 있다. 따라서 관련 기업과 의료기관은 정보 보안 기술을 강화하고, 사용자 동의에 기반한 데이터 활용 원칙을 철저히 지켜야 한다. 또한 앱 사용자들도 무분별한 정보 입력보다는 신뢰할 수 있는 앱을 선택하고, 보안 설정을 꼼꼼히 확인하는 습관이 필요하다.

모바일 헬스케어는 병원 중심의 의료 패러다임을 바꾸는 중요한 흐름이다. 특히 스마트폰을 자주 사용하는 청소년들에게는 올바른 사용 습관과 함께 건강에 대한 자기 주도적 관심을 키우는 계기가 될 수 있다. 기술은 우리 삶을 더 편리하게 만들지만, 그것을 어떻게 활용하느냐에 따라 가치가 달라진다. 건강을 위한 스마트한 습관, 이제는 손안의 스마트폰에서 시작된다.

국어 공신 선생님의 감상 꿀팁!

⭐ 좀 더 깊이 생각해 보기

• 스마트폰과 웨어러블 기기를 통한 모바일 헬스케어가 미래 의료 시스템에 미치는 긍정적·부정적 영향을 각각 예상하여 설명하고, 부정적 영향을 최소화할 수 있는 방안을 생각해보자.

모바일 헬스케어는 개인 건강을 실시간으로 관리해 의료 접근성을 높이고 조기 진단을 통해 치료 효과를 개선하는 긍정적 효과가 있다. 특히 고령자, 만성질환자, 청소년 등 다양한 대상에게 맞춤형 서비스를 제공함으로써 의료비 절감과 삶의 질 향상에 기여할 수 있다. 그러나 개인정보 유출, 데이터 오남용, 과도한 기술 의존으로 인한 자기 관리 능력 저하 등 부정적 영향도 존재한다. 이를 최소화하려면 강력한 정보 보안과 사용자 동의 기반의 투명한 데이터 활용 정책이 필요하며, 사용자 교육과 앱 신뢰성 검증도 강화해야 한다. 또한 모바일 헬스케어는 의료 전문가를 대체하는 것이 아니라 보완하는 도구로 활용되어야 하며, 이를 위한 제도적 장치와 가이드라인 마련이 중요하다.

• **AI와 빅데이터 기술이 결합된 모바일 헬스케어가 개인 맞춤형 건강 관리에 어떤 혁신을 가져올 수 있는지 다양한 예시를 들어 설명하고, 이로 인한 미래 건강 관리 사회의 모습에 대해 창의적으로 상상해보자.**

AI와 빅데이터 기반 모바일 헬스케어는 개인 건강 데이터를 분석해 질병 위험을 예측하고, 연령·식습관·유전 정보에 맞춘 맞춤형 건강관리 계획을 제공하는 혁신적 기술이다. 스마트폰 카메라와 웨어러블 센서를 활용해 피부 상태나 활동량을 실시간으로 분석하고, 개인별 최적의 식단과 운동법을 추천할 수 있다. 향후에는 건강 변화에 즉각 반응하고 예방 조치를 안내하며, 의료진과 환자가 원활히 소통하는 가상 건강 비서가 스마트 기기에 상주할 것으로 기대된다. 이러한 시스템은 건강 불균형 해소, 만성질환 관리 효율 향상, 의료자원 분산에 기여하며, 국민 건강 증진과 공공보건 정책 수립에도 활용될 수 있다.

• **모바일 헬스케어 사용 시 개인정보 보호가 매우 중요하다고 할 때, 사용자가 직접 실천할 수 있는 개인정보 보호 방법을 세 가지 이상 제안하고, 그 이유를 각각 설명하시오.**

첫째, 신뢰할 수 있는 모바일 헬스케어 앱만 다운로드하고 사용하는 것이 중요하다. 공식 앱스토어나 공신력 있는 기관이 인증한 앱을 선택함으로써 악성 코드나 무단 정보 수집 위험을 줄일 수 있다. 둘째, 앱 권한 설정을 꼼꼼히 확인하고 불필요한 권한은 차단하는 습관을 가져야 한다. 예를 들어 위치 정보나 연락처 권한이 불필요한 앱에 허용하면 개인정보 유출 가능성이 높아지므로 최소 권한만 허용하는 것이 안전하다. 셋째, 정기적으로 비밀번호를 변경하고 이중 인증 기능을 사용하는 것이 개인정보 도용을 예방하는 데 매우 효과적이다. 또한, 공용 와이파이 사용 시 VPN을 활용해 데이터 전송 경로를 암호화하는 등 보안 의식을 높이는 것도 필수적이다. 이러한 실천은 자신의 건강 정보를 안전하게 보호함과 동시에 모바일 헬스케어 서비스를 지속적으로 안심하고 이용할 수 있는 기반을 조성한다.

정리해 볼까요? 그룹 생각

기사에 대해서 알아볼까요?

주제: 모바일 헬스케어는 스마트 기기와 AI 기반 맞춤형 서비스를 통해 건강관리와 질병 예방을 돕지만, 개인정보 보호가 중요한 과제이다.

핵심어휘: 모바일 헬스케어, 웨어러블, 디지털 치료 서비스, AI(인공지능), 개인정보 보호

1단락 요약: 모바일 헬스케어는 스마트폰과 웨어러블 기기를 통해 심박수, 수면, 걸음 수 등 건강 데이터를 실시간으로 수집·분석해 질병 예방과 생활 습관 개선에 도움을 준다.

2단락 요약: 모바일 헬스케어는 예방 의료와 디지털 치료로 확장되어 만성질환자·청소년의 자율적 건강 관리와 삶의 질 향상에 기여하고 있다.

3단락 요약: AI 기반 모바일 헬스케어는 건강 데이터를 분석해 맞춤형 관리와 조기 진단을 가능하게 하지만, 개인정보 보호와 보안 강화가 필수 과제로 떠오르고 있다.

4단락 요약: 모바일 헬스케어는 병원 중심의 의료를 개인 중심으로 전환시키며, 특히 청소년에게 자기 주도적 건강 관리 습관을 길러주는 계기가 된다. 기술의 가치는 활용 방식에 달려 있다.

기사의 구조적 접근을 꼭 알아야 해요!

1) 서론: 모바일 헬스케어의 등장과 중요성
빠른 현대 사회에서 건강 관리가 중요해지면서 모바일 헬스케어가 개인 맞춤형 건강관리와 예방 의료를 가능하게 하는 혁신적 기술로 부상함을 소개한다.

2) 본론: 모바일 헬스케어 기술 및 활용 현황
모바일 헬스케어는 스마트폰과 웨어러블 센서를 통해 생체 신호를 실시간으로 수집하고, 고혈압·당뇨병 환자에게 맞춤형 관리 앱과 의료진의 조언을 제공한다. 청소년 대상 앱은 자세 교정, 정신 건강, 식습관 개선에 도움을 주며, AI와 빅데이터 기반 기술은 개인별 식단과 운동을 추천한다. 동시에 민감한 건강정보 보호를 위해 보안 기술과 사용자 책임이 중요하다.

3) 결론: 건강과 기술의 조화 필요성
모바일 헬스케어가 우리 삶에 긍정적 영향을 미치기 위해서는 기술 발전뿐만 아니라 개인정보 보호와 올바른 사용 습관이 필수며, 개인의 자기주도적 건강 관심이 조화를 이룰 때 최상의 효과를 기대할 수 있음을 강조한다.

비판적 사고 키워 볼까요? ✚

1 다음 중 지문의 내용과 일치하는 것을 고르시오.

① 모바일 헬스케어는 병원 방문 없이도 개인이 건강 상태를 스스로 점검할 수 있게 한다.

② AI 기반 건강관리 서비스는 사용자의 건강 데이터를 수집하지 않는다.

③ 자세 교정 앱은 고령자의 만성질환 치료에 활용된다.

④ 모바일 헬스케어는 개인정보 보호 문제가 없기 때문에 보안 신경을 쓸 필요가 없다.

⑤ 스마트워치 센서는 사용자의 위치 정보만을 실시간으로 수집한다.

2 다음 <보기>를 읽고, 본문의 내용을 참고하여 옳은 것을 고르시오.

보기

중요

모바일 헬스케어는 스마트폰과 웨어러블 기기를 활용해 건강 관리를 가능하게 하며, 심박수, 걸음 수, 수면 상태 등을 실시간으로 측정한다. 또한 고혈압, 당뇨병 환자를 위한 디지털 치료 서비스와 청소년을 위한 자세 교정, 정신 건강 관리 앱 등 다양한 분야에서 활용된다. AI 기반으로 맞춤형 식단과 운동을 추천하며, 개인정보 보호가 중요한 과제로 대두되고 있다.

① 모바일 헬스케어는 질병 예방과 조기 발견에 도움을 주며, 사용자가 건강 상태를 병원에 가지 않고도 점검할 수 있게 한다.

② AI 기반 모바일 헬스케어는 사용자의 건강 데이터를 분석하지 않고 단순 정보 제공에 그친다.

③ 자세 교정 앱은 만성질환자 치료에 주로 사용되며 청소년 활용 사례는 언급되지 않았다.

④ 개인정보 보호 문제는 모바일 헬스케어에서 크게 중요하지 않아 관련 보안 조치가 필요 없다.

⑤ 스마트워치는 사용자의 위치 정보만 수집하며, 심박수나 수면 상태는 측정하지 않는다.

3 모바일 헬스케어 기술이 현대 의료 패러다임에서 중요한 역할을 하는 이유를 설명하고, 이를 통해 개인과 사회에 어떠한 긍정적인 영향을 줄 수 있는지 서술하시오.

4 논제 '모바일 헬스케어와 AI 기술의 발전이 개인 건강관리와 의료 서비스에 가져올 변화'에 대하여 자신의 생각을 서론, 본론, 결론의 형식으로 서술하시오.

중요

5 모바일 헬스케어 기술이 질병 예방과 건강관리에서 어떻게 활용되는지 두 가지 사례를 들어 설명하고, 이러한 기술 발전이 개인정보 보호와 어떤 관계가 있는지 간략히 서술하시오.

6 다음 '모바일 헬스케어 발전에 있어 개인정보 보호가 가장 중요한 과제이다.'라는 논제를 바탕으로 찬성과 반대의 생각을 서술하시오.

집중

찬성	반대

03 인터넷 중독, 기술의 역효과인가?

소년이 스마트폰을 손에서 놓지 못한다. 그 이유는 대부분 인터넷 사용, 특히 유튜브, SNS, 게임 등 디지털 콘텐츠에 몰입했기 때문이다. 정보 접근이 쉬워지고, 친구들과 실시간으로 소통할 수 있다는 점은 인터넷의 분명한 장점이지만, 과도한 사용이 오히려 건강과 삶에 악영향을 미치는 '인터넷 중독❶' 문제가 사회적 이슈로 떠오르고 있다. '인터넷 중독'은 단순히 인터넷을 많이 쓰는 것을 뜻하지 않는다. 전문가들은 인터넷 중독을 인터넷 사용을 자제하지 못하고, 일상생활에 심각한 지장을 주는 상태라고 정의한다.

한국정보화진흥원의 조사에 따르면 2023년 기준 초·중·고등학생의 약 20%가 스마트폰 과의존 위험군에 해당한다고 한다. 인터넷을 그만 쓰고 싶지만 계속해서 콘텐츠를 찾고, 그로 인해 수면 부족, 집중력 저하, 학업 성적 하락, 대인 관계 문제 등이 발생한다면 이미 중독 증상이 시작된 것이다. 인터넷 중독은 뇌에도 영향을 미친다. 서울대병원의 연구에 따르면, 청소년의 과도한 스마트폰 사용은 뇌의 전두엽 발달을 방해할 수 있으며, 이는 자기조절 능력과 충동 조절력 저하로 이어질 수 있다. 또한 디지털 환경은 끊임없는 알림, 빠른 전환, 짧은 콘텐츠 소비 등으로 뇌가 깊이 사고하기보다는 자극에 민감하게 반응하도록 만든다. 이로 인해 청소년들이 긴 글을 읽거나 복잡한 사고를 지속하기 어려워지는 '디지털 주의력 결핍 현상'이 보고되고 있다.

그렇다고 인터넷을 무조건 멀리해야 한다는 것은 아니다. 인터넷은 우리가 지식을 탐색하고, 세상과 연결되는 중요한 창이다. 다만 문제는 인터넷을 '어떻게, 얼마나, 왜' 사용하는가에 있다. 인터넷 중독을 줄이기 위해 일부 학교에서는 '디지털 디톡스[2]' 활동을 운영하고 있다. 하루 동안 스마트폰을 끄고 독서, 산책, 대화 등 아날로그 활동을 하는 프로그램이다. 실제로 이러한 활동에 참여한 학생들은 "처음엔 불편했지만 시간이 지날수록 마음이 차분해졌고 집중력이 좋아졌다"는 반응을 보였다. 기술 기업도 이제는 책임감을 가지고 사용자 보호에 나서고 있다. 유튜브, 인스타그램, 틱톡 등에서는 사용 시간을 스스로 설정할 수 있는 기능을 제공하며, 일정 시간이 지나면 알림을 보내는 시스템을 도입하고 있다. 일부 앱은 스크린 타임 관리를 통해 일일 사용 시간 제한을 가능하게 하며, 부모가 자녀의 스마트폰 이용 시간을 모니터링할 수 있도록 도와주는 기능도 탑재되고 있다.

하지만 무엇보다 중요한 것은 개인의 사용 습관을 자율적으로 조절하는 능력이다. 인터넷 중독은 단지 개인의 문제를 넘어 사회 전체가 함께 풀어야 할 과제다. 특히 중학생은 자아와 습관이 형성되는 중요한 시기로, 이 시기의 디지털 사용 습관이 성인기까지 영향을 미칠 수 있다. 스마트폰을 내려놓는 용기, 자기조절력[3]을 기르는 습관, 의미 있는 시간 사용은 모두 디지털 시대를 건강하게

❶ **인터넷 중독**: 인터넷 사용을 자제하지 못하고 일상생활에 심각한 지장을 주는 상태를 의미한다.
❷ **디지털 디톡스**: 일정 기간 동안 스마트폰이나 인터넷 사용을 줄이거나 중단하여 디지털 과의존을 완화하는 활동이다.
❸ **자기조절력**: 자신의 행동이나 충동을 스스로 조절하고 통제하는 능력을 뜻한다.

꼭 기억하렴

국어 공신 선생님

살아가기 위한 핵심 역량이다.

 인터넷은 인간이 만든 도구이지만, 어느 순간 인간이 도구에 지배당하지 않도록 스스로를 되돌아봐야 한다. 인터넷 과몰입 문제를 해결하려면 올바른 디지털 사용 습관과 정신 건강 관리도 필수적이다. 개인과 가족, 학교, 사회가 모두 역할을 나누어 인터넷 중독 예방과 치유를 위한 교육 프로그램과 상담 지원을 활성화해야 한다. 건강한 디지털 문화를 조성하는 노력이 더해질 때, 청소년이 기술의 혜택을 누리면서도 그에 따른 위험은 최소화하는 균형 잡힌 삶을 살 수 있을 것이다.

국어 공신 선생님의 감상 꿀팁!

한걸음 더 깊이 생각해 보기

• 인터넷과 스마트폰이 청소년의 건강과 자기조절력에 미치는 부정적 영향을 최소화하기 위해 학교와 사회가 협력해 운영할 수 있는 효과적인 '디지털 디톡스 프로그램'을 창의적으로 기획해보고, 그 도입 이유와 기대 효과를 설명해보자.

학교와 지역사회가 협력하여 '디지털 마음 쉼터 주간'을 운영할 수 있다. 이 프로그램은 학생들이 스마트폰을 자율적으로 보관함에 맡기고, 그 시간 동안 독서, 예술 활동, 체육, 명상, 친구와의 대면 대화를 경험할 수 있도록 구성한다. 교사와 부모가 멘토로 참여해 아날로그 활동을 이끌고, 전자기기로 얻은 삶의 정보와 아날로그 경험이 어떻게 다른지 비교하는 토론도 진행된다. 디지털 미디어가 주는 자극적 경험을 의식적으로 멀리하며 자기조절력, 집중력을 기를 기회가 되며, 또래와의 실제 교류에서 심리적 안정과 공동체 의식을 키울 수 있다. 스마트폰을 내려놓는 경험을 반복적으로 쌓음으로써 학생 스스로 자신의 사용 습관을 재점검하고, 디지털과 아날로그의 균형 있는 일상 관리법을 터득하는 데 큰 도움이 될 것으로 기대한다.

• 인터넷 중독이 청소년의 '뇌 발달'과 '주의력'에 어떤 영향을 미치는지 설명하고, 이러한 변화가 학습과 인간관계에 구체적으로 어떤 문제를 일으킬 수 있는지 살펴보자.

인터넷 중독은 단순히 사용 시간이 늘어나는 차원을 넘어 청소년의 뇌 발달에 직접적인 영향을 미친다. 서울대병원 연구에 따르면 과도한 스마트폰 사용은 전두엽 발달을 방해하는데, 전두엽은 자기조절력과 충동 억제, 집중력을 담당한다. 이로 인해 청소년들은 스스로 사용을 조절하지 못하고 자극적인 콘텐츠에 반복적으로 노출된다. 또한 SNS, 게임, 짧은 영상 중심의 디지털 환경은 뇌가 깊은 사고보다는 빠른 반응에 익숙해지도록 만들어 장시간 집중이 필요한 학습 활동에 어려움을 준다. 긴 글을 읽거나 복잡한 문제를 해결하는 능력이 떨어지고, 이로 인해 학업 성적이 하락할 수 있다. 더 나아가 대면 관계보다는 온라인 관계에 치중하게 되면서 실제 친구와의 소통 능력도 약화된다. 즉, 인터넷 중독은 뇌 발달, 학습, 인간관계가 서로 얽혀 악순환을 형성하며 청소년의 전인적 성장에 큰 걸림돌이 된다.

• 만약 자신이 중학생이라면, 스마트폰·인터넷 사용 습관을 스스로 건강하게 바꿔가기 위해 구체적으로 어떤 전략을 실천할 수 있을지 상세히 계획해보고, 그 과정에서 중요하게 생각하는 가치를 중심으로 서술하시오.

스스로 매일 스마트폰을 사용하는 시간을 정해 '전자기기 사용 다이어리'를 작성하고, 일정 시간이 넘으면 자동으로 알림이 오거나 기기를 잠시 차단하는 앱을 활용할 생각이다. 평일에는 숙제나 독서, 운동, 친구와의 대면활동 시간을 먼저 확보한 뒤 남은 시간에만 인터넷이나 게임을 한다. 중요한 것은 자기주도적 관리와 균형 감각이다. 가끔씩은 가족이나 친구와 함께 '스마트폰 없는 하루' 같은 도전을 시도하고, 사용 기록과 그에 따른 기분 변화를 스스로 관찰한다. 이렇게 함으로써 자기조절력, 시간관리능력, 그리고 진짜 중요한 인간관계의 소중함 등 내면적 가치를 우선순위에 두고 실천한다. 스마트폰은 내 생활을 보조하지만 중심이 되지 않으며, 미래 성장을 위한 중요한 역량으로 자기절제의 힘을 꾸준히 키워가고 싶다.

정리해 볼까요?

기사에 대해서 알아볼까요?

주제: 청소년의 스마트폰 과몰입은 뇌 발달과 생활에 악영향을 준다. 예방과 치유를 위해 개인·가정·학교·사회의 협력이 필요하다..
핵심어휘: 인터넷 중독, 스마트폰 과의존, 자기조절력, 디지털 디톡스, 뇌 발달, 스크린 타임, 사회적 책임

1단락 요약: 청소년의 스마트폰·인터넷 과몰입은 일상에 지장을 주는 인터넷 중독으로 이어지며, 이는 심각한 사회 문제로 떠오르고 있다.
2단락 요약: 인터넷 중독은 청소년의 뇌 발달과 자기조절을 해치며, 집중력 저하로 학업·대인관계에 악영향을 주는 악순환을 낳는다.
3단락 요약: 인터넷 사용은 방식과 목적이 중요하며, 학교는 디지털 디톡스로 아날로그 활동을 권장하고, 기업은 시간 제한 등으로 사용자 보호에 힘쓴다.
4단락 요약: 인터넷 중독은 개인뿐 아니라 사회가 함께 해결해야 할 문제이며, 중학생 시기의 습관이 중요하다. 자기조절력과 시간 활용이 핵심이다.
5단락 요약: 인터넷 중독 예방을 위해 올바른 사용 습관과 정신 건강 관리가 필요하며, 가족·학교·사회가 협력해 건강한 디지털 문화를 만들어야 한다.

기사의 구조적 접근을 꼭 알아야 해요!

1) 서론: 인터넷 중독 문제와 청소년 스마트폰 과의존 현상
인터넷과 스마트폰이 일상화된 환경에서 청소년들이 유튜브, SNS, 게임 등에 과몰입하며 인터넷 중독 문제가 심각해지고 있다. 이는 건강과 일상에 부정적 영향을 주며 사회적 관심을 받고 있다.

2) 본론: 인터넷 중독의 원인, 영향, 예방 및 대응 방안
청소년의 과도한 디지털 콘텐츠 몰입은 수면 부족, 집중력 저하 등 부작용을 초래하며, 뇌 발달과 인지 기능에도 악영향을 준다. 학교는 디지털 디톡스를 통해 아날로그 활동을 장려하고, 기업은 시간 제한과 모니터링 기능으로 사용자 보호에 힘쓰고 있다.

3) 결론: 건강한 디지털 문화와 자기조절력을 통한 인터넷 중독 문제 해결
인터넷은 필수 도구지만 과몰입을 막기 위해 절제와 균형 있는 사용 습관이 중요하다. 가족, 학교, 사회가 협력해 교육과 상담을 강화하고 건강한 디지털 문화를 조성해야 청소년을 보호할 수 있다.

비판적 사고 키워 볼까요? ✦

1 다음 중 지문의 내용과 일치하는 것을 고르시오.

① 인터넷 중독은 단순히 인터넷을 오래 사용하는 것을 의미한다.
② 인터넷 중독은 수면 부족, 집중력 저하, 학업 성적 하락을 불러올 수 있다.
③ 청소년의 과도한 스마트폰 사용은 뇌 발달에 긍정적인 영향을 준다.
④ 디지털 디톡스 활동은 학생들의 불편함을 가중시키는 부정적인 효과만 낳았다.
⑤ 인터넷 사용 시간을 관리하는 기능은 기업이 아닌 학교에서만 제공한다.

2 다음 <보기>를 읽고, 본문의 내용을 참고하여 옳은 것을 고르시오.

> 인터넷 중독은 단순한 '많은 사용'이 아니라 자기 조절 능력 부족으로 일상 생활에 심각한 문제가 생기는 상태다. 이는 뇌의 전두엽 발달을 방해하고, 집중력과 충동 조절에 어려움을 준다. 예방을 위해 학교는 디지털 디톡스 활동을 운영하고, 기업은 사용 시간 관리 기능을 도입하고 있다. 무엇보다 중요한 것은 개인의 자율적 습관 조절이다.

① 인터넷 중독은 단순히 인터넷을 오래 사용하는 것일 뿐이며, 청소년의 뇌 발달이나 인지 기능에는 아무런 영향을 주지 않는다.
② 디지털 디톡스 활동에 참여한 학생들은 모두 스마트폰 없이 지내는 것이 불편하고 스트레스를 유발한다고만 느꼈다.
③ 인터넷 중독 문제에 대해 기업들은 아무런 예방 대책이나 사회적 책임을 고려하지 않고, 관련 정책도 전혀 마련하지 않고 있다.
④ 인터넷 중독은 뇌 발달, 집중력, 충동 조절 등 청소년 발달에 부정적 영향을 준다.
⑤ 인터넷 사용 습관을 조절하는 일은 사회적 환경이나 제도보다 개인의 의지와 노력만으로 충분히 해결할 수 있는 문제이다.

3 인터넷 중독이 청소년 발달에 미치는 영향을 설명하고, 이를 예방하기 위해 개인과 사회가 어떤 노력을 해야 하는지 서술하시오.

4 논제 '인터넷 중독이 청소년의 발달과 사회적 관계에 미치는 영향'에 대하여 자신의 생각을 서론, 본론, 결론의 형식으로 서술하시오.

중요

5 인터넷 중독을 예방하기 위해 학교와 기업이 각각 어떤 노력을 하고 있는지 두 가지 사례를 들어 설명하고, 이러한 노력이 개인의 자율적 습관 형성과 어떤 관계가 있는지 간략히 서술하시오.

집중

6 다음 '인터넷 중독 예방에 있어 개인의 자율적 습관 형성이 가장 중요한 과제이다.'라는 논제를 바탕으로 찬성과 반대의 생각을 서술하시오.

찬성	반대

자동화된 가정, 기술이 바꾸는 우리의 일상

아침 7시, 알람이 울리기도 전에 침실 커튼이 자동으로 열리고, 부엌에서는 커피 머신이 작동을 시작한다. 욕실 바닥은 사용자의 기상 시간에 맞춰 따뜻하게 데워지고, 거실의 스마트 스피커는 오늘의 날씨와 주요 뉴스를 알려준다.

이처럼 일상생활의 다양한 일을 자동으로 처리해주는 시스템을 우리는 '자동화된 가정' 또는 '스마트홈❶'이라고 부른다.

자동화된 가정은 단순히 가전제품이 편리해지는 수준을 넘어선다. 스마트폰, 인공지능(AI), 사물인터넷(IoT)❷ 기술을 기반으로 가정 내 모든 기기가 서로 연결되고 정보를 주고받으며 스스로 작동하는 환경을 뜻한다. 예를 들어, 외출 중에도 스마트폰으로 집 안의 조명을 켜고 끌 수 있으며, 로봇청소기는 실내 지도를 학습해 사람의 개입 없이도 바닥을 청소한다. 이처럼 자동화 기술은 가정의 다양한 공간과 기능을 연결하고 효율적으로 관리할 수 있게 만든다. 특히 최근에는 에너지 절약과 보안 강화, 돌봄 서비스 측면에서 자동화 기술의 활용이 활발해지고 있다. 에너지 측정 센서와 스마트 조명, 자동 온도 조절기는 실내 상황에 따라 전기와 난방을 조절하여 에너지 소비를 최소화한다. 외출 시 창문이

중등 신문 읽기

자동으로 닫히고, 침입 감지 센서가 작동해 스마트폰으로 실시간 알림을 보내는 시스템도 보편화되고 있다. 1인 가구, 노인 가구가 늘어나면서 돌봄 로봇, 원격 건강 체크 기기, 응급 상황 자동 신고 시스템 등이 점차 확대되고 있다.

국내에서도 자동화된 가정은 점차 현실이 되고 있다. 한국인터넷진흥원이 발표한 자료에 따르면, 2023년 기준 우리나라 가정의 약 28%가 스마트홈 기술을 도입한 것으로 나타났다. 아파트 단지에서는 공동현관을 얼굴 인식으로 통과하거나, 스마트 거울을 통해 건강 상태를 확인하는 서비스가 운영 중이다. 최근에는 '홈 어시스턴트'라 불리는 AI 음성비서가 가전제품을 통합 제어하는 역할을 하면서 더욱 편리한 일상 환경이 만들어지고 있다. 하지만 자동화된 가정이 늘어날수록 정보 보안과 개인정보 보호 문제도 함께 제기된다. 집 안에 설치된 스마트카메라나 센서가 해킹될 경우, 사생활이 노출되거나 범죄에 악용될 위험이 있기 때문이다. 실제로 외국에서는 인터넷에 연결된 베이비모니터가 외부 공격으로 인해 해커가 아이에게 말을 건 사건이 있었다.

따라서 자동화 기술이 발전할수록 보안 시스템을 강화하고, 기술을 책임 있게 사용하는 자세가 더욱 중요해진다. 또한 자동화된 가정이 모든 사람에게 편리함만을 제공하는 것은 아니다. 기술을 사용하는 능력에 따라 정보 격차가 커질 수 있고, 고령자나 디지털 소외 계층에게는 오히려 불편함을 줄 수도 있다. 이에 따라 정부와 지자체는 디지털 포용❸ 정책을 강화하고, 노인들을 위한 스

❶ 스마트홈: 가정 내 가전제품과 기기들이 인터넷과 인공지능 기술로 연결되어 자동화되고 원격 제어되는 첨단 주거 환경을 의미한다.
❷ 사물인터넷: 가전제품, 센서, 장치 등이 인터넷에 연결되어 서로 정보를 주고받으며 자동으로 작동하는 기술 체계이다.
❸ 디지털 포용: 연령, 소득, 지역 등에 따른 정보 격차를 해소하여 모든 사람이 디지털 기술을 안전하게 이용할 수 있도록 지원하는 사회적 노력이다.

국어 공신 선생님

마트 기기 교육 프로그램을 확대하고 있다. 모두가 안전하고 평등하게 기술을 누릴 수 있도록 하는 것이 자동화 사회의 핵심 과제다.

자동화된 가정은 단순한 편리함을 넘어, 삶의 방식과 가족의 일상을 근본적으로 변화시키고 있다. 중학생인 우리도 이 기술이 어떤 영향을 주고 어떤 책임을 요구하는지 이해할 필요가 있다. 미래에는 로봇이 청소하고, 인공지능이 요리하며, 집이 스스로 건강을 챙겨주는 시대가 올 수도 있다. 하지만 그 중심에는 기술을 이해하고 바르게 활용할 줄 아는 인간의 역할이 여전히 가장 중요하다.

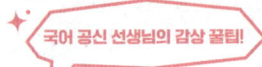

좀 더 깊이 생각해 보기

• 스마트폰과 인터넷 사용이 청소년의 건강과 자기조절력에 미치는 부정적인 영향을 최소화하기 위해 학교와 사회가 함께 운영할 수 있는 '디지털 디톡스 프로그램'을 창의적으로 기획해 보시오. 또한, 이러한 프로그램의 도입 필요성과 기대 효과에 대해서 이야기 해보자.

청소년의 건강과 자기조절력에 위협이 되는 스마트폰과 인터넷 남용을 줄이기 위해 학교와 지역사회가 함께 '디지털 온·오프 밸런스 캠프'를 기획할 수 있습니다. 이 프로그램은 1주일 동안 진행되며, 참가 학생들은 스마트폰과 디지털 기기를 지정 장소에 보관한 뒤 다양한 아날로그 활동에 참여합니다. 오전에는 독서, 미술, 음악, 요리 실습 등 창의적 체험 중심 수업을, 오후에는 산책, 운동, 명상, 공동 프로젝트 등 자연·소통 기반 활동을 실시합니다.

특히, 각 과정마다 또래, 교사, 학부모가 함께 팀을 이루는 '디지털 토론 마당'을 진행하며, 생활 속 불편함, 자기조절 경험, 사색의 소중함을 나눌 수 있습니다. 캠프 마지막 날에는 참가자들 각자가 '나만의 스마트폰 사용 설계서'를 작성하여 현실에서 적용해볼 수 있도록 돕습니다. 프로그램 종료 후에도 참가자와 멘

토들이 지속적으로 온라인·오프라인에서 지원과 피드백을 주고받아 효과를 장기적으로 유지합니다.

이 프로그램의 도입은 청소년이 스스로 디지털 기기와의 건강한 거리 두기를 배우는 계기를 마련하고, 사용 습관 개선으로 수면, 집중력, 인간관계 등 전반적인 삶의 질이 상승할 것으로 기대합니다. 또한 가족, 학교, 지역사회가 함께 디지털 웰빙 문화를 조성함으로써 현대 사회에서 필수적인 자기조절력 및 공동체 의식을 길러줄 수 있습니다.

• **스마트홈 기술을 활용한 생활 편리성과 건강 관리의 긍정적 효과를 예로 들고, 동시에 발생할 수 있는 윤리적·보안 문제와 이를 해결하기 위한 방안을 논하시오.**

스마트홈 기술은 기상 시간에 맞춘 조명, 온도 조절, AI 기반 건강 모니터링 등을 통해 생활 효율성과 건강 관리를 높입니다. 예를 들어, 스마트 거울을 통해 혈압, 체온, 수면 패턴을 확인하거나, 로봇청소기가 실내를 자동으로 청소해 시간을 절약할 수 있습니다. 이러한 기술은 특히 1인 가구나 고령자에게 큰 편리함과 안전성을 제공합니다. 그러나 집 안에 설치된 스마트카메라, 센서, 데이터 전송 기능은 해킹과 개인정보 유출의 위험을 내포합니다. 이를 방지하기 위해 강력한 암호화, 이중 인증, 외부 접근 차단 등 보안 기술을 적용해야 하며, 청소년과 보호자가 스스로 데이터 제공 범위와 사용 기간을 선택할 수 있는 권한을 보장해야 합니다. 또한, 교육 프로그램을 통해 기술 이해와 책임 있는 사용 태도를 동시에 학습하도록 해야 합니다. 이렇게 하면 스마트홈의 편리함을 누리면서도 개인정보와 안전 문제를 최소화할 수 있습니다.

정리해 볼까요?

기사에 대해서 알아볼까요?

주제: 스마트홈은 편리함·효율성·돌봄·보안에 기여하지만, 보안과 디지털 격차 해소에는 사회적 협력이 필요하다.

핵심어휘: 스마트홈, 자동화된 가정, 사물인터넷, 에너지 절약, 개인정보 보호, 디지털 포용, 인공지능, 정보 격차, 보안 시스템

1단락 요약: 침실 커튼, 커피 머신, 욕실 바닥 등 다양한 가전이 아침부터 자동으로 작동하는 스마트홈 시스템의 개념과 실제 생활 속 활용 사례를 소개한다.

2단락 요약: 인공지능과 사물인터넷 기반 스마트홈은 외출 중 조명 제어, 로봇청소기 자율 작동 등으로 가정 기기를 자동화해 에너지 절약과 보안을 강화한다.

3단락 요약: 국내 스마트홈 보급률과 얼굴 인식 출입, 스마트 거울 건강 체크, 인공지능 음성비서 통합 제어 등 최신 기술과 적용 사례를 소개한다.

4단락 요약: 스마트홈 확대로 보안과 책임 사용이 중요해지고, 디지털 소외계층 해소를 위한 정부·지자체의 포용 정책과 교육 확대가 필요하다.

5단락 요약: 자동화된 가정은 삶의 방식을 바꾸며, 미래엔 로봇·AI 역할이 확대될 전망이다. 기술 이해와 책임 있는 활용이 핵심임을 강조한다.

기사의 구조적 접근을 꼭 알아야 해요!

1) 서론: 스마트홈과 자동화된 가정의 등장과 중요성
현대 사회에서는 스마트폰, 인공지능, 사물인터넷 기술을 활용한 스마트홈이 점차 보편화되고 있다. 자동화된 가정은 단순한 편리함을 넘어 삶의 방식을 변화시키며, 에너지 절약과 보안, 돌봄 서비스 등 다양한 분야에서 중요한 역할을 하고 있다.

2) 본론: 스마트홈 기술의 구성과 활용, 문제점 및 대응 방안
스마트홈은 커튼·커피 머신·욕실 바닥·로봇청소기 등 기기를 자동화하고 스마트폰으로 원격 제어해 편의성과 효율성을 높인다. 국내 보급률은 약 28%이며, 얼굴 인식 출입·스마트 거울·AI 음성비서 등 기술이 현실화되고 있다. 해킹·개인정보 유출 위험에 대비한 보안 강화와 디지털 소외계층을 위한 교육·포용 정책이 필요하다.

3) 결론: 기술 발전과 함께 책임있는 사용과 포용적 사회 노력의 중요성
스마트홈은 삶의 방식을 변화시키며 미래에 더 다양한 역할을 할 것이다. 기술을 올바르게 이해하고 책임 있게 활용하려는 인간의 노력이 중요하며, 모두가 혜택을 누리려면 사회적 협력이 필요하다.

비판적 사고 키워 볼까요? ✚

1 다음 중 지문의 내용과 일치하는 것을 고르시오.

① 스마트홈은 집 안의 여러 기기가 사물인터넷(IoT)과 인공지능 기술을 통해 연결되어, 사용자가 직접 조작하지 않아도 자동으로 작동할 수 있으며 스마트폰을 이용한 원격 제어도 가능하다.

② 스마트홈은 외출 중에도 스마트폰을 이용해 조명을 켜고 끌 수 있도록 지원하지만, 만약 외출 중 조명 제어가 불가능하다면 이는 스마트홈 기술의 핵심 장점을 무시하는 잘못된 설명이 된다.

③ 스마트홈의 주요 특징은 에너지 절약인데, 자동 온도 조절기와 스마트 조명, 에너지 측정 센서 등을 활용하여 불필요한 전력 소모를 줄인다. 따라서 에너지 소비를 늘린다는 설명은 본문 내용과 정반대이다.

④ 스마트홈은 생활을 편리하게 해주지만 동시에 보안과 개인정보 침해 위험도 존재한다. 실제로 외국 사례에서는 인터넷에 연결된 기기가 해킹되어 사생활이 노출된 사건이 보고되기도 했다.

⑤ 한국인터넷진흥원의 발표에 따르면 2023년 기준 국내 가정의 스마트홈 도입률은 약 28%로 나타났다. 따라서 국내 도입률이 10% 미만이라는 설명은 사실과 다르며, 실제로는 빠르게 확산되고 있다.

2 다음 <보기>를 읽고, 본문의 내용을 참고하여 옳은 것을 고르시오.

> **보기**
>
> '자동화된 가정' 또는 '스마트홈'은 AI와 IoT 기술을 활용해 가전제품이 서로 연결되어 정보를 주고받고 스스로 작동하는 환경을 의미한다. 에너지 절약, 보안 강화, 돌봄 서비스 등 다양한 분야에서 활용되고 있으며, 국내 가정의 약 28%가 스마트홈 기술을 도입했다. 하지만 개인정보 보호와 보안 문제가 큰 과제로 제기되고 있다.

① 스마트홈은 가전제품이 수동적으로 작동하는 시스템이다.

② 에너지 절약 기능은 스마트 조명과 자동 온도 조절기를 이용해 실현된다.

③ 돌봄 로봇은 현재 대부분 가정에서 보편적으로 사용되고 있다.

④ 스마트홈 도입률은 우리나라에서 10% 미만이다.

⑤ 개인정보 보호 문제는 스마트홈과 무관하다.

3 스마트홈 기술이 개인과 사회에 가져올 긍정적인 변화와 함께, 정보 보안 및 디지털 소외 문제 등 부정적인 영향을 설명하고, 이를 해결하기 위한 사회적 대책을 서술하시오.

4 스마트홈과 자동화된 가정이 미래 사회에 미칠 영향과, 이에 따른 인간의 책임과 역할에 대해 서론, 본론, 결론으로 서술하시오.

중요

5 스마트홈 기술 활용 시 발생할 수 있는 해킹 및 개인정보 유출 위험성을 실제 사례와 함께 설명하고, 이를 예방할 수 있는 방법 세 가지를 간략히 서술하시오.

집중

6 다음 '스마트홈과 자동화된 가정의 확산은 현대 생활의 편리함과 안전성을 크게 향상시키지만, 개인정보 보호와 디지털 격차 문제로 인해 기술 발전이 반드시 제한되어야 한다.'라는 논제를 바탕으로 찬성과 반대의 생각을 서술하시오.

찬성	반대

05 탄소발자국 줄이는 녹색 건축기술, 지구를 지키는 집을 짓다

우리는 매일 건물 안에서 생활한다. 집, 학교, 도서관, 병원, 마트까지 대부분의 활동은 실내에서 이루어진다. 그런데 이 건물들이 지구에 부담을 주고 있다는 사실을 알고 있는가? 건축과정에서 발생하는 탄소 배출량은 전 세계 온실가스의 약 40%를 차지한다. 이에 따라 최근 전 세계는 '탄소발자국❶'을 줄이기 위한 녹색 건축기술(Green Building Technology) 개발에 힘쓰고 있다. 탄소발자국이란 개인이나 조직, 물건이 사용되는 전 과정에서 발생하는 이산화탄소의 총량을 뜻한다.

밀라노에 있는 녹색건축기술을 접목시킨 '보스코 베르티칼레'

녹색 건축기술❷은 건물을 설계하고 짓는 과정, 사용하는 기간, 철거하는 시점까지 전 생애주기(Life Cycle)를 고려해 탄소를 줄이는 기술이다. 대표적인 예로는 '제로에너지건축물(ZEB: Zero Energy Building)'이 있다. 이 건물은 건축물 자체에서 필요한 에너지를 스스로 만들어내 탄소 배출량을 0에 가깝게 만든다. 태양광 패널, 고효율 단열재❸, 열회수 환기장치, 스마트 전력 관리 시스템 등이 이 건축물에 적용된다. 국내에서도 2030년부터 모든 공공건물에 ZEB 인증을 의무화하는 정책이 시행 중이다. 환경부와 국토교통부는 이 기술을 민간 건물로까지 확대하기 위해 그린리모델링 사업을 추진하고 있다. 실제로 서울시 은평구에 위치한 한 초등학교는 오래된 건물을 리모델링해 태양광 발전과 지열 냉난방 시스템을 도입한 결과, 연간 탄소 배출량을 40% 이상 줄이는 데 성공했다. 이처럼 기존 건물도 녹색 기술을 도입하면 탄소를 줄일 수 있다.

녹색 건축기술은 단순히 에너지를 아끼는 것을 넘어 친환경 자재 사용, 빗물 재활용, 자연채광❹ 설계 등을 포함한다. 콘크리트 대신 탄소 배출량이 적은 목재나 재활용 자재, 유해 물질이 없는 마감재를 사용하는 것이 예다. 또한 건물의 창문 방향과 크기를 조절해 자연광을 최대한 활용하고, 여름에는 햇빛을 차단하고 겨울에는 열을 보존할 수 있는 구조를 만드는 것도 녹색 설계의 일환이다. 이는 에어컨과 난방기의 사용을 줄여 에너지 절감 효과를 높인다. 최근에는 스마트 건축 기술이 접목되면서 더욱 효율적인 녹색 건축이 가능해지고 있다. 예를 들어, 센서가 실내 온도와 습도, 이산화탄소 농도를 자동으로 감지해 환기창을 여닫고 냉난방을 조절하는 시스템이 있다. 건물 에너지 관리 시스템(BEMS)을 통해 건물 전체의 에너지 사용량을 실시간으로 분석하고, 사용량이 많은 부분을 자동으로 조절하는 기술도 상용화되고 있다. 이처럼 건물은 단순한 생활 공간이 아니라, 스스로 에너지를 생각하는 똑똑한 존재로 바뀌고 있다.

❶ 탄소발자국: 개인, 조직, 제품이 생산·소비·폐기되는 전 과정에서 직접 또는 간접적으로 배출하는 이산화탄소(CO_2)의 총량을 의미한다.
❷ 녹색 건축기술: 건물의 설계, 건설, 사용, 해체 등 생애주기 전 과정에서 에너지 절감과 자원 효율을 실현하여 환경 부담을 최소화하는 기술 및 방법을 말한다.
❸ 고효율 단열재: 열 손실을 줄여 냉난방 에너지 사용을 최소화하는 뛰어난 성능의 단열 자재이다.
❸ 자연채광: 설계 단계에서 건물의 창문 방향과 크기를 조절해 햇빛을 최대한 활용함으로써 실내 조명·난방 에너지를 절약하는 건축 방법이다.

꼭 기억하렴

국어 공신 선생님

녹색 건축기술은 기후 위기를 해결하는 데 중요한 역할을 한다. 세계 곳곳에서 기후 변화로 인한 폭염, 홍수, 가뭄 등이 심화되고 있는 지금, 건물의 변화를 통해 탄소를 줄이는 것은 매우 효과적인 대응 방법이다. 특히 도시 인구가 계속 증가하면서 건물의 수는 더욱 늘어날 것이기에, 건축 분야의 탄소 저감 기술은 미래 세대의 삶을 지키는 핵심 기술로 자리 잡고 있다. 녹색 건축을 이해하는 것은 단지 과학과 기술을 배우는 것이 아니다. 지구 환경을 지키는 생활 방식과 미래 사회의 방향을 고민하는 일이기도 하다. 집과 학교, 우리가 머무는 공간이 지구를 아프게 할 수도 있고, 치유할 수도 있다. 기술은 선택의 도구이고, 우리는 어떤 기술을 선택할지 스스로 결정할 수 있는 세대다. 녹색 건축은 단지 '건물의 변화'가 아니라 '생각의 변화'에서 시작된다는 사실을 기억해야 한다.

국어 공신 선생님의 감상 꿀팁!

 좀 더 깊이 생각해 보기

• 녹색 건축기술의 확산이 오늘날 기후 변화, 에너지 위기 등 사회적 문제 해결과 어떤 점에서 연결되어 있는지 구체적으로 생각해보자.
최근 전 세계적으로 폭염, 홍수, 가뭄 등 다양한 기후 재난이 잦아지고 있다. 이 원인 중 하나는 건물에서 발생하는 온실가스 배출인데, 전체 온실가스의 40%가 건축 및 건물 운영 과정에서 나오는 것으로 알려져 있다. 이처럼 건축 분야는 기후 변화에 직접적으로 영향을 미치기 때문에 사회적 문제 해결에 중요한 역할을 한다. 녹색 건축기술은 건물의 설계, 사용, 철거까지 전 생애주기에서 에너지 소비와 온실가스 배출을 줄이는 다양한 방안을 적용한다. 제로에너지건축물 도입, 친환경 자재 활용, 스마트 에너지 관리 등이 그 예다. 이러한 녹색 기술을 확산하면 전 세계적으로 탄소 배출 저감에 크게 기여하고, 에너지 위기도 완화할 수 있다. 이는 미래 세대의 안전한 삶과 건강, 그리고 지속가능한 지구 환경을 지키는 실질적 해결책이 될 수 있다.

• 녹색 건축기술과 다른 분야[예: 정보통신, 바이오, 예술 등]의 융합을 통해 탄소 저감 효과를 더욱 높일 수 있는 새로운 방안이나 아이디어를 제시하고 그 기대효과를 설명해보자.

녹색 건축기술과 정보통신기술(ICT)의 융합을 통해 '스마트 생태 건축물'을 구현할 수 있다. 예를 들어, 건물 곳곳에 설치된 사물인터넷(IoT) 센서와 인공지능이 실시간으로 에너지 사용, 햇빛, 온도, 대기 상태를 분석해 자동으로 조명, 냉난방, 환기 시스템을 최적화한다. 여기에 태양광 발전, 빗물 재활용 시스템, 식물 바이오필터(식물과 미생물을 활용한 대기 정화) 등을 접목하면, 건물 자체가 하나의 작은 생태계처럼 기능한다. 예술 분야와 협력해 외벽에 살아있는 식물 벽화나 에너지 전달 LED 미디어 파사드 등을 설치하면, 도시 경관 개선과 함께 녹색 기술의 공감대를 확산시킬 수 있다. 이러한 융합형 녹색 건축은 에너지와 자원 사용을 최소화할 뿐 아니라 도시민의 환경 의식도 높이는 부가가치를 만들어낸다.

• 만약 학교나 집 등 일상공간에 녹색 건축기술이 적극적으로 도입된다면, 개인의 생활과 사회 전반에는 구체적으로 어떤 긍정적인 변화가 일어날지 예상하여 이야기해보자.

학교나 집 등에서 녹색 건축기술이 적극적으로 도입되면 먼저 개인의 생활에 쾌적함과 건강이 증진된다. 자동 환기 시스템과 친환경 자재로 실내 공기질이 향상되고, 자연채광과 단열 강화로 연중 쾌적한 온도를 유지할 수 있다. 에너지 효율 향상으로 전기·가스 요금이 절감되어 경제적 부담도 줄어든다. 사회 전체로는 에너지 수요가 줄어들어 국가 차원의 온실가스 감축에 크게 기여한다. 또, 녹색 건축문화가 확산되면 관련 기술, 자재, 산업이 발전해 새로운 일자리도 창출된다. 학생들이 녹색 공간에서 생활하면 친환경적 가치관이 자연스럽게 형성된다. 결국 녹색 건축기술 도입은 건강·경제·교육·산업 등 여러 측면에서 지속가능한 사회로의 변화를 앞당기는 긍정적 효과를 가져올 것이다.

정리해 볼까요?

기사에 대해서 알아볼까요?

주제: 녹색 건축기술을 통한 건물의 탄소 배출 저감과 지속가능한 미래를 위한 생활 방식의 변화를 기대하다.

핵심어휘: 탄소발자국, 녹색 건축기술, 제로에너지건축물, 고효율 단열재, 스마트 전력 관리 시스템, 그린리모델링, 친환경 자재, 자연채광, 기후 변화

1단락 요약: 건물이 온실가스 배출의 큰 비중을 차지하므로, 녹색 건축기술 개발과 탄소발자국 저감이 시급하다.

2단락 요약: 제로에너지건축물과 그린리모델링 등 녹색 건축기술 적용으로 건물의 탄소 배출량을 효과적으로 줄일 수 있다.

3단락 요약: 친환경 자재, 자연채광, 스마트 관리 등 다양한 기술을 적용해 에너지 효율을 높이고 환경 부담을 줄인다.

4단락 요약: 녹색 건축은 기후 위기 대응의 핵심이며, 미래 세대를 위해 가치와 생활 방식의 변화를 함께 고민해야 한다.

기사의 구조적 접근을 꼭 알아야 해요!

1) 서론: 건축물의 탄소배출 문제와 이를 줄이기 위한 녹색 건축기술 개발 노력
우리는 대부분 실내에서 생활하지만, 건축 과정에서 발생하는 탄소 배출은 전 세계 온실가스의 40%를 차지한다. 이에 따라 탄소발자국을 줄이기 위한 녹색 건축기술 개발이 활발히 이루어지고 있다.

2) 본론: 녹색 건축기술을 통한 건물의 탄소 저감 및 에너지 자립 실현
녹색 건축기술은 건물의 생애주기를 고려해 탄소 배출을 줄이는 기술로, ZEB와 그린리모델링을 통해 기존 건물도 친환경적으로 개선할 수 있다. 태양광, 지열, 고효율 단열재, 스마트 시스템 등이 적용되며, 친환경 자재와 자연채광 설계로 에너지 절감 효과를 높인다. 최근에는 센서와 BEMS를 활용한 스마트 기술로 건물이 스스로 에너지를 관리하는 지능형 공간으로 진화하고 있다.

3) 결론: 기후 대응을 위한 녹색 건축기술의 중요성과 인식 전환
녹색 건축기술은 기후 위기에 효과적으로 대응할 수 있는 핵심 기술로, 도시 인구 증가에 따라 건물의 탄소 저감은 더욱 중요해지고 있다. 이는 단순한 과학이나 기술을 넘어 지구 환경을 지키는 생활 방식이며, 건물의 변화는 곧 생각의 변화에서 시작된다.

비판적 사고 키워 볼까요? ✚

1 다음 중 지문의 내용과 일치하는 것을 고르시오.

① 녹색 건축은 오직 에너지 절약만을 위한 기술로, 다른 환경적 요소나 자원 순환은 고려하지 않는다.
② 녹색 건축기술은 건물의 설계 단계와 철거 시점만을 중심으로 하며, 사용 기간 중의 에너지 소비는 고려하지 않는다.
③ 제로에너지건축물은 외부 에너지를 전혀 사용하지 않고, 내부에서도 에너지를 거의 소비하지 않는 건물이다.
④ 녹색 건축기술은 신축 건물에만 적용 가능하며, 이미 지어진 기존 건물에는 기술을 도입할 수 없다.
⑤ 건축과정에서 발생하는 탄소 배출량은 전 세계 온실가스의 약 40%를 차지한다.

2 본문과 다음 <보기>를 읽고, 본문의 내용을 참고하여 옳은 것을 고르시오.

 보기

> A 도시에 있는 한 마을에서는 에너지 절약과 온실가스 감축을 위해 다양한 노력을 하고 있다. 새로 짓는 건물에는 태양광 패널과 고효율 단열재를 필수로 설치하고 있으며, 오래된 건물은 친환경 자재로 리모델링하고 있다. 또, 빗물 재활용 시스템과 자연채광이 잘 되도록 창문 설계를 바꾸었다. 각 가정에는 에너지 사용량을 실시간으로 관리하는 시스템도 도입하고 있다.

① 건물에 태양광 패널을 설치하고 고효율 단열재를 사용하는 것은 에너지 자립과 탄소 배출 저감을 위한 녹색 건축의 핵심 기술이다.
② 자가용 자동차 이용을 적극 장려함으로써 교통 편의성을 높이고, 도시 내 탄소 배출을 효과적으로 증가시킬 수 있다.
③ 건물 내 에어컨 사용을 늘려 실내 온도를 일정하게 유지하고, 에너지 소비를 극대화하여 환경에 긍정적 영향을 준다.
④ 건물을 철거한 후 해당 부지를 빈터로 방치하면 도시 미관을 개선하고, 토지 활용도를 낮춰 지속가능성을 높일 수 있다.
⑤ 수입산 콘크리트 사용을 확대하면 지역 자원 소비를 줄이고, 운송 과정에서 발생하는 탄소 배출을 효과적으로 증가시킨다.

3 녹색 건축기술이 왜 중요한지 그 이유와, 어떤 기술이나 방법들이 적용되고 있는지 구체적으로 서술하시오.

4 생활 속에서 녹색 건축기술을 적극적으로 도입·확산해야 하는 이유와, 이를 실천하기 위한 구체적 방안에 대해 서론, 본론, 결론으로 서술하시오.

중요

5 위 글을 바탕으로, 앞으로 도시의 건물들이 녹색 건축기술을 적극적으로 도입하지 않을 경우, 개인과 사회, 그리고 미래 세대가 겪게 될 문제점 두 가지를 예상하여 서술하시오.

집중

6 다음 '공공 및 민간 건축물에 녹색 건축기술 도입을 정부가 강제해야 한다.'라는 논제를 바탕으로 찬성과 반대의 생각을 서술하시오.

찬성	반대

06 해양·우주 쓰레기 수거로봇, 기술로 지구를 지킨다

"지구를 위협하는 것은 더 이상 자연재해만이 아니다." 과학자들은 이제 바다와 우주에 쌓여가는 쓰레기를 인류 생존을 위협하는 또 다른 재난으로 보고 있다. 해양 쓰레기와 우주 쓰레기는 지구 환경뿐 아니라 인간의 생명과

플라스틱 오염 해결을 하는 '더 오션 클린업'

과학기술 발전에도 심각한 피해를 주기 때문이다. 이러한 위기를 해결하기 위해 최근 주목받고 있는 것이 바로 수거 로봇 기술이다. 사람 대신 바닷속이나 우주 공간에서 쓰레기를 감지하고 수거하는 로봇들이 실제로 개발되고 있으며, 이들은 미래 환경 보호의 핵심 도구로 떠오르고 있다.

먼저 해양 쓰레기 문제는 매우 심각하다. 유엔환경계획(UNEP)❶에 따르면 매년 바다로 유입되는 플라스틱 쓰레기만 해도 약 1,100만 톤에 달한다. 이 가운데 상당수가 해양 생물의 생명을 위협하고, 결국 인간의 식탁까지 영향을 미치는 미세플라스틱❷으로 변한다. 이를 해결하기 위해 전 세계 연구기관과 기업들은 자율 수거형 해양 로봇을 개발하고 있다. 대표적인 예로, 네덜란드의 비영리❸ 단체 '더 오션 클린업(The Ocean Cleanup)'이 개발한 인터셉터(Interceptor)는 태양광으로 작동하며 강과 바다의 수면 위를 떠다니며 플라스틱을 자동으로 수거하는 로봇 보트다. 이 기기는 센서를 이용해 쓰레기를 감지하고 자동으로 수거해 보관한다. 또 다른 사례로, 미국의 스타트업 클리어블루오션은 물속에 떠 있는 폐그물과 비닐을 인공지능이 인식하고 로봇팔로 집어내는 수중 로봇을 개발했다.

한편, 우주 쓰레기도 더 이상 무시할 수 없는 위협이다. 지구 궤도에는 현재 1억 개 이상의 우주 파편이 떠다니고 있으며, 이 중 약 3만 개는 위성이나 우주선에 직접 충돌할 수 있는 위험한 크기를 가지고 있다. 이들은 모두 과거에 쏘아 올린 위성, 로켓의 잔해, 고장난 기기들로, 빠르게 회전하며 지구를 돌고 있다. 작은 조각 하나만으로도 운행 중인 위성을 파괴하거나 인공위성의 통신을 마비시킬 수 있다. 이를 해결하기 위해 유럽우주국(ESA)은 '클리어스페이스 원(ClearSpace-1)'이라는 우주 쓰레기 수거 위성을 2026년 발사할 계획이다. 이 위성은 로봇팔을 장착해 궤도에 있는 쓰레기를 붙잡아 대기권으로 떨어뜨리는 방식으로 작동한다. 일본의 아스트로스케일(Astroscale) 역시 자기장과 접착 기술을 활용한 수거 장비를 개발하고 있으며, 한국항공우주연구원도 정지궤도❹ 위성 파편 제거 기술을 연구 중이다.

이러한 수거 로봇은 단순히 쓰레기를 치우는 기능만 하는 것이 아니다. AI, 센서, 영상 인식 기술이 융합되어 자율적으로 이동하고, 목표물과 충돌하지 않

❶ **유엔환경계획**: 유엔(국제연합) 산하에서 전 세계 환경 문제를 다루고, 환경 보전·지속가능한 개발을 지원하는 국제기구.
❷ **미세플라스틱**: 플라스틱 쓰레기가 분해되어 5mm 이하로 쪼개진 것으로, 해양 생물과 사람이 섭취할 수 있어 건강과 생태계를 위협한다.
❸ **비영리**: 이윤 추구가 목적이 아니라 사회적, 공익적 목적을 위해 운영되는 조직이나 활동.
❹ **정지궤도**: 특정 위성이 지구 자전 속도와 맞춰 항상 같은 장소 위에 머무는 궤도. 주로 통신위성에 이용됨.

꼭 기억하렴

국어 공신 선생님

으며, 적절한 시점에 작업을 수행하는 고도화된 기술을 갖추고 있다. 특히 해양이나 우주처럼 사람이 직접 작업하기 어려운 환경에서는 로봇의 정밀성, 반복성, 지속성이 매우 중요한 장점으로 작용한다. 하지만 아직 해결해야 할 과제도 많다. 해양 쓰레기 로봇은 다양한 해류와 날씨 변화 속에서도 정확하게 움직여야 하며, 수거한 쓰레기를 효과적으로 처리할 시스템도 필요하다. 우주 쓰레기 수거는 발사 비용이 매우 높고, 궤도에서 정밀하게 쓰레기를 추적하고 제거하는 기술이 복잡하다. 또한 쓰레기 수거 과정에서 정상 위성에 영향을 주지 않도록 정교한 제어 시스템이 필수다.

그럼에도 불구하고, 해양과 우주 쓰레기를 청소하는 로봇 기술은 인류가 반드시 해결해야 할 환경 문제 앞에서 매우 희망적인 해결책이 되고 있다. 기술은 단순히 편리함을 위한 도구가 아니라, 지구와 우주를 지키는 새로운 방식이 될 수 있다. 중학생인 우리도 이러한 기술에 관심을 갖고, 환경 문제 해결에 과학이 어떤 역할을 할 수 있는지 깊이 고민해볼 필요가 있다.

 좀 더 깊이 생각해 보기

• **해양 쓰레기가 인간과 생태계에 미치는 영향을 구체적으로 서술하고, 이를 해결하기 위한 로봇 기술의 역할을 설명해보자.**
해양 쓰레기는 플라스틱, 폐그물 등이 바다로 유입되며 해양 생물의 생존을 위협한다. 플라스틱은 분해되어 미세플라스틱이 되고, 이는 어패류에 축적되어 인간의 식탁까지 영향을 미친다. 생태계 사슬 전체가 오염되어 해양 생물 다양성이 줄어들고, 어업과 관광 산업에도 피해가 생긴다. 이런 문제를 해결하기 위해 개발된 해양 쓰레기 수거로봇은 센서와 인공지능을 활용하여 플라스틱과 위험성 높은 쓰레기를 자율적으로 탐지하고 수거한다. 예를 들어 인터셉터는 태양광으로 작동하며, 강과 바다 위를 이동해 쓰레기를 모은다. 이러한 기술은 인간이 접근하기 힘든 넓은 영역에서 효과적으로 쓰레기를 제거해 해양 환경을 보호하는 데 큰 역할을 한다.

• 해양·우주 쓰레기 수거로봇 기술은 단순한 환경 문제 해결을 넘어 어떤 경제적·국제적 파급 효과를 가져올 수 있는지 설명하시오.

해양과 우주 쓰레기 수거로봇은 환경 보호를 넘어 경제적·국제적 측면에서도 큰 의미를 가진다. 먼저 경제적으로는 플라스틱 쓰레기로 인한 어업 피해, 관광 자원 훼손, 위성 충돌로 인한 통신·항공 피해 등을 줄일 수 있다. 해양 수거로봇이 바다 생태계를 회복시키면 수산업과 관광 산업은 안정적인 기반을 되찾을 수 있으며, 우주 쓰레기 제거 기술은 위성의 수명 연장과 통신 안정성 확보로 거대한 경제 손실을 예방한다. 또한 국제적으로는 쓰레기 문제가 국경을 넘어 발생하기 때문에 각국의 협력과 공동 연구가 필수적이다. 유럽우주국, 일본, 한국 등이 함께 참여하는 수거 위성 프로젝트는 기술 공유와 외교 협력의 장이 되며, 친환경 기술을 선도하는 국가의 위상도 강화된다. 따라서 수거로봇은 환경적 가치에 더해 글로벌 경제 안정과 국제 협력을 촉진하는 전략적 기술로서 파급 효과가 크다.

• 수거로봇 기술이 환경 문제 해결에서 갖는 사회적·윤리적 중요성과 이에 대한 미래 세대의 역할을 서술해보자.

수거로봇 기술은 인간이 직접 접근하거나 지속적으로 작업하기 어려운 해양, 우주 등 특수 환경의 쓰레기 문제 해결에 매우 효과적이다. 이는 환경 보전뿐만 아니라, 인류의 건강과 미래 세대의 삶을 지키는 데 중요한 의미가 있다. 기술이 발전함에 따라 인간 노동이 줄고, 더 나은 환경 관리가 가능해진다. 그러나 환경 문제는 기술만의 영역이 아니라 모두의 책임이기도 하다. 미래 세대인 학생들도 과학기술의 가치와 한계를 인식하고, 지속가능한 기술 사용과 더불어 환경 윤리적 감수성을 키워야 한다. 적극적으로 환경 문제에 관심을 갖고 새로운 해결책을 모색하는 태도가 필요하다.

정리해 볼까요?

그룹 생각

기사에 대해서 알아볼까요?

집중!

주제: 해양과 우주 쓰레기를 해결하기 위한 수거로봇 기술의 발전과 중요성을 이야기하다.

핵심어휘: 해양 쓰레기, 우주 쓰레기, 수거로봇, 미세플라스틱, 센서 기술, 자율주행, 유엔환경계획, 태양광 로봇, 궤도

1단락 요약: 해양과 우주 쓰레기가 새로운 글로벌 환경 위협으로 부상하고 있으며, 이를 해결하기 위해 수거로봇 기술이 주목받고 있다.

2단락 요약: 전 세계적으로 해양 플라스틱 문제 해결을 위해 다양한 해양 쓰레기 수거로봇이 개발되고 있어, 실제 적용 사례가 늘고 있다.

3단락 요약: 우주 파편 역시 심각한 위기가 되고 있으며, 이를 줄이기 위한 우주 쓰레기 수거 위성과 로봇의 개발이 진행 중이다.

4단락 요약: 수거로봇은 AI·센서·영상인식으로 자율적으로 작동하지만, 해류·날씨·고비용·정밀제어 등 기술적 과제가 남아 있다.

5단락 요약: 해양·우주 쓰레기 로봇은 인류의 필수 환경 문제 해결책으로, 단순 편리함을 넘어 지구와 우주를 지키는 중요한 기술이다.

기사의 구조적 접근을 꼭 알아야 해요!

꼭 기억하렴!

1) 서론: 해양·우주 쓰레기가 인류의 새로운 재난이 됨
자연재해를 넘어선 해양·우주 쓰레기의 심각성을 제기하며, 이를 해결할 대안으로 수거로봇 기술의 필요성을 강조한다. 또한 과학기술 발전과 생태계, 인류 생존이 쓰레기에 의해 위협받고 있음을 알리며 수거로봇이 미래 환경보호의 핵심 수단임을 소개한다.

2) 본론: 쓰레기 수거로봇 실제 적용 및 기술 현황
해양과 우주 쓰레기는 생태계와 기술에 심각한 위협을 주며, 이를 해결하기 위해 자율 수거 로봇이 도입되고 있다. 해양에서는 더 오션 클린업 등 AI·센서·태양광 기반 로봇이 플라스틱을 수거하고, 우주에서는 ESA·일본·한국 등이 로봇팔·자기장·접착 기술을 활용한 위성을 개발 중이다.

3) 결론: 수거로봇의 역할과 미래 과제
해양·우주 쓰레기 문제 해결에 수거로봇은 필수적이고 희망적인 대안임을 강조한다. 한편, 아직 해결 과제가 있지만, 기술의 진보가 인류 환경 문제 해결에 중요한 기여를 하며, 학생들도 과학과 환경에 적극적으로 관심을 가져야 함을 강조한다.

비판적 사고 키워 볼까요? ✚

1 다음 중 본문의 내용과 일치하는 것을 고르시오.

① 해양 쓰레기는 대부분 자연적으로 분해되기 때문에 해양 생물이나 인간에게 큰 피해를 주지 않는다고 알려져 있다.

② 해양과 우주 쓰레기를 수거하는 로봇은 인공지능과 센서 기술이 적용되고 있다.

③ 우주 쓰레기는 대부분 미세한 먼지 수준이어서 인공위성이나 우주선에 직접적인 피해를 줄 가능성은 거의 없다.

④ 쓰레기 수거로봇은 사람이 직접 바다나 우주에 들어가서 조작해야만 작동하며, 자율적으로 움직일 수는 없다.

⑤ 해양 쓰레기를 수거하는 기술은 아직 개발된 사례가 없으며, 관련 로봇이나 장비는 현재 존재하지 않는 상태이다.

2 다음 <보기>는 최근 과학기술 발전이 환경 문제 해결에 어떻게 활용될 수 있는지를 설명한 글이다. 위 제시문과 가장 생각이 일치하는 입장은?

보기

중요

> 인류는 과거 자연재해만이 지구를 위협한다고 생각했으나, 이제는 해양 쓰레기, 우주 쓰레기처럼 인간이 만들어낸 오염 문제가 더 큰 위협이 되고 있다. 이런 쓰레기를 치우기 위해 최근 과학자들은 인공지능과 첨단 센서를 갖춘 수거로봇을 개발하고 있다. 로봇은 사람이 접근하기 어려운 곳에서 쓰레기를 감지하고 스스로 수거하며, 이 과정에서 기술의 역할이 더욱 중요해지고 있다. 환경을 보호하는 데 있어 기술은 편리함을 넘어, 생명을 지키는 수단임을 보여준다.

① 첨단 기술은 오직 산업 이익을 위해 사용되어야 한다.

② 환경 문제는 인간이 개입하지 않아도 시간이 지나면 자연의 자정 작용으로 해결되므로 별도의 대응은 필요하지 않다.

③ 과학기술은 지구 환경 보호와 인류 생존을 위한 중요한 도구로 쓰일 수 있다.

④ 해양과 우주 쓰레기 문제는 지금 당장 해결할 필요가 없으며, 미래 세대가 알아서 처리하면 되는 사안으로 여겨진다.

⑤ 로봇 기술은 인간의 노동을 줄이는 데만 목적이 있으며, 환경 보호나 사회적 문제 해결에는 활용되지 않는다.

3 해양과 우주 쓰레기 문제를 해결하기 위해 수거로봇 기술이 왜 중요한지 그 이유와 적용 기술의 예를 들어 서술하시오.

4 해양·우주 쓰레기 해결을 위한 수거로봇 기술의 사회적 필요성과 향후 발전 방향에 대해 서론, 본론, 결론으로 서술하시오.

중요

5 수거로봇 기술을 발전시키기 위해 인공지능 외에 어떤 첨단기술이 접목될 수 있을지, 새로운 아이디어를 제시하시오.

집중

6 다음 '국가는 해양·우주 쓰레기 수거로봇 개발과 적용을 의무적으로 지원해야 한다.'라는 논제를 바탕으로 찬성과 반대의 생각을 서술하시오.

찬성	반대

07 스마트 교실의 미래, 기술로 바뀌는 학습 환경

"태블릿을 켜고 AI 튜터와 공부를 시작합니다." 이제는 낯설지 않은 학교의 아침 풍경이 되었다. 칠판 대신 전자칠판, 교과서 대신 디지털 교재, 종이 대신 클라우드에 저장되는 과제가 일상이 되고 있다. 학교는 빠르게 '스마트 교실'로 변화하고 있으며, 이는 교육의 방식과 내용,

태블릿PC 기반의 스마트 스쿨을 운영중인 전남 완도 노화 초등학교

평가 방식까지 근본적으로 바꾸고 있다.

스마트 교실은 ICT(정보통신기술), AI(인공지능), IoT(사물인터넷) 등의 기술을 기반으로, 교실에서 맞춤형 학습과 실시간 피드백이 가능한 미래형 수업 공간을 의미한다. 학생들은 태블릿PC나 스마트패드를 활용해 수업 자료를 열람하고, 실시간 퀴즈나 토론을 통해 능동적으로 참여한다. 교사는 칠판에 판서하는 대신 전자칠판을 통해 영상, 애니메이션, 모의실험 자료 등을 활용해 더 풍부한 수업을 구성할 수 있다. 특히 인공지능 기반 학습 분석❶ 기술은 스마트 교실의 핵심이다. AI는 학생의 학습 데이터(예: 정답률, 반응 시간, 오개념 패턴 등)를 분석하여 개인에게 적합한 수준과 속도의 학습 콘텐츠를 제공한다. 예를 들어 수학 문

제 풀이에서 자주 틀리는 유형이 있다면, AI가 비슷한 문제를 반복 제공하거나 보충 설명 영상을 추천한다. 이는 단순한 반복 학습을 넘어 학생 개개인의 학습 성향에 기반한 '맞춤형 교육'을 가능하게 한다. 스마트 교실은 학생의 참여도와 자기주도적 학습 능력을 높인다는 점에서도 주목받는다. 전통적인 수업에서는 학생들이 교사의 설명을 수동적으로 듣기만 했지만, 스마트 수업에서는 퀴즈에 즉시 응답하거나 소그룹 온라인 토론에 참여하는 등 능동적 학습 환경이 조성된다. 또한 수업이 끝난 후에도 클라우드나 온라인 학습 플랫폼을 통해 복습하거나 과제를 확인할 수 있어 시간과 공간의 제약을 넘어서는 학습이 가능하다.

하지만 스마트 교실이 모든 문제를 해결하는 것은 아니다. 우선, 기기[2] 활용 능력의 차이로 인해 디지털 격차 문제가 발생할 수 있다. 일부 학생은 스마트기기 사용에 익숙하지 않거나, 가정에서 학습을 이어갈 수 있는 인터넷 환경이 부족할 수 있다. 또한 기술 중심 수업이 늘어날수록 학생 간 소통 능력, 글쓰기, 발표력 등 인간 중심 역량이 약화될 수 있다는 우려도 있다. 이에 따라 교육 전문가들은 디지털 교육과 아날로그 교육의 균형을 강조한다.

개인정보 보호와 학습 데이터 활용 문제도 중요한 과제다. 학생의 학습 패턴이나 반응을 수집·분석하는 시스템은 매우 유용하지만, 해당 정보가 외부로 유출될 경우 프라이버시 침해[3] 위험이 크다. 따라서 교육기관과 플랫폼 기업은 반드시 개인정보를 암호화[4]하고, 투명하게 관리하는 시스템을 갖추어야 하며,

꼭 기억하렴!

❶ 분석: 복잡한 것을 전체에서 낱낱으로 나누어 그 성질·구조 등을 밝힘.
❷ 기기: 어떤 목적에 맞게 만들어 기능을 하는 각종 장치나 도구
❸ 침해: 남의 권리나 이익, 영역 등을 범하여 해를 끼침
❹ 암호화: 정보를 외부에서 알 수 없도록 특정한 규칙에 따라 변환하여 보이지 않게 함

국어 공신 선생님

학생과 학부모의 동의를 전제로 데이터가 활용되어야 한다. 그럼에도 불구하고 스마트 교실은 미래 교육이 나아가야 할 방향임은 분명하다. 한국뿐만 아니라 핀란드, 에스토니아, 싱가포르 등 교육 선진국들은 이미 AI 기반 학습 시스템을 도입해 학생의 창의력과 문제 해결 능력을 함께 키우는 교육을 실현하고 있다. 교사 또한 단순한 지식 전달자가 아니라, 학습 코치이자 설계자로서의 역할이 더욱 중요해지고 있다.

국어 공신 선생님의 감상 꿀팁!

 한걸음 더 깊이 생각해 보기

• 앞으로 10년 뒤, 스마트 교실에서 자란 학생들이 대학이나 사회로 진출했을 때, 기존 교육 환경에서 배운 세대와 비교하여 나타날 수 있는 긍정적 변화와 부정적 변화를 2가지씩 예를 들어 서술하시오.

앞으로 10년 뒤 스마트 교실에서 성장한 학생들은 기존 교육 환경에서 배운 세대와 비교해 여러 면에서 뚜렷한 차이를 보일 것이다. 긍정적 변화로는 첫째, 디지털 기기와 정보 활용 능력이 매우 뛰어나 데이터 분석, 온라인 협업 등 첨단 분야에서 두각을 나타낼 수 있다. 둘째, AI를 통한 맞춤형 피드백과 자기 주도적 학습 경험을 통해 문제 해결력과 창의적 사고력이 한층 높아질 것이다. 반면, 부정적 변화로는 첫째, 디지털 기기에 의존하는 시간이 과도해지면서 대면 소통 능력이나 공감능력이 약화될 수 있다. 둘째, AI와 자동화된 피드백에 익숙해져 스스로 탐구하거나 오랜 시간 집중하는 힘이 다소 저하될 위험이 있다. 이런 변화는 사회와 대학 현장에서 새로운 적응 방식과 인간적 역량 함양의 필요성을 함께 제기하게 될 것이다.

• AI 튜터와의 맞춤형 학습, 실시간 피드백, 클라우드 기반 협업 등 스마트 교실의 특성을 최대한 활용하여, 학교에서만 실현 가능한 '미래형 프로젝트 수

업' 한 가지를 창의적으로 기획하고, 그 목표와 진행 방식을 주요 단계별로 구상하시오.

'미래 사회 문제 해결 프로젝트'라는 주제로, 스마트 교실의 장점을 최대한 활용하는 프로젝트 수업을 기획할 수 있다. 이 수업은 실제 지역 혹은 글로벌 차원의 사회 문제(예: 탄소 배출 감축, 도시 안전 등)를 선정해 AI 튜터의 자료 분석 지원, 클라우드 기반 자료 공유와 토론, 실시간 전문가 멘토 피드백 등을 결합한다. 주요 단계는 ① AI가 다양한 데이터와 사례를 학생별로 제시하여 관심과 특기를 반영한 팀 구성, ② 각 팀이 문제 분석과 해결 아이디어를 공동 탐색하며 클라우드 상에서 협업 보고서 작성, ③ 온라인 토론을 통해 국내외 전문가·동료들과 아이디어 검증, ④ 최종 결과물(영상, 프레젠테이션, 정책 제안 등)을 제작해 학내외에 발표하는 과정으로 운영된다. 목표는 자기주도적 문제 해결력과 협업, 디지털 리터러시, 창의적 소통 능력을 실제 경험과 결과물로 길러내는 것이다.

• 스마트 교실에서 AI가 학생의 정답률, 학습 유형, 오개념을 실시간 분석해 반복 학습을 제공한다고 한다. 이러한 기술이 음악, 체육, 미술 등 비인지적·창의적 영역 수업에 적용될 경우 예상되는 변화와 한계점은 무엇일지 두 가지씩 유추해 논하시오.

AI가 음악, 체육, 미술 등 창의적·감성 영역에서도 정답률, 오개념 패턴을 실시간 분석해 반복 학습을 지원하게 되면 첫 번째 변화는 학생 개개인의 취약 영역이나 개선 포인트를 명확히 파악하여, 보다 체계적이고 맞춤형 지도를 제공받게 된다는 점이다. 두 번째로, AI 활용을 통해 악기 연주, 동작 습득, 작품 감상 등 다양한 활동에서 즉각적인 피드백과 반복 연습 기회가 늘어나 전체적 기초 실력 향상에 도움이 될 수 있다. 하지만 한계점도 분명하다. 첫째, 음악·미술 등은 정답이 명확하지 않거나 예술적 개성, 감정 표현이 중요한데, AI 분석 결과를 과도하게 신뢰하면 학생의 창의성과 독창성이 제한될 수 있다. 둘째, 인간 교사의 직관적 판단, 격려, 감정적 교감 등은 여전히 대체 불가하므로, AI 중심 수업이 오히려 예술적 감수성 계발에 방해가 될 수 있다. 이로 인해 예술 분야에서는 기술적 도움과 인간적 지도 간의 균형이 더욱 중요해질 것이다.

정리해 볼까요?

기사에 대해서 알아볼까요?

주제: 스마트 교실의 도입으로 인한 교육적 변화와 과제를 분석하고, 미래형 학습의 발전 방향을 모색한다.

핵심어휘: 스마트 교실, 맞춤형 학습, 디지털 격차, 자기 주도 학습, 데이터 암호화, AI 기반 학습 시스템, 창의력, 문제 해결능력

1단락 요약: 스마트 교실의 도입으로 디지털 기반 수업과 과제 진행이 일상이 되고, 교육 방식과 평가가 본질적으로 변화한다.

2단락 요약: 스마트 교실은 첨단 기술로 맞춤형 학습과 실시간 피드백을 실현하며, 학생 참여와 자기 주도 학습을 촉진하고, AI 기반 학습 분석을 통해 개인별 교육이 가능해진다.

3단락 요약: 스마트 교실은 디지털 격차와 소통 약화 등 새로운 문제가 나타난다.

4단락 요약: 개인정보 보호와 데이터 활용의 중요성이 커지면서, 시스템의 투명한 관리와 동의가 필수적이다.

기사의 구조적 접근을 꼭 알아야 해요!

1) 서론: 스마트 교실의 일상화와 교육 패러다임의 변화

오늘날 학교 현장은 전자기기를 활용한 수업이 일상화되고, 스마트 교실의 도입이 점차 확대되고 있다. 교실 환경이 빠르게 디지털화되면서, 학교의 일상은 태블릿과 AI 튜터 등 첨단 기술 중심으로 변화하고 있다. 이로 인해 교육의 내용과 방식, 그리고 평가 체계에 이르기까지 전반적인 혁신이 이루어진다.

2) 본론: 첨단 기술 기반 맞춤형 학습 실현 및 새로운 과제 대두

스마트 교실은 AI 등 첨단 기술을 활용해 학생 맞춤형 학습을 실현하며, 태블릿과 디지털 자료를 통해 능동적 학습 환경을 조성한다. 그러나 디지털 기기 접근성의 차이로 인한 격차, 인간 역량 약화 우려, 개인정보 보호 및 학습 데이터 관리 문제 등 해결 과제가 존재하며, 이를 위한 제도적 보완이 필요하다.

3) 결론: 미래 지향적 교육 환경 정착과 학생 역량 강화의 과제

스마트 교실은 단순히 첨단 기술의 도입을 넘어 미래 교육의 본질적 변화를 이끈다. 이에 따라 학생들은 자기 주도성, 협업 능력, 그리고 비판적 사고력 등의 핵심 역량을 반드시 키워야 한다. 결국 교실의 미래는 학생과 교사, 그리고 기술이 함께 조화를 이루며 만들어간다.

비판적 사고 키워 볼까요? +

1 다음 중 스마트 교실의 특징으로 옳지 않은 것은 무엇인가요?

① AI를 활용하여 학생 개개인에게 맞춤형 학습 콘텐츠를 제공한다.
② 학생들은 디지털 교재, 태블릿 등 전자기기를 활용하여 학습한다.
③ 교사는 전자칠판이나 다양한 디지털 자료를 활용해 수업을 구성한다.
④ 학생들은 종이 교과서와 연필만을 사용하여 학습해야 한다.학생들의 참여
  도와 자기 주도 학습 능력이 향상될 수 있다.
⑤ 실시간 학습 데이터 분석을 통해 학습 진단 및 피드백이 즉각적으로 이루어
  진다.

2 다음 중 <보기>에서 설명하는 스마트 교실에 대한 내용으로 적절하지 않은 것은 무엇
인가요?

> 스마트 교실은 ICT(정보통신기술), AI(인공지능), IoT(사물인터넷) 등의 첨단 기술
> 을 기반으로, 학생에게 맞춤형 학습과 실시간 피드백이 제공되는 미래형 수
> 업 공간이다. 학생들은 태블릿, 전자칠판 등 기기를 적극 활용하며 다양한 학
> 습 활동에 능동적으로 참여한다. 또한, 인공지능은 학생의 학습 데이터를 분
> 석하여 개인별 수준에 맞는 콘텐츠와 설명, 평가를 제공한다. 하지만 스마트
> 기기 사용 능력 차이로 인한 디지털 격차, 개인정보 보호와 같은 과제도 나
> 타나고 있다.

① 스마트 교실에서는 전자칠판과 태블릿을 활용해 학생들이 자료 확인, 토론,
  퀴즈에 참여하며 능동적으로 수업에 참여할 수 있다.
② 인공지능은 학습 데이터를 분석해 오답 유형과 반응 속도를 파악하고, 부족한
  부분을 보완해 맞춤형 학습을 제공할 수 있다.
③ 스마트 교실은 디지털 교재와 클라우드 과제 제출로 시공간 제약 없이 학습을
  지속하며, 자기 주도 학습과 복습 습관 형성에 도움을 준다.
④ 스마트 교실은 기술 활용에 따른 부정적 영향보다 긍정적 영향이 훨씬 크기
  때문에 학생 별 기기 사용 역량 차이에 따른 교육 프로그램 논의, 개인정보 유
  출 위험에 대한 논의는 필요없다.
⑤ 교육 선진국은 스마트 교실과 AI 학습 시스템을 도입해 창의력·문제 해결력
  향상은 물론 교사의 역할 변화까지 이끄는 교육 패러다임을 실현하고 있다.

3 스마트 교실이 학생들의 자기 주도 학습 능력 향상에 어떻게 기여하는지 두 가지 측면에서 설명하시오.

4 논제 '스마트 교실 도입이 공교육의 질적 변화를 촉진하는 주요 요인임을 논하시오.'에 대해 서론, 본론, 결론으로 서술하시오.

중요

5 AI와 빅데이터 기술이 더욱 발전하여 모든 교과 학습에 맞춤형 피드백이 즉시 제공된다면, 학생들의 다양한 성향과 잠재력이 더욱 잘 개발될 수 있다고 할 수 있다. 이를 바탕으로 미래의 교실에서 교사에게 요구되는 역할이 어떻게 변화할지를 예측하고, 그 이유를 창의적으로 서술하시오.

집중

6 다음 '스마트 교실 확대가 학생의 인간적 소통 능력과 사회성 함양에 긍정적인 영향을 미친다.'라는 논제를 바탕으로 찬성과 반대의 생각을 서술하시오.

찬성	반대

08 미세먼지 측정 기술, 보이지 않는 위험을 읽다

아침에 일어나 하늘을 보면 맑은 날씨임에도 마스크를 챙겨야 할 때가 있다. 하늘은 파랗지만, 미세먼지 농도는 '나쁨'이라는 알림이 뜨기 때문이다. 눈에 잘 보이지 않지만, 미세먼지는 호흡기 건강과 일상생활에 큰 영향을 미친다. 실제로 세계보건기구(WHO)는 미세먼지를 '1급 발암물질❶'로 분류하고 있으며, 장기 노출 시 심장질환, 천식, 폐질환 등을 유발할 수 있다고 경고한다. 그렇다면 우리는 어떻게 이 보이지 않는 먼지를 알고, 예측하고, 피할 수 있을까? 그 해답은 바로 미세먼지 측정 기술에 있다.

미세먼지(PM, Particulate Matter)는 공기 중에 떠다니는 매우 작은 입자로, 크기에 따라 PM10(지름 10마이크로미터 이하), PM2.5(2.5마이크로미터 이하)로 구분된다. PM2.5는 머리카락 지름의 약 1/20 정도로 작아 폐포를 지나 혈액 속으로 침투할 수 있다. 이로 인해 단순한 불쾌감을 넘어 심각한 건강 위협 요소로 간주된다. 이를 정확히 측정하고 분석하기 위해 과학자들은 다양한 기술을 개발해왔다.

현재 우리나라의 공식 미세먼지 측정 방식은 환경부 산하 국립환경과학원의 관측망을 기반으로 한다. 전국

다양한 미세먼지 입자 크기(PM1.0, PM2.5, PM10, TSP 등)와 입자 개수를 동시에 측정할 수 있는 '더스트 센트리 프로'

500곳 이상에 설치된 측정소에서는 베타선(Beta-ray) 흡수법❷과 광산란법(Light Scattering)을 활용해 실시간 데이터를 수집한다. 베타선 흡수법은 먼지가 필터에 모이는 양을 방사선으로 분석해 농도를 계산하는 방식이며, 광산란법❸은 레이저를 공기 중에 쏘아 입자에 반사되는 빛의 양으로 먼지의 양을 추정한다. 이 두 기술은 장시간 연속 측정이 가능하고, 정확도가 높아 국가 기준 정보 제공에 활용된다.

최근에는 이동형 및 개인용 미세먼지 측정기도 보급되고 있다. 휴대가 가능한 이 장비들은 크기가 작고, 스마트폰과 연동되어 실시간으로 공기 질을 확인할 수 있다. 특히 광학 센서 기반의 레이저 측정기는 가격이 저렴하고 응답 속도가 빠르다는 장점이 있다. 다만 정확도 면에서는 고정식 정밀 장비에 비해 떨어질 수 있어, 보조 정보로 활용하는 것이 권장된다. 그럼에도 불구하고 개인이 일상생활에서 공기 질을 인식하고 행동을 조절하는 데 큰 도움이 된다. 더 나아가 위성 기반 미세먼지 관측 기술도 빠르게 발전하고 있다. 2020년 우리나라는 세계 최초로 독자 개발한 정지궤도 환경위성 '천리안 2B호'를 발사했다. 이 위성은 아시아 지역의 대기 오염 물질을 정밀하게 관측하며, 하루 8회 이상 한반도 상공의 미세먼지, 이산화질소, 오존 등의 분포를 분석한다. 이를 통해 국경을 넘어 이동하는 대기오염을 추적하고, 중국 등 인접국에서 넘어오는 미세먼지의 영향을 정량적으로 파악할 수 있어 보다 정확한 예보가 가능해진다.

AI와 빅데이터 기술의 결합도 미세먼지 예측 기술을 한층 발전시키고 있다.

꼭 기억하렴

❶ 발암물질: 인체나 생물에 암을 발생시키거나 암 발생을 촉진시키는 물질
❷ 베타선 흡수법: 방사성 동위원소에서 방출되는 베타선을 물질에 통과시켜, 그 흡수 정도를 측정함으로써 물질의 두께나 밀도, 성분 등을 분석하는 방법
❸ 광산란법: 빛이 입자 등 장애물에 부딪혀 여러 방향으로 흩어지는 현상을 이용해서, 물질의 농도나 성분을 측정하는 분석 방법

국어 공신 선생님

기상 정보, 대기 흐름, 산업시설 가동 정보 등을 바탕으로 인공지능이 미세먼지의 발생과 이동을 분석하고 예측하는 것이다. 2023년 환경부는 AI 기반 예측 모델을 통해 48시간 후의 미세먼지 농도를 90% 이상의 정확도로 예보할 수 있다고 발표했다. 이러한 기술은 마스크를 미리 챙기고, 야외활동을 조절하며 건강을 보호할 수 있는 환경을 만들어준다. 하지만 기술 발전과 함께 해결해야 할 과제도 존재한다. 측정 기술 간의 정밀도 차이로 인해 일부 개인용 기기의 정보가 부정확할 수 있으며, 미세먼지 측정은 어디까지나 '결과를 알려주는 기술'일 뿐, 발생 자체를 줄이는 해결책은 아니라는 한계도 있다. 따라서 측정과 예측을 넘어, 오염물질을 줄이는 에너지 전환과 산업 개선, 그리고 생활 속 실천이 병행되어야 한다.

국어 공신 선생님의 감상 꿀팁!

 좀 더 깊이 생각해 보기

• 만약 앞으로 미세먼지 농도가 급격히 악화되어 기존의 측정기와 예보만으로는 일상생활 안전을 지키기 어렵게 된다면, 학교와 지역사회에서 미세먼지에 대응하기 위해 새롭게 도입할 수 있는 과학적·사회적 방법에는 무엇이 있을지 생각해보자.

미세먼지 악화에 대응하기 위해 먼저, 각 교실과 공공시설에 미세먼지 유입을 자동 감지해 차단하거나 청정환기를 자동으로 작동하는 스마트 공기관리 시스템을 보급해야 한다. 지역 단위로는 IoT 기반 실시간 미세먼지 모니터링 네트워크를 구축하여, 마을별로 대기질 상황을 정밀하게 파악하고 긴급경보를 통해 주민의 행동 변화를 유도할 필요가 있다. 사회적으로는 학교와 주민센터, 청소년단체가 함께 참여하는 '미세먼지 안전지킴이' 동아리를 운영하여, 직접 미세먼지 데이터를 보급하고, 정기적으로 교육·캠페인 활동을 펼치는 등 참여형 대응 체계를 구축한다. 마을녹화사업, 도로 물청소 확대, 대중교통 무상 제공 등 지속가능한 저감정책도 필요하며, 지역별 맞춤 실내 대피소 마련 역시 중요한 과제다. 이렇게 다양한 과학적·사회적 방법이 유기적으로 결합될 때 시민의 건강을 보다 효과적으로 지킬 수 있다.

• 개인과 사회가 미세먼지 문제를 '예보'하거나 '피하는 것'이 아니라, 근본적으로 '발생을 줄이는' 주체로서 실천할 수 있는 창의적인 방안을 세 가지 제시해보자.

첫째, 학교와 지역사회가 참여하는 '플라스틱 및 일회용품 0(제로) 챌린지' 캠페인을 운영한다. 학생들은 점심 도시락, 간식, 생필품 등에 일회용 플라스틱 대신 다회용품을 사용하며, 그 실천 횟수를 지역 SNS로 공유한다. 두 번째로, 도심 내 차량 자율운행 제한일을 도입해 일정 요일에는 대중교통만 운영하거나 친환경 전기차만 운행하도록 해 교통부문 배출을 줄인다. 주민들이 자율적으로 '걷기/자전거의 날'을 정해 실천하는 것도 하나의 방식이다. 마지막으로, 지역 하나를 친환경 그린존으로 지정해 학생 주도의 도시 텃밭, 옥상정원, 벽면 녹화 등 식물 심기 프로젝트를 확산한다. 이렇게 생산 단계, 소비 단계, 지역 환경 개선 단계에서 창의적 실천을 병행하면 미세먼지 발생 자체를 효과적으로 줄일 수 있다.

• 미세먼지 측정 및 예보 기술과 '예술' 또는 '디자인' 분야가 결합한다면, 시민들의 인식과 행동에 어떤 긍정적 변화를 일으킬 수 있을지 생각해보자.

미세먼지 실시간 데이터를 연계한 미디어아트, 스마트 조명, 공공 설치물이 도시 곳곳에 들어선다면, 시민들은 공기 상태를 직관적이고 감성적으로 체험할 수 있다. 예를 들어 미세먼지가 심한 날에는 학교 앞 LED 벽화 조형물이 붉은빛을 띠거나, 대형 도로변 미디어타워가 미세먼지 추세에 따라 영상 메시지와 함께 실내 대피 정보를 알릴 수 있다. 또, 디자인적으로 마스크·에어필터·미세먼지 경보기 등에 예술적 요소가 도입되면 착용이나 소지에 대한 거부감이 줄고, 일상의 건강한 행동이 자연스럽게 확산된다. 예술을 통해 환경위기가 '보이지 않는 숫자'가 아닌 '체험하고 공감하는 문제'로 전환되면, 시민들은 자발적 실천과 환경권 보호에 더 적극적으로 참여하게 된다. 이처럼 기술과 예술의 만남은 인식 변화를 위한 매우 강력한 힘이 될 수 있다.

정리해 볼까요? 그룹 생각

기사에 대해서 알아볼까요?

주제: 미세먼지의 위험성과 이를 감지·예측하는 다양한 최신 측정 기술의 발전 및 활용성에 대해 살펴본다.

핵심어휘: 미세먼지, 발암물질, 베타선 흡수법, 광산란법, 천리안 2B호, AI 기반 예측 모델, AI와 빅데이터 기술의 결합, 에너지 전환, 산업 개선, 생활 실천

1단락 요약: 미세먼지는 눈으로 구분하기 어렵지만 건강에 치명적 위협이 되며, WHO에서는 1급 발암물질로 규정한다.

2단락 요약: 미세먼지는 크기에 따라 PM10, PM2.5로 구분되며, 미세먼지의 위험을 정확히 측정하기 위한 다양한 과학적 방법이 개발되고 있다.

3단락 요약: 우리나라는 베타선 흡수법과 광산란법을 활용한 전국 관측망으로 미세먼지를 실시간·정밀 측정해 국가 기준 정보를 제공한다.

4단락 요약: 이동형 측정기와 천리안 2B호 위성 기술은 공기 질을 실시간 확인하고 미세먼지 이동 경로를 정밀 예측하는 데 기여한다.

5단락 요약: AI와 빅데이터 기반 예측 기술은 미세먼지 대응에 도움을 주지만, 근본 해결을 위해 에너지 전환과 생활 속 실천이 병행되어야 한다.

기사의 구조적 접근을 꼭 알아야 해요!

1) 서론: 미세먼지의 위험 인식과 측정 기술의 필요성

미세먼지는 맑은 날씨에도 마스크가 필요할 만큼 건강에 악영향을 끼치며, 눈에 보이지 않지만 WHO가 지정한 1급 발암물질이다. 보이지 않는 미세먼지를 어떻게 인식하고 예측·피할 수 있는지에 대한 기술적 필요가 점차 커지고 있다.

2) 본론: 미세먼지 측정 및 예측 기술의 원리와 발전

미세먼지 측정은 베타선 흡수법과 광산란법을 활용한 국가 관측망 외에도 이동형·개인용 장비, 위성 관측 등으로 다양화되고 있다. AI와 빅데이터 기반 예측 기술로 정확도는 높아졌지만, 측정은 결과 통보에 불과하며 오염 저감을 위한 근본적 실천이 병행되어야 한다.

3) 결론: 미세먼지 측정 기술의 역할과 실천적 태도의 중요성

미세먼지 측정 기술은 건강을 위한 조기경보 시스템으로, 미세먼지 저감을 위한 생활 습관 변화와 과학기술 활용이 중요하다. 궁극적으로 기술을 넘어 오염물질 저감과 생활 실천이 병행될 때, 더 건강한 미래를 기대할 수 있다.

비판적 사고 키워 볼까요? ✚

1 다음 중 미세먼지 측정 및 예측과 관련된 설명으로 옳지 않은 것은 무엇인가요?

① 광산란법은 레이저를 이용해 공기 중 입자에 반사되는 빛의 양을 측정하여 미세먼지 양을 추정하는 방식이다.

② 베타선 흡수법은 필터에 쌓인 먼지를 분석해 미세먼지 농도를 측정한다.

③ 이동형 개인용 미세먼지 측정기는 휴대가 편리하고 스마트폰과 연동할 수 있지만, 고정식 측정기에 비해 정확도가 떨어질 수 있다.

④ 인공지능(AI) 기반 예측 기술은 기상 정보, 산업시설 가동 정보 등을 활용하여 미세먼지 농도를 예측하는 데 도움을 준다.

⑤ 미세먼지 측정 기술은 미세먼지 자체의 발생을 원천적으로 차단하는 근본적 해결책이 된다.

2 다음 중 <보기>의 내용을 바탕으로 옳지 않은 설명을 고르시오.

> 미세먼지는 크기가 매우 작은 대기오염 물질로, 장기간 노출될 경우 심장질환, 폐질환, 천식 등 다양한 건강 문제를 일으킬 수 있다. 미세먼지는 그 크기에 따라 PM10(지름 10마이크로미터 이하), PM2.5(2.5마이크로미터 이하)로 구분된다. 우리나라에서는 베타선 흡수법과 광산란법 같은 측정 기술을 이용해 전국적으로 미세먼지 농도를 실시간으로 관측한다. 최근에는 위성 관측, AI 예측 모델 등 다양한 첨단 기술이 도입되어 보다 정확하고 빠른 미세먼지 예보가 가능해지고 있다. 하지만 개인용 측정기는 고정식 측정기보다 정확도가 떨어질 수 있어 보조 자료로써 활용될 필요가 있고, 미세먼지의 근본적 발생자체를 막지는 못한다는 한계도 가지고 있다.

① PM2.5는 PM10보다 더 작은 입자를 의미한다.

② 위성 관측과 AI 예측 모델 기술 도입으로 미세먼지 예보의 정확도가 높아지고 있다.

③ 베타선 흡수법과 광산란법은 우리나라에서 미세먼지 측정에 사용되는 공식적인 기술이다.

④ 개인용 미세먼지 측정기의 측정 결과는 고정식 장비에 비해 항상 더 정확하다.

⑤ 미세먼지는 장기간 노출되면 심장질환, 폐질환 등 건강에 해로운 영향을 줄수 있다.

3 우리 일상에서 미세먼지 측정 기술이 왜 중요한지 그 이유를 설명하고, 현재 사용되고 있는 대표적인 측정 방법 두 가지를 구체적으로 서술하시오

4 미세먼지 측정 및 예측 기술의 발전이 사회와 개인에게 주는 의미와 한계점, 그리고 앞으로 우리가 지향해야 할 노력에 대해 서론, 본론, 결론으로 서술하시오.

5 미세먼지 측정과 예측 기술에 추가로 적용되면 효과적일 것 같은 새로운 아이디어 또는 개선점을 자유롭게 하나 제시하고, 그 이유를 설명하시오.

집중

6 다음 '정부가 미세먼지 측정 및 예측 기술 개발과 보급에 국민 세금을 더 많이 투입해야 한다.'라는 논제를 바탕으로 찬성과 반대의 생각을 서술하시오.

찬성	반대

공공장소 얼굴 인식 기술, 편리함과 감시 사이

지하철역 출입구, 공항 검색대, 대형 마트 입구에 설치된 카메라가 당신의 얼굴을 알아본다면 어떤 기분일까? 최근 공공장소에서 얼굴 인식 기술(Facial Recognition Technology)을 활용하는 사례가 점점 늘고 있다. 이 기술은 인공지능과 영상처리 기술을 통해 사람의 얼굴을 자동으로 인식하고, 신원을 확인하는 방식이다. 과학기술의 발전으로 이제는 비밀번호나 신분증 없이 얼굴만으로 출입하거나 결제까지 가능한 시대가 열리고 있다.

얼굴 인식 기술은 원래 보안 목적으로 개발되었다. 은행, 관공서, 군사 시설 등에서 특정 인물의 출입을 제한하거나 인증할 때 사용되었으며, 최근에는 공항 자동 출입국 심사 시스템에도 활용되고 있다. 예를 들어 인천국제공항은 2023년부터 '스마트패스' 시스템을 도입해 탑승권 없이 얼굴 정보만으로 탑승 수속을 마칠 수 있게 했다. 이처럼 신속하고 정확한 확인 절차는 이용자의 편의성을 높이고, 사회 전체의 효율성을 향상시킨다. 또한 얼굴 인식 기술은 범죄 예방과 실종자 찾기에도 활용된다. 실제로 서울의 한 지하철역에서는 경찰이 수배자 정보를 등록해놓고, 공공 CCTV 영상에서 자동으로 유사 인물을 탐지해 검거에 성공한 사례가 있다.

하지만 얼굴 인식 기술이 모두에게 긍정적인 평가만 받는 것은 아니다. 가장 큰 문제는 개인의 얼굴 정보가 수집되고 활용되는 방식에 대한 불안감과 프라이버시 침해 논란이다. 얼굴은 누구나 가지고 있는 고유한 생체 정보❶이며, 한 번 유출되면 바꿀 수 없다. 특히 동의 없이 얼굴 정보가 수집되거나, 어디에 어떻게 사용되는지 알 수 없는 상황은 감시 사회❷에 대한 우려를 키운다.

실제로 2022년 유럽연합(EU)은 공공장소에서 실시간 얼굴 인식 기술 사용을 제한하는 법안을 추진하며, 기술의 남용을 경계하고 있다. 우리나라 역시 2023년 개인정보보호위원회가 '얼굴 인식 기술 가이드라인'을 발표하며, 공공장소에서는 반드시 명확한 고지와 동의 절차를 거쳐야 한다고 규정했다. 이처럼 각국은 기술의 편리함과 시민의 권리를 조화롭게 지키기 위한 규제를 마련하고 있다.

또한 얼굴 인식 알고리즘❸의 정확성과 인종, 성별에 따른 인식률 차이도 문제로 지적된다. 미국 MIT 미디어랩의 한 연구에 따르면, 얼굴 인식 기술이 백인 남성에 비해 유색인 여성의 얼굴을 인식하는 정확도가 현저히 낮은 것으로 나타났다. 이는 기술이 데이터 기반으로 작동하기 때문에, 개발과 학습 단계에서 다양한 인구 집단이 충분히 반영되지 않았기 때문이다. 따라서 기술이 사회적 불평등을 강화하지 않도록, 더욱 공정하고 신뢰성 있는 데이터 기반 마련이 필요하다. 그럼에도 얼굴 인식 기술은 학교, 병원, 박물관, 공연장 등 다양한 공

꼭 기억하렴

국어 공신 선생님

❶ **생체 정보**: 개인의 신체적 특징(얼굴, 지문, 홍채 등)에서 얻은 고유한 데이터로, 신원 확인이나 인증에 활용되는 정보
❷ **감시 사회**: 정부나 민간기관 등이 정보통신기술, CCTV 등을 통해 사회 구성원들을 지속적으로 관찰·감시하는 사회적 현상 또는 구조
❸ **알고리즘**: 문제 해결이나 작업 수행을 위해 정해진 규칙에 따라 단계적으로 처리하는 절차나 계산 방법

공 장소에서 빠르게 확산되고 있다. 일부 학교에서는 학생 출결 확인에 얼굴 인식 시스템을 도입하고 있으며, 체온 측정과 동시에 출입 기록을 남기는 비접촉 방식으로 감염병 예방에도 도움을 주고 있다. 또한 장애인을 위한 시각 보조 시스템에도 이 기술이 적용되며, 기술이 인간을 돕는 방향으로 쓰이기도 한다.

중요한 것은 기술을 어떻게 사용하느냐다. 얼굴 인식 기술은 분명 우리 생활을 더 편리하게 만들 수 있는 도구이지만, 동시에 우리 사회가 지켜야 할 권리와 가치에 대해 고민할 기회를 제공한다. 중학생인 우리도 이 기술을 단순히 신기하거나 무서운 것으로만 보지 말고, 기술의 윤리적 사용에 대해 생각할 수 있는 눈을 길러야 한다. 기술은 멈추지 않지만, 그 방향은 우리가 정할 수 있기 때문이다.

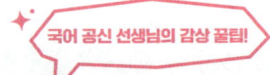

국어 공신 선생님의 감상 꿀팁!

좀 더 깊이 생각해 보기

집중!

• **최근 공공장소에서 얼굴 인식 기술이 빠르게 확산되는 현상은 개인정보 보호와 사회적 효율성 사이에서 어떤 균형점을 찾아야 하는지 생각해보자.**
얼굴 인식 기술의 확산은 출입 절차 간소화, 범죄 예방 등 사회적 효율성을 높여주는 점에서 긍정적이다. 그러나 개인의 얼굴은 교체할 수 없는 민감한 생체 정보이기 때문에 정보 유출이나 무단 활용에 대한 우려도 크다. 이러한 사회 변화 속에서 우리는 편의성만을 좇기보다는, 시민 개개인이 자신에 대한 정보가 어떻게 사용되는지 충분히 인지하고, 동의 여부를 적극적으로 확인하는 문화를 가져야 한다. 나아가 정부와 기업 역시 기술 도입 전 단계부터 명확한 고지와 동의 절차, 목적 외 사용 금지 등 엄격한 기준을 마련해야 한다. 결국 시민의 권리 보호와 사회의 편리함이라는 두 가치를 조화시키기 위한 사회적 합의와 규범이 무엇보다 중요하다고 생각한다.

• 얼굴 인식 기술의 발전이 단지 개인정보 침해 위험만을 낳는 것이 아니라, 사회적 약자와 소외계층에게 어떤 새로운 기회나 긍정적 역할을 할 수 있을지도 같이 생각해보자.

얼굴 인식 기술은 사생활 침해와 감시 강화 같은 부정적 영향이 주로 논의되지만, 반대로 장애인이나 노약자 등 사회적 약자에게 새로운 편리함과 보호를 제공할 수 있다는 점도 주목해야 한다. 예를 들어 시각장애인을 위한 안내 시스템, 치매 노인을 위한 신원 확인과 위치 파악, 실종 아동 및 가족 재결합 지원 등에 응용될 수 있다. 병원이나 학생 출결 시스템에서 비접촉 방식으로 체온 측정과 출입 기록을 동시에 할 수 있다면 감염병 예방에도 큰 도움이 된다. 결국 중요한 것은 누구를 위한 기술인지, 어떤 방식으로 사용될 때 사회 전체의 포용성을 확장할 수 있는지 균형 있는 시각을 갖는 일이다. 기술 사용의 목적과 대상에 따라 얼굴 인식 기술은 약자 보호의 강력한 도구가 될 수 있음을 생각해보게 된다.

• 얼굴 인식 기술과 인공지능이 융합될 때, 앞으로 우리 사회가 더욱 공정하면서도 안전하게 기술을 활용하기 위한 창의적인 제도나 서비스는 무엇이 있을지 생각해보자.

얼굴 인식과 AI의 융합 기술은 사회의 효율은 높이면서도 동시에 차별·남용 문제를 방지하는 새로운 제도 도입이 필요하다. AI가 인종, 나이, 성별별로 인식률을 자동 평가해 오류 가능성을 사용자에게 투명하게 공지하는 공정성 모니터링 시스템을 법적으로 의무화할 수 있다. 또, 사용자는 자신의 얼굴 정보 사용 이력을 실시간으로 직접 확인·통제할 수 있는 '개인 데이터 대시보드' 서비스를 제공받는다. 공공장소 도입 시에는 시민 참여형 운영위원회를 구성해, 기술이 실제로 어떤 효과와 문제를 가져오는지 정기적으로 평가하고 이를 개선하는 절차를 마련한다. 더 나아가, 얼굴 인식 기술을 미술관·도서관 등에서 개인 맞춤 학습·예술체험 추천 등에 활용하면 창의와 학습, 사회적 연결의 긍정적 환경도 마련할 수 있다. 과학적 안전장치와 문화적 창의성을 결합한 서비스가 우리의 미래를 더 건강하게 만들 것이라고 생각한다.

정리해 볼까요?

기사에 대해서 알아볼까요? ●

주제: 얼굴 인식 기술의 발전과 일상 속 확산이 가져오는 편리함과 함께, 개인정보 보호·사회적 불평등 등 윤리적 고민이 필요하다.
핵심어휘: 얼굴 인식 기술, 인공지능, 개인정보, 생체 정보, 감시 사회, 알고리즘

1단락 요약: 얼굴 인식 기술은 공공장소에서 인공지능과 영상처리로 얼굴을 자동 인식해 신원을 확인하며, 출입과 결제까지 가능한 시대를 열고 있다.
2단락 요약: 얼굴 인식 기술은 보안과 출입 인증, 공항 탑승 수속, 범죄 예방 등 다양한 분야에서 활용되며 편의성과 사회 효율성을 높이고 있다.
3단락 요약: 얼굴 인식 기술은 편리함에도 불구하고, 동의 없는 정보 수집과 활용 방식으로 인해 프라이버시 침해와 감시 사회에 대한 우려를 낳고 있다.
4단락 요약: EU와 우리나라는 얼굴 인식 기술의 남용을 막기 위해 공공장소에서 명확한 고지와 동의를 요구하는 규제를 마련하며 시민 권리를 보호하고 있다.
5단락 요약: 얼굴 인식 기술은 인종·성별에 따른 인식률 차이와 불평등 우려가 있지만, 공공장소와 복지 분야에서 편의성과 안전을 높이며 확산되고 있다.
6단락 요약: 얼굴 인식 기술은 편리함과 함께 윤리적 고민을 요구하며, 중학생도 그 사용 방향과 사회적 가치를 성찰할 눈을 길러야 한다.

기사의 구조적 접근을 꼭 알아야 해요! ●

1) 서론: 공공장소 얼굴 인식 기술 확산의 현상
얼굴 인식 기술이 일상 속에서 출입·결제 등 본인 인증에 널리 활용되면서, 생활의 편리함을 크게 높이고 있음을 소개하며 인공지능이나 영상처리 기술 등 첨단 기술이 생활에 스며들고 있음을 제시한다.

2) 본론: 얼굴 인식 기술의 확장과 주요 문제점
얼굴 인식 기술은 은행, 공항, 지하철 등에서 신속한 신원 확인과 범죄 예방, 실종자 수색, 감염병 대응 등 사회적 효용성을 높이며 긍정적으로 활용되고 있다. 그러나 동의 없는 정보 수집, 감시 사회 우려, 인식률 차이 등 윤리적 문제가 제기되며, 각국은 권리 보호와 기술 발전의 균형을 모색하고 있다.

3) 결론: 기술의 윤리적 사용과 사회적 합의 필요성
얼굴 인식 기술의 방향성과 한계를 사회가 함께 고민해야 하며, 편리함 속에서도 권리와 가치에 대한 인식과 책임감이 필요하다고 강조한다. 또한 앞으로 기술의 진보와 함께 우리가 올바른 선택과 통제를 해나가야 한다는 점을 제시한다.

 비판적 사고 키워 볼까요? +

1 다음 중 위 제시문의 내용과 가장 일치하는 것을 고르시오.

① 얼굴 인식 기술은 오직 보안 시설에서만 쓰이며, 공공장소에서는 사용이 제한된다.

② 얼굴 인식 기술은 신분증 없이 출입이나 결제가 가능하도록 해 생활의 편리함을 높인다.

③ 얼굴 인식 기술의 데이터 편향 문제는 이미 완전히 해결되었다.

④ 얼굴 정보 수집은 어디서나 자유롭게 이뤄지며, 동의 절차가 필요하지 않다.

⑤ 얼굴 인식 기술은 범죄 예방에는 쓰이지 못하고 오직 결제에만 활용된다.

2 다음 <보기>의 내용을 바탕으로 알맞은 선택지를 고르시오.

 보기

 중요

> 얼굴 인식 기술은 최근 다양한 공공장소에서 사용이 늘고 있다. 이 기술은 인공지능과 영상처리로 사람의 얼굴을 자동으로 인식하고, 신원을 확인하거나 출입을 허가하는 방식이다. 은행, 공항, 대형 마트에서도 사용되고 있으며, 최근에는 학생 출결 확인, 감염병 예방, 시각장애인을 위한 안내 시스템 등까지 활용 분야가 넓어지고 있다. 하지만 얼굴 정보가 동의 없이 수집·활용될 위험과 프라이버시 침해에 대한 우려, 인종·성별에 따른 인식률 차이 등 사회적 쟁점도 함께 논의되고 있다.

① 얼굴 인식 기술은 개인정보 침해 우려가 전혀 없는 안전한 기술이다.

② 얼굴 인식 기술은 현재 오직 출입 통제에만 사용되며, 다른 분야 적용 사례는 없다.

③ 얼굴 인식 기술은 어린이나 장애인 등 보호가 필요한 계층에게 새로운 혜택을 제공할 수 있다.

④ 얼굴 인식 기술은 인종·성별에 따른 인식률 차이가 없으며, 완전히 공정하다.

⑤ 얼굴 인식 기술의 활용에는 동의 절차나 고지가 불필요하다.

3 얼굴 인식 기술이 최근 공공장소에서 널리 사용되고 있다. 이 기술이 우리 사회에 가져오는 장점과 함께 등장하는 주요 문제점을 구체적으로 서술하시오.

4 얼굴 인식 기술의 확산이 우리 사회에 미치는 영향과, 이를 둘러싼 윤리적 쟁점 및 바람직한 발전 방향에 대해 서론, 본론, 결론으로 서술하시오.

중요

5 얼굴 인식 기술이 앞으로 학교 생활이나 지역 사회에서 긍정적이고 안전하게 활용되기 위해 어떤 새로운 규칙, 서비스, 혹은 프로그램이 필요할지 자유롭게 한 가지 제안하고, 그 이유를 설명하시오.

집중

6 다음 '공공장소에 얼굴 인식 기술을 확대 적용'이라는 논제를 바탕으로 찬성과 반대의 생각을 서술하시오.

찬성	반대

프린터에서 사람의 피부나 장기를 뽑아낼 수 있다면 믿기 어려울지도 모른다. 하지만 실제로 과학자들은 '바이오 프린팅(Bio-printing)❶' 기술을 활용해 세포와 조직, 심지어 인체 장기까지 출력하는 실험을 진행 중이다. 영화 속 상상이 현실이 되는 시

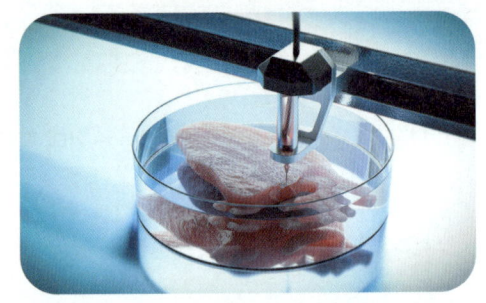

인체 장기를 출력하는 '바이오 프린팅'

대, 바이오 프린팅은 의학·생명공학·3D 프린팅 기술이 융합된 미래형 기술로 주목받고 있다.

바이오 프린팅은 3D 프린터에 생체 재료와 세포를 잉크처럼 넣어 인체 조직을 만들어내는 기술이다. 일반적인 3D 프린터가 플라스틱이나 금속을 녹여 구조물을 만드는 것처럼, 바이오 프린터는 '바이오 잉크'라 불리는 세포 혼합물을 층층이 쌓아 올려 살아 있는 조직을 형성한다. 단순한 형태 구현을 넘어, 세포가 실제로 살아 움직이며 서로 연결되도록 설계하는 정밀한 작업이 핵심이다.

현재 가장 활발히 개발 중인 분야는 피부, 연골, 혈관, 간 조직 등 비교적 구조가 단순한 조직이다. 예를 들어 화상 환자의 피부를 재건하기 위해 환자 자신의 세포를 활용해 피부 조직을 프린팅하고 이식하는 연구가 실제로 진행되고 있다. 2023년에는 국내 한 병원이 바이오 프린팅 기술을 활용한 인공 피부를 임상

에 적용해 긍정적인 결과를 얻었다. 이는 면역 거부 반응을 줄이고 회복 기간을 단축하는 데 도움이 된다. 또한 바이오 프린팅은 장기 이식❷ 대기 문제를 해결할 수 있는 희망 기술로 기대를 모은다. 우리나라를 포함한 전 세계적으로 장기 이식을 기다리는 환자는 많지만, 기증자는 부족하다. 바이오 프린팅이 상용화된다면 환자의 유전 정보를 활용해 자신과 완벽히 일치하는 장기를 제작할 수 있다. 특히 간, 심장, 신장처럼 생명 유지에 필수적인 장기를 출력해 이식할 수 있다면, 생명을 살리는 데 획기적인 전환점이 될 것이다.

이 기술은 의학 연구와 신약 개발에도 큰 영향을 준다. 실제 인체와 유사한 조직을 실험 모델로 활용하면 동물 실험을 줄이면서도 더 정확한 데이터를 얻을 수 있다. 예를 들어 암세포가 자라는 구조를 바이오 프린팅으로 재현한 뒤 신약을 투입해 약효를 분석하거나, 특정 유전병의 진행을 시뮬레이션할 수 있다. 이는 정밀의료와 맞춤형 치료의 길을 여는 데 기여한다. 하지만 바이오 프린팅이 모든 문제를 즉시 해결하는 것은 아니다. 인체 장기는 단순히 모양만 비슷하다고 작동하는 것이 아니라, 혈액 공급, 신경 연결, 기능 조절 등 복잡한 생리적 메커니즘이 포함되어 있다. 특히 심장이나 신장처럼 구조가 복잡한 장기를 완전하게 구현하려면 수많은 기술적 장벽을 넘어야 한다. 출력된 조직을 인체 내에서 안정적으로 유지하고 면역 반응을 통제하는 문제도 해결해야 한다.

윤리적 쟁점도 존재한다. 생명과 직결된 기술인 만큼, 바이오 프린팅이 인간 복제나 유전자 조작과 연결될 수 있다는 우려가 있다. 또한 고가의 기술이 일부

❶ 바이오 프린팅: 세포, 생체재료, 바이오잉크를 활용해 조직이나 장기를 3D로 제작하는 기술
❷ 장기 이식: 질병이나 손상으로 기능을 잃은 인체 장기 대신, 건강한 장기를 체내에 옮겨 넣는 치료법
❸ 생면윤리: 생명과 관련된 과학기술 발전에서 인간의 존엄성과 사회적 가치, 윤리적 책임을 지키기 위한 도덕적 기준과 규범

꼭 기억하렴

국어 공신 선생님

에게만 적용될 경우 의료 격차가 심화될 수 있다. 이런 이유로 과학자들은 기술 개발과 함께 생명윤리❸ 및 사회적 기준 마련이 필수적이라고 강조한다. 그럼에도 바이오 프린팅은 미래 의학의 판도를 바꿀 수 있는 핵심 기술이다. 인간의 세포로 만든 장기를 출력하고, 환자에게 꼭 맞는 치료법을 제공하는 일은 더 이상 상상이 아니라 현실로 다가오고 있다. 중학생인 우리에게도 바이오 프린팅은 단순한 과학 뉴스가 아니라, 생명과 기술의 경계에서 어떤 선택을 할 것인지 고민하게 만드는 중요한 주제다. 과학기술은 생명을 살리는 도구가 될 수도, 논란의 중심에 설 수도 있다. 그 기술을 어떤 가치로 사용할지는 결국 우리 사회의 몫이다.

좀 더 깊이 생각해 보기

• 바이오 프린팅 기술이 장기 이식, 피부 재건 등에 실제로 사용되는 시대를 맞아 이 기술이 현재 의료 현장의 부족한 장기, 의료 격차, 환자 맞춤 치료 등 구체적 사회 문제를 어떻게 해결할 수 있을지 생각해보자.

바이오 프린팅은 기존 장기 이식의 한계, 기증자 부족 문제 해결에 새로운 돌파구가 될 수 있다. 환자 본인의 세포를 활용하여 맞춤형 피부, 연골, 심장, 간 등을 출력할 수 있으면 면역 거부 반응이 크게 줄고 회복도 빨라진다. 이제까지 장기 대기자가 오래 기다리거나 생명을 잃었던 문제도 개선될 가능성이 높고, 피부나 혈관 등 단순 조직에서 복잡 장기로 응용 범위가 단계적으로 확대될 것이다. 나아가 선진국과 대도시만 혜택받는 의료 격차 문제도 바이오 프린팅이 표준 치료법이 되고, 비용 절감 기술이 병행된다면 상당 부분 해소할 수 있다. 하지만 첨단 기술이 모두에게 평등하게 적용되려면 정부와 사회가 적극적으로 지원하고, 공공의료 확대 등 제도적 노력이 반드시 뒤따라야 한다고 생각한다.

• **바이오 프린팅 기술이 미래 의학에서 큰 역할을 하겠지만, 인간의 존엄성이나 생명윤리 측면에서 어떤 새로운 고민과 위험을 일으킬 수 있을지 생각해보자.**

바이오 프린팅 기술은 "생명을 만들고 출력하는" 시대를 여는 만큼, 단순한 치료기술을 넘어 인간의 생명에 대한 철학적·윤리적 가치관을 흔들 수 있다는 점에서 깊은 고민이 필요하다. 장기 출력이 너무 쉬워지면 인간의 생명이 기계적·부품적으로 인식될 위험이 있고, 유전 정보를 활용한 맞춤 장기가 본격화될 경우 유전자 조작이나 인간 복제 논란도 커질 수 있다. 특히, 인공 장기의 가격이 비싸다면 의료 불평등이 확대되어 사회적 약자가 오히려 소외될 수 있다. 사회 전반에서 "과학은 어디까지가 허용될 수 있고, 누가 그 기준을 정할 것인가?"라는 질문에 대한 합의가 반드시 필요하다. 생명을 다루는 기술일수록 인간 존엄성, 평등, 책임의 원칙이 먼저 세워져야 하며, 생명윤리 교육과 법적 기준 마련이 함께 이루어져야 한다고 본다.

• **바이오 프린팅이 의학·생명공학 영역을 넘어 환경, 예술, 로봇공학 등 다른 분야와 결합될 때 어떤 새로운 가능성이 열릴 수 있을지 창의적으로 생각해보자.**

바이오 프린팅이 다른 분야와 결합된다면 상상을 뛰어넘는 혁신이 탄생할 수 있다. 예를 들어 환경 복원 분야에서는 멸종 위기 동식물 조직이나 산호초 등을 바이오 프린팅으로 복원해 생태계를 살릴 수 있다. 또, 예술에서는 살아 움직이는 세포 조각, 시간에 따라 성장하는 생명 예술품 등 기존에 없던 '생체 예술(Bio Art)'이 가능해진다. 로봇공학과 결합하면, 인공 근육이나 신경 조직을 프린팅해 실제 유연하게 움직이고 반응하는 생체 융합 로봇도 실현될 수 있다. 이렇게 융합의 관점에서 접근한다면, 바이오 프린팅은 단순 '치료' 기술을 넘어, 인간과 자연, 예술과 기술을 잇는 진정한 미래 융합혁신의 구심점이 될 수 있다고 생각한다.

정리해 볼까요?

기사에 대해서 알아볼까요?

주제: 바이오 프린팅 기술의 발전은 의학과 사회 전반에 맞춤형 이식, 신약 개발, 의료 혁신 등 다양한 변화를 가능하게 한다.
핵심어휘: 바이오 프린팅, 3D 프린터, 바이오 잉크, 인공 장기, 장기 이식, 정밀의료, 생명윤리

1단락 요약: 바이오 프린팅은 세포와 조직, 장기까지 출력 가능한 기술로, 의학·생명공학·3D 프린팅이 융합된 미래형 기술로 주목받고 있다.
2단락 요약: 바이오 프린팅은 생체 재료와 세포를 바이오 잉크처럼 사용해 살아 있는 조직을 3D 프린터로 정밀하게 형성하는 첨단 생명공학 기술이다.
3단락 요약: 바이오 프린팅은 피부 등 단순 조직을 재건하는 데 활용되며, 장기 이식 대기 문제 해결을 위한 맞춤형 장기 제작 기술로 기대를 모으고 있다.
4단락 요약: 바이오 프린팅은 의학 연구와 신약 개발에 활용되며 정밀의료에 기여하지만, 복잡한 장기 구현과 면역 반응 통제 등 기술적 한계도 존재한다.
5단락 요약: 바이오 프린팅은 생명윤리와 의료 격차 우려가 있지만, 치료 혁신을 이끄는 핵심 기술로서 사회가 그 가치를 어떻게 사용할지 고민해야 한다.

기사의 구조적 접근을 꼭 알아야 해요!

1) 서론: 바이오 프린팅 기술 등장과 의의
인체 조직과 장기를 3D 프린터로 출력할 수 있다. 바이오 프린팅이 단순 상상이 아니라 현실 실험과 임상에 적용되고 있다.

2) 본론: 바이오 프린팅의 실제 적용과 과제
바이오 프린팅은 3D 프린터 원리를 활용해 살아 있는 세포를 겹겹이 쌓아 조직을 만드는 기술로, 피부·혈관 등 단순 구조에 임상 적용이 확대되고 있다. 특히 환자 유전 정보를 기반으로 장기를 제작하면 면역 거부 반응을 줄이고 이식 성공률을 높일 수 있어 장기 이식 문제 해결에 대한 기대가 크다. 다만 혈관·신경 등 복잡한 구조 구현과 면역 조절, 비용 부담, 윤리적 논란 등 해결 과제도 많아 사회적 합의와 생명윤리 기준 마련이 필요하다.

3) 결론: 바이오 프린팅의 미래 가치와 사회적 책임
바이오 프린팅은 미래 의학에서 핵심적인 변화를 이끌며, 생명과학의 진보이자 사회적 가치 논의의 중심에 서게 된다. 이러한 기술은 인류의 건강과 삶의 질을 크게 향상시킬 수 있지만, 그 사용에 대한 선택과 기준은 결국 우리 사회 전체가 고민하고 결정해야 할 문제임을 강조한다.

비판적 사고 키워 볼까요? ✚

1 다음 중 본문의 내용과 일치하는 것은?

① 바이오 프린팅은 플라스틱이나 금속으로만 활용해 인체 조직을 만드는 기술로, 생명체 조직을 기계적으로 구현한다는 점에서 주목받는다.

② 현재 바이오 프린팅으로 심장, 신장 등 모든 복잡한 장기를 완전히 구현할 수 있다.

③ 바이오 프린팅은 인체 조직을 만들 때 실제 살아 있는 세포와 생체 재료를 사용한다.

④ 바이오 프린팅은 신약 개발이나 의학 연구에는 아직 응용될 수 없으며, 실제 인체 조직을 실험에 활용하기엔 기술이 부족하다.

⑤ 바이오 프린팅 기술은 생명과 관련된 기술임에도 불구하고 윤리적 문제나 사회적 우려와는 아무런 관련이 없다는 주장이 있다.

2 다음 <보기>의 내용을 바탕으로 본문과 관련 없는 내용을 고르시오.

 보기

> ㉠ 바이오 프린팅은 3D 프린터에 살아 있는 세포와 생체 재료를 바이오 잉크처럼 활용해 인체 조직을 층층이 쌓아 만드는 기술이다.
> ㉡ 현재 바이오 프린팅은 피부, 연골, 혈관 등 구조가 단순한 조직을 중심으로 실험되며, 일부는 임상에 적용되어 긍정적 결과를 얻고 있다.
> ㉢ 바이오 프린팅은 이미 모든 종류의 복잡한 장기를 완벽하게 인쇄해 이식할 수 있다.
> ㉣ 바이오 프린팅은 생명과 직결된 기술로 윤리적 논란이 있으며, 공정한 의료 적용을 위한 사회적 기준과 생명윤리 마련이 필요하다.

① ㉠

② ㉡

③ ㉢

④ ㉣

⑤ ㉠, ㉣

3 바이오 프린팅 기술이 의료 분야에 가져올 변화와, 현 단계에서 해결이 필요한 기술적·윤리적 쟁점에 대해 서술하시오.

4 바이오 프린팅 기술이 미래 의료에 미칠 영향과 사회적·윤리적 쟁점, 그리고 우리가 고민해야 할 바람직한 활용 방향에 대해 서론, 본론, 결론으로 서술하시오.

중요

5 미래에 바이오 프린팅 기술이 학교나 지역사회에서 실생활과 연계되어 활용된다면, 어떤 교육 프로그램이나 사회적 활용 방안이 있을지 한 가지를 창의적으로 제안하고 그 기대 효과를 설명하시오.

집중

6 다음 '바이오 프린팅 기술의 장기 이식 및 의료 분야 활용 확대를 적극 추진해야 한다.' 이라는 논제를 바탕으로 찬성과 반대의 생각을 서술하시오.

찬성	반대

11 생체모방로봇, 자연에서 배우는 공학

도마뱀처럼 벽을 타고 걷는 로봇, 물고기처럼 유연하게 수영하는 로봇, 심지어 새처럼 날아다니며 장애물을 피해 움직이는 로봇. 이런 로봇들은 더 이상 상상이 아니다. 오늘날 과학자들은 자연의 움직임과 구조에서 아이디어를 얻어 다양한 로봇을 개발하고 있으며, 이를 생체모방기술(Biomimetics)❶ 또는 생체모방로봇(Bio-inspired Robot)❷이라 부른다. 자연에서 살아남은 생물들의 진화 방식은 수억 년에 걸쳐 검증된 최고의 설계서이며, 이는 공학자들에게 무궁무진한 영감을 제공한다.

생체모방로봇은 생물의 구조, 기능, 움직임을 모방해 만든 로봇이다. 이 기술은 단순히 동물의 외형을 흉내 내는 데 그치지 않고, 생물의 생존 원리와 운동 방식을 분석해 이를 인공적으로 재현하는 데 목적이 있다. 대표적인 예로는 로봇 개 '스팟(Spot)'이 있다. 이 로봇은 미국 보스턴 다이내믹스(Boston Dynamics)에서 개발했으며, 네 다리로 걷고 뛰며 계단을 오르고 넘어졌다가 다시 일어선다. 개의 관절 구조와 균형 감각을 모방해 매우 유연하고 안정적인 이동을 구현한다. 또한 게코❸ 도마뱀의 발바닥 구조를 본뜬 로봇도 있

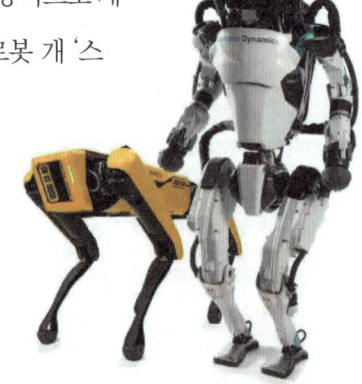

미국 보스턴 다이내믹스에서 개발한 두 발로 걷는 Atlas, 네 발로 걷는 Spot

다. 게코는 유리창 같은 매끄러운 표면도 자유롭게 기어오르는데, 이는 미세한 털 구조가 정전기력을 이용해 표면에 달라붙기 때문이다. 이를 모방한 과학자들은 극지방이나 우주 공간처럼 위험한 장소에서도 활용 가능한 벽타기 로봇을 개발하고 있다. 일본과 유럽에서는 문어의 근육 구조를 참고해 수중에서도 부드럽고 민첩하게 움직이는 로봇팔을 만들었으며, 이는 해저 탐사나 수중 구조 작업 등에 활용될 전망이다.

우리나라에서도 생체모방로봇 기술은 빠르게 발전하고 있다. KAIST(한국과학기술원) 연구진은 바퀴 없이 두 발로 걷는 이족보행 로봇❹ '휴보'를 개발해 국제 재난로봇 경진대회에서 세계 1위를 차지했다. 휴보는 사람처럼 무게 중심을 이동하며 계단을 오르고, 물건을 들어올리는 동작을 수행할 수 있다. 이는 인간의 골격과 근육의 작동 원리를 철저히 분석하고 이를 기계적으로 구현한 결과이다. 최근에는 새의 날갯짓을 모방한 드론이나 곤충의 더듬이를 본뜬 센서 등, 점점 더 다양한 생명체를 기반으로 한 로봇이 연구되고 있다.

생체모방로봇은 재난 구조, 군사 작전, 우주 · 수중 탐사, 의료 수술 등 사람이 접근하기 어려운 곳에서 큰 역할을 한다. 뱀을 닮은 로봇은 무너진 건물 안에서 생존자를 탐색하고, 곤충형 로봇은 복잡한 공간을 감시한다. 심장 박동에 맞춰 움직이는 주사기 로봇, 눈의 초점을 모방한 인공 수정체 등은 실제 치료에 활용되며, 여러 분야에서 혁신적인 가능성을 보여준다.

꼭 기억하렴

❶ **생체모방기술**: 자연 생물의 구조, 기능, 운동 원리를 모방해 새로운 기술·로봇 등에 적용하는 공학적 방법론
❷ **생체모방로봇**: 동물·식물의 움직임, 생존전략 등 생물학적 기작을 기계적으로 구현해 기존 로봇과 차별화된 기능을 가진 로봇
❸ **게코**: 미세한 털 구조로 유리창 등 매끄러운 벽을 타는 도마뱀류, 이 구조를 응용한 벽타기 로봇 등의 연구 기준 생물종
❹ **이족보행 로봇**: 두 다리로 균형을 잡아 직립하여 걷는 운동 방식. 인간, 새, 그리고 이를 모방한 로봇의 대표적 운동 구조

국어 공신 선생님

하지만 복잡한 생물의 움직임을 완벽히 재현하는 데는 설계상의 한계가 있으며, 고성능 센서·관절·AI 개발에 드는 높은 비용, 군사·감시 목적에 따른 윤리적 논란 등은 여전히 해결해야 할 과제로 남아 있다.

그럼에도 생체모방로봇은 미래 기술의 핵심 분야로 떠오르고 있다. 자연은 언제나 인간에게 최고의 교과서였다. 바람을 타는 새, 물속을 가르는 물고기, 벽을 오르는 곤충은 단순한 생명이 아니라, 기술의 가능성을 보여주는 살아 있는 힌트다. 중학생인 우리도 주변 생물들의 움직임에 관심을 가지고 관찰한다면, 미래의 로봇 기술에 영감을 줄 수 있을 것이다. 기술은 자연을 모방하고, 인간은 기술을 통해 자연을 다시 이해한다. 생체모방로봇은 그 둘 사이를 연결하는 멋진 다리가 되어준다.

국어 공신 선생님의 감상 꿀팁!

한걸음 더 깊이 생각해 보기

집중!

• 재난 구조, 의료, 탐사 등에서 생체모방로봇의 활약이 점차 늘고 있다. 이 기술이 앞으로 우리 사회의 안전과 환경, 복지 체계를 어떻게 바꿀 수 있을지 생각해보자.

생체모방로봇 기술의 발전은 인명 구조, 재난 대응, 환경 탐사 등 다양한 사회적 현안에서 획기적 변화를 가져올 수 있다. 예를 들어, 뱀 로봇이나 곤충형 로봇은 사람이 들어갈 수 없는 좁고 위험한 공간에 투입되어 실종자 탐색이나 구조, 위험 요소 감지에 즉각 활용된다. 의료 분야에서도 미세동작이 가능한 로봇팔, 눈 구조 모사 인공 수정체 등은 더 안전하고 정밀한 치료의 길을 연다. 우주 탐사, 극지 연구, 심해 조사 등 기존에는 불가능했던 환경에서도 정보 획득과 문제 해결이 가능해져, 국가적 재난과 환경·안전 이슈에 훨씬 빠르고 효율적으로 대응하는 사회가 될 것이다.

• 생체모방로봇이야말로 혁신의 상징이라 볼 수 있지만, 기술의 오·남용, 인간 일자리 감소, 감시사회 논란 등 사회적 문제를 가져올 수도 있다. 우리는 이런 위험에 어떻게 대비해야 할지 생각해보자.

생체모방로봇의 발전은 새로운 일자리와 사회적 가치 창출을 가능하게 하면서도, 노동시장 변화, 감시 및 군사 기술 남용 등 부정적 파장도 불러온다. 군사작전이나 감시 등에 로봇이 투입되어 인간 대신 의사결정을 하게 되면 자유와 윤리, 안전에 기존과 다른 위협이 생길 수 있다. 적절한 법적 기준과 사회적 논의 없이는 정보 유출, 프라이버시 침해가 일상화될 우려가 있다. 따라서 기술 발전 속도에 맞게 로봇의 용도와 권한을 사전에 사회적으로 합의하고, 일자리 변화 대응 직업 교육, 감시·공격용 활용에 관한 강도 높은 규제가 꼭 필요하다. 기술은 결국 사람이 쓰는 도구이므로, 사회적 책임을 명확히 해야 한다.

• 생체모방로봇 기술을 미래의 환경 보호, 교육, 예술 등 새로운 융합 분야에 적용한다면 어떤 창의적 시도를 해볼 수 있을지 생각해보자.

생체모방로봇은 환경 복원, 미래형 체험교육, 자연예술 창작 등 다양한 융합적 영역에서 새로운 가치를 창출할 수 있다. 예를 들면, 바닷속 미역밭이나 산호초 생태계를 복원하는 데 물고기형 로봇 떼를 활용해 환경 관리와 연구를 동시에 진행할 수 있다. 학교 현장에서는 새, 곤충, 네발동물형 로봇을 활용한 현장감 있는 체험 수업이 가능하고, 학생들은 직접 로봇을 만들어 생태계 원리를 배우고 창의력을 기를 수 있다. 또한 예술가들이 자연의 움직임을 모사한 로봇을 이용하여 다양한 '움직이는 조각'이나 퍼포먼스를 선보이면, '자연-기계-인간'이 공존하는 새로운 예술 장르를 개척할 수도 있다. 이처럼 생체모방로봇은 과학·환경·예술 융합의 창의적 플랫폼이 될 수 있다.

정리해 볼까요?

기사에 대해서 알아볼까요?

주제: 자연의 구조와 생명체의 움직임을 모방한 생체모방로봇이 다양한 분야에서 개발·활용되고, 이에 따른 도전과제와 미래 가치를 지닌다.
핵심어휘: 생체모방로봇, 생체모방기술, 이족보행 로봇, 재난 구조, 윤리적 논란

1단락 요약: 공학자들은 자연의 진화 원리를 모방한 생체모방기술로 도마뱀, 물고기, 새처럼 움직이는 다양한 로봇을 개발하고 있다.
2단락 요약: 생체모방로봇은 생물의 구조와 움직임을 모방해 만든 로봇으로, 개·도마뱀·문어 등 다양한 생물을 참고해 재난·수중 탐사 등에 활용된다.
3단락 요약: KAIST는 인간의 움직임을 모방한 이족보행 로봇 '휴보'를 개발해 세계 1위를 차지했으며, 다양한 생명체 기반 로봇 연구도 활발히 진행 중이다.
4단락 요약: 생체모방로봇은 재난 구조, 의료, 탐사 등 다양한 분야에 활용되며, 기술적 한계와 윤리적 논란 등 해결 과제도 함께 존재한다.
5단락 요약: 생체모방로봇은 자연을 모방해 미래 기술의 핵심으로 떠오르고 있으며, 생물의 움직임은 로봇 개발에 영감을 주는 살아 있는 교과서다.

기사의 구조적 접근을 꼭 알아야 해요!

1) 서론: 생체모방로봇 개발과 자연 모방의 의의
자연에서 얻은 진화의 원리와 움직임이 생체모방로봇 개발에 영감을 주며, 살아남은 생명체의 진화가 공학과 로봇 기술 발전에 큰 가치를 제공한다는 점을 강조한다.

2) 본론: 생체모방기술의 실제 적용과 발전 현황
생체모방로봇은 동물의 구조와 운동을 정밀하게 재현한 기술로, 로봇개 '스팟', 게코 도마뱀 로봇, 문어 팔 로봇 등이 대표 사례다. 국내에서는 이족보행 로봇 '휴보', 드론, 센서 등 다양한 기술이 개발되어 재난 구조, 탐사, 의료 등 실생활에 활용되며, 기술적 난이도와 윤리적 문제도 함께 논의되고 있다.

3) 결론: 생체모방로봇의 미래 기술적 가치 강조
생체모방로봇이 자연과 인간, 기술을 연결하는 미래 기술로서 가치가 크다는 점을 강조하고, 주변 생명체를 관찰하는 일이 향후 로봇 개발의 새로운 영감이 될 수 있음을 시사하며, 기술과 자연, 인간이 서로 이해하고 발전해 나가는 관계임을 밝힌다.

비판적 사고 키워 볼까요? ✚

1 다음 중 본문의 내용과 일치하는 것은?

① 생체모방로봇 기술은 오직 동물의 모양만 흉내 내는 데 한정된다.

② 게코 도마뱀을 모방한 로봇은 집안 청소용으로만 쓰인다.

③ 생체모방로봇은 재난 구조, 우주 탐사, 의료 수술 등 다양한 분야에서 활용된다.

④ 이족보행 로봇 '휴보'는 네발로만 움직일 수 있다.

⑤ 생체모방로봇은 윤리적 고민이나 한계 없이 쉽게 개발된다.

2 다음 <보기>의 내용을 바탕으로 본문에서 주장하거나 사실로 확인된 내용에 해당하지 않는 선택지를 고르시오.

> 보기

중요

> 생체모방로봇은 자연에서 관찰한 동물의 움직임과 구조를 모방하여 개발된다. 대표적으로, 로봇개 '스팟'은 네 다리로 걷고 뛰며, 개의 관절 구조와 균형 감각을 반영해 안정적으로 이동한다. 게코 도마뱀의 발 구조를 본뜬 벽타기 로봇은 극지방이나 우주 등 위험 장소에 활용되고 있다. 한편, 의료 분야에서도 심장 박동을 따라 움직이는 로봇 주사기 등 다양한 치료용 로봇이 개발되기도 한다. 그러나 생체모방로봇에는 고도의 설계, 높은 개발비, 군사·감시 목적 남용 등 윤리적 문제와 한계도 함께 논의된다.

① 다른 분야와 달리, 의료 현장에서는 생체모방로봇이 아직 연구 단계일 뿐 환자 치료에는 쓰이지 않는다.

② 로봇개 '스팟'은 실제로 동물의 관절 구조와 균형 감각을 모방하며 안정적 이동을 실현했다.

③ 게코 도마뱀의 발 구조에서 아이디어를 얻은 벽타기 로봇은 위험한 환경에서 효과적으로 활용될 수 있다.

④ 생체모방로봇 기술에는 윤리 문제와 높은 개발 비용, 기술적 한계가 함께 논의된다.

⑤ 생체모방로봇은 심장 박동 등 실제 생물의 움직임을 모방해 의료기기에 적용되기도 한다.

3 생체모방로봇이 우리 사회에 미치는 영향과, 이 기술이 지닌 한계나 사회적 고민을 구체적으로 서술하시오.

4 생체모방로봇 기술의 발전이 가져올 미래 사회의 변화와 그 과정에서 해결해야 할 핵심 과제에 대해 서론, 본론, 결론으로 서술하시오.

중요

5 미래의 생체모방로봇 기술이 학교나 지역사회에서 긍정적으로 쓰이기 위해 어떤 새로운 아이디어나 프로그램이 필요할지 창의적으로 제안하고, 그 효과를 설명하시오.

집중

6 다음 '생체모방로봇 기술의 군사용·감시용 활용을 사회적으로 확대해야 한다.'이라는 논제를 바탕으로 찬성과 반대의 생각을 서술하시오.

찬성	반대

냄새를 저장하고 전송하는 디지털 향기 기술

12

냄새를 디지털로 저장하고, 전송하며, 다시 재현할 수 있는 기술이 개발되고 있다는 사실을 알고 있는가? 바로 '디지털 향기 기술(Digital Olfaction Technology)❶'이다. 이 기술은 영상과 소리 중심의 디지털 콘텐츠를 넘어, 이제는 '냄새'까지

냄새 트랙을 생성하는 디지털 향기 스피커 '시라노' 제품

전송하는 새로운 감각 경험의 길을 열고 있다.

디지털 향기 기술은 크게 세 가지 과정으로 이루어진다. 첫째, 냄새를 인식해 디지털 데이터로 변환하는 기술, 둘째, 그 데이터를 저장하거나 네트워크로 전송하는 기술, 셋째, 해당 데이터를 실제 향기로 재현하는 기술이다. 이를 위해 '전자 코(Electronic Nose)❷'라 불리는 장치가 개발되었는데, 여러 개의 화학 센서를 통해 공기 중 분자 조합을 감지하고 이를 디지털 신호로 변환한다. 사람의 후각이 다양한 신경 수용체를 통해 냄새를 감지하듯, 전자 코도 센서 조합으로 복합적인 향을 인식한다.

2023년, 일본의 한 스타트업은 실제 꽃 향기를 저장하고 전송하는 장치를 선보였다. 사용자가 스마트폰 앱에서 '장미 향기'를 선택하면, 연결된 디퓨저 기기에서 해당 향이 분사되는 방식이다. 이 장치는 단순히 향수를 뿌리는 것이 아니라, 디지털화된 향기 신호를 전송해 냄새를 구현한다. 미국과 유럽의 기술 기업들도 '디지털 향기 통신'을 가능하게 하는 웨어러블 기기 개발에 뛰어들고 있으며, 일부는 영화나 게임, VR 콘텐츠와 연동해 향기를 함께 체험할 수 있는 시제품을 제작 중이다.

이 기술은 단순한 엔터테인먼트용을 넘어 다양한 산업에 적용된다. 전자상거래 분야에서는 화장품, 음식, 향수를 직접 맡아보지 않고도 냄새를 체험할 수 있어 '냄새 미리보기' 기능이 가능해진다. 예를 들어, 온라인에서 커피를 주문하기 전 화면 속 버튼을 누르면 실제 커피 향이 분사되어 상품 선택에 도움을 줄 수 있다. 의료 분야에서는 전자 코가 조기 질병 진단에 활용된다. 연구에 따르면 폐암, 당뇨병, 신장 질환 환자의 호흡에는 특정 휘발성 유기화합물(VOC)이 포함되어 있으며, 이를 분석해 질병 유무를 감지할 수 있다. 이는 냄새로 병을 진단하는 디지털 진료의 가능성을 보여준다.

교육과 문화 콘텐츠 분야에서도 향기 기술은 새로운 가능성을 만든다. 온라인으로 박물관 전시를 관람하면서 고대 유적의 냄새나 당시 사용된 향료의 향을 함께 체험한다면 몰입감은 훨씬 커진다. 요리 수업에서는 음식의 조리 과정을 시청하며 조리 냄새를 실시간으로 맡을 수 있고, 문학 작품을 읽으며 장면에 어울리는 향기를 경험할 수도 있다. 이처럼 디지털 향기 기술은 '냄새'라는 감각을 디지털 콘텐츠의 일부로 통합하며 미래형 미디어 환경을 구축한다.

꼭 기억하렴

❶ 디지털 향기 기술: 향을 감지하고, 디지털 신호로 변환하거나, 디지털 장치를 통해 향기를 생성하고 전달하는 기술
❷ 전자 코: 여러 종류의 화학 센서로 공기 중 냄새 분자 조합을 감지해 디지털 데이터로 변환하는 탐지 장치
❸ 향기 분자(향기 分子): 냄새를 만들어내는 휘발성 유기화합물 등 다양한 화학적 분자

국어 공신 선생님

디지털 향기 기술은 인간의 감각을 확장하는 혁신적 분야지만, 아직 해결해야 할 기술적·윤리적 과제가 많다. 향기는 시각·청각과 달리 표준화가 어려우며, 사람마다 인지 방식이 달라 재현 정확도가 낮을 수 있다. 센서의 정밀도, 향기 분자❸의 디지털 분석과 저장, 분사 장치의 안전성, 알레르기 반응 등 건강상의 문제도 남아 있다. 또한 특정 향기를 활용해 소비자 심리를 조작하거나, 후각 정보를 무단 수집·활용하는 개인정보 침해 등 윤리적 이슈도 대두된다. 이에 따라 관련 규제와 윤리 기준 마련이 필요하다. 그럼에도 디지털 향기 기술은 감각 경험의 새로운 지평을 여는 가능성을 지녔으며, 미래의 콘텐츠 제작, 의료, 문화 등 다양한 분야에서 큰 혁신을 가져올 수 있다.

국어 공신 선생님의 감상 꿀팁!

 ## 한걸음 더 깊이 생각해 보기

• 냄새를 저장, 전송, 재현하는 디지털 향기 기술이 빠르게 상용화되고 있다. 앞으로 이 기술이 일상생활과 산업에서 인간의 감각 경험을 어떻게 변화시키고, 어떤 새로운 사회적 이익이나 문제를 불러올 수 있을지 생각해보자.

디지털 향기 기술의 상용화는 사람들의 미디어 경험을 한층 다감각적으로 확장한다. 온라인 쇼핑에서 상품의 실제 향을 시도해보고, VR 영화에서는 장면에 따라 냄새까지 함께 체험하게 된다. 원격으로 지구 반대편의 명소 향기를 맡거나, 요리 교육·문학·VR 대화 등에서도 몰입감이 크게 높아진다. 병원에서는 전자 코로 쉽고 빠른 질병 진단이 가능해진다. 그러나 냄새 표준화가 어려워 사용에 혼란이 있고, 해킹으로 이상한 냄새가 유포되거나 알레르기 및 건강 피해, 후각 정보 유출 등 새로운 위험이 발생할 수 있다. 산업계와 사회는 감각의 진위, 안전, 개인정보를 함께 고려한 규제 도입과 기술윤리를 적극 논의해야 한다. 혁신의 기회와 함께 사회적 합의와 기준 마련이 필수라고 생각한다.

• 디지털 향기 기술이 일상에 들어오면 소비자 경험은 풍부해지지만, 향기 정보가 조작되거나 남용될 때 발생할 사회적·윤리적 문제에는 무엇이 있을지, 그리고 이를 예방하려면 무엇이 필요할지 생각해보자.

향기에 민감한 뇌 특성을 활용해 기업이 특정 제품 냄새(예: 의도적으로 기분 좋은 향)를 지속적으로 전송하면 무의식적인 구매 욕구를 자극하거나 감정적 반응을 유도하는 상업적 남용이 가능하다. 또한, 누군가의 후각 데이터를 모으고 동의 없이 마케팅에 쓴다면 심각한 개인정보 침해가 발생한다. 온라인 범죄자가 혐오 냄새를 보내거나, 특정 집단 차별에 악용할 수도 있다. 이를 막으려면 디지털 향기 광고와 콘텐츠에 대해 명확한 고지와 사용자 선택권을 보장하고, 모든 데이터 수집·전송은 엄밀한 동의와 익명처리를 거쳐야 한다. 사회적으로는 '디지털 향기 윤리' 규범을 마련해, 감각 조작과 정보 오남용을 감시하는 제도적 장치가 필요하다.

• 디지털 향기 기술이 미래의 교육, 예술, 헬스케어, 지역 관광 등 여러 분야와 융합된다면, 어떤 새로운 서비스나 사회적 가치가 만들어질 수 있을지 자유롭게 상상해보자.

교육 분야에서는 온라인 과학실험, 환경수업, 문학읽기 시간에 각 단원에 맞는 냄새를 전달하여 학습 몰입도를 극대화할 수 있다. 미술관이나 공연장에서도 작품 속 풍경 향기를 재현해 관람객의 감정 이입을 유도한다면 감각 예술이 탄생한다. 헬스케어에서는 치매 환자, 우울증 환자를 위한 향기 치료, 기분 전환 프로그램 등이 가능하며, 여행 산업에서는 지역 특산물·자연환경의 독특한 향기를 세계 어디서나 경험하는 '향기 관광' 서비스가 등장할 수 있다. 장애인을 위한 보조 기술(예: 시각 정보가 부족할 때 실내 내비게이션 향기 지도), 공공장소 악취 청정 시스템 등 다양한 융합 활용이 떠오른다. 결국 디지털 향기 기술은 상상력을 기반으로, 삶의 질과 문화의 지평을 동시에 넓힐 수 있는 차세대 융합 플랫폼이 될 수 있다고 생각한다.

정리해 볼까요?

기사에 대해서 알아볼까요?

주제: 디지털 향기 기술은 새로운 감각 경험을 가능하게 하며, 다양한 분야에 활용될 수 있지만, 기술적·윤리적 과제도 함께 제기된다.

핵심어휘: 디지털 향기 기술, 전자 코, 향기 통신, 휘발성 유기화합물, 감각 콘텐츠, 안전성, 규제, 윤리

1단락 요약: 디지털 향기 기술은 냄새를 디지털로 저장·전송·재현하는 기술로, 영상과 소리를 넘어 후각까지 포함한 새로운 감각 콘텐츠 시대를 열고 있다.

2단락 요약: 디지털 향기 기술은 냄새를 디지털로 변환·전송·재현하는 과정으로 이루어지며, 전자 코가 센서를 통해 향을 감지해 신호로 바꾸는 역할을 한다.

3단락 요약: 2023년 일본 스타트업은 장미 향기를 저장·전송하는 장치를 선보였고, 미국·유럽도 영화·게임·VR과 연동된 디지털 향기 기기를 개발 중이다.

4단락 요약: 디지털 향기 기술은 전자상거래에서 냄새 미리보기를 가능하게 하고, 의료 분야에서는 전자 코로 질병을 조기 진단하는 데 활용된다.

5단락 요약: 디지털 향기 기술은 박물관, 요리 수업, 문학 등 교육·문화 콘텐츠에 향기를 더해 몰입감을 높이며, 미래형 감각 미디어 환경을 만들어간다.

6단락 요약: 디지털 향기 기술은 감각을 확장하는 혁신 분야지만, 표준화 어려움, 건강·윤리 문제 등 과제가 있으며, 규제 마련이 필요한 미래 기술이다.

기사의 구조적 접근을 꼭 알아야 해요!

1) 서론: 디지털 향기 기술 발전과 새로운 감각 경험의 탄생

디지털 향기 기술이 등장해 영상·소리 중심 디지털 미디어에서 냄새까지 전송·재현하는 새로운 감각 경험을 만든다. 전자 코와 센서 기술 등을 기반으로 향기가 디지털 신호로 변환되어 전송·저장될 수 있음을 소개한다.

2) 본론: 디지털 향기 기술의 활용 원리와 다양한 응용

디지털 향기 기술은 냄새를 데이터로 변환·전송·재현하는 과정을 통해 전자 코, 디퓨저 등 장치로 구현되며, 일본·미국·유럽에서 시제품이 개발되고 있다. 이 기술은 전자상거래, 의료, 교육·문화 분야로 확장되며, 표준화의 어려움, 정밀도, 안전성, 개인정보 침해 등 윤리적 쟁점에 대한 사회적 논의가 필요하다.

3) 결론: 디지털 향기 기술이 여는 미래 감각 혁신과 과제

디지털 향기 기술은 감각을 확장해 혁신적 경험을 제공할 잠재력이 크지만, 표준화·정확성·윤리 문제 등 과제가 남아 있어 기술과 사회의 균형 발전이 필요하다.

비판적 사고 키워 볼까요? +

1 다음 중 본문의 내용과 일치하는 것은?

① 디지털 향기 기술은 아직 연구 단계에 머물러 있으며, 실제로 상용 제품이나 응용 사례는 없다.
② 디지털 향기 기술은 영상이나 소리처럼 표준화가 쉬워 모든 사람이 똑같이 인지할 수 있다.
③ 전자 코는 다양한 화학 센서를 통해 냄새 분자를 감지하고, 이를 디지털 신호로 전환하는 역할을 한다.
④ 디지털 향기 기술은 오직 오락·엔터테인먼트 분야에서만 활용된다.
⑤ 향기 정보를 디지털로 저장·전송해도, 사용자 건강이나 개인정보 보호 문제는 발생하지 않는다.

2 다음 <보기>의 내용을 바탕으로 본문과 관련 없는 내용을 고르시오.

 보기

 디지털 향기 기술은 냄새를 전자 코를 이용해 디지털 데이터로 변환하고, 그 정보를 저장 및 전송한 뒤, 다시 실제 향기로 재현하는 복합적 과정을 가진다. 이 기술은 영화나 게임, 온라인 쇼핑, 의료 진단, 교육 등 다양한 분야에서 활용되고 있다. 또한 디지털 향기 기술이 표준화와 재현의 어려움, 그리고 개인정보 보호나 알레르기 등 윤리적 쟁점을 포함하고 있다는 점도 주목받고 있다.

① 전자 코는 냄새 분자를 감지해 디지털 데이터로 변환한다.
② 온라인 쇼핑에서 실제 상품의 향기를 미리 체험하는 기능이 가능하다.
③ 디지털 향기 기술은 질병 진단, 교육 콘텐츠 등 실제 산업 현장에서 사용된다.
④ 디지털 향기 기술은 모든 사용자가 동일하게 인식할 수 있고, 안전성이나 윤리 문제는 없다.
⑤ 디지털 향기 기술은 표준화와 안전성, 개인정보 문제 등 사회적 논의가 필요하다.

3 디지털 향기 기술의 원리와 실제로 적용되고 있는 다양한 분야, 그리고 이 기술이 사회적으로 안고 있는 주요 쟁점에 대해 서술하시오.

4 디지털 향기 기술이 미래 사회에 미칠 변화와 혁신, 그리고 기술적·윤리적 쟁점 및 우리가 지향해야 할 바람직한 활용 방향에 대해 서론, 본론, 결론으로 서술하시오.

중요

5 디지털 향기 기술을 학교, 지역사회 또는 새로운 미디어 환경에서 창의적으로 활용할 수 있는 아이디어 한 가지를 제안하고, 그 의미나 기대 효과를 설명하시오.

집중

6 다음 '디지털 향기 기술의 일상적 확산은 사회에 긍정적이다.'이라는 논제를 바탕으로 찬성과 반대의 생각을 서술하시오.

찬성	반대

13 전자피부와 인공감각 기술, 감각을 복원할 수 있을까?

우리는 피부를 통해 온도, 촉감, 진동 등 섬세한 감각을 느낀다. 이러한 촉각은 일상과 생존에 필수적이지만, 사고나 질병으로 감각을 잃은 사람들에게는 큰 위협이 된다. 이를 극복하려는 노력은 전자피부❶와 인공감각❷ 기술의 발전으로 이어지고 있다. 과연 기

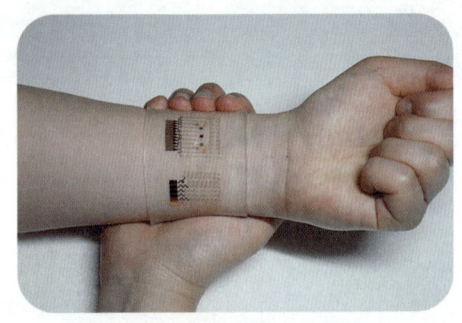

그래핀 복합체로 만들어진 '전자피부'

술로 잃어버린 감각을 되찾을 수 있을까?

전자피부란 피부처럼 유연하게 휘어지고 늘어나며, 접촉·압력·온도 등 외부 자극을 감지하는 인공 피부를 말한다. 기존의 인공 피부가 단순히 상처를 덮는 역할에 그쳤다면, 전자피부는 센서와 전도성 회로가 내장되어 실제 피부와 유사한 감각을 전달할 수 있다. 최근에는 신축성 있는 고분자 소재와 매우 얇은 회로 설계를 통해 실제 피부 수준의 유연성과 감지 정밀도를 구현하는 연구가 세계 각국에서 진행되고 있다. 대표적으로 한국과학기술연구원(KIST), 서울대, 스탠퍼드대, MIT 등의 연구진이 전자피부 개발을 선도하고 있으며, 2023년에는 땀을 이용해 자체 발전이 가능한 전자피부까지 발표되었다. 이러한 전자피부는 팔이나 손이 절단된 이들이 사용하는 의수(義手)에 연결되어 따뜻함, 무게감, 압력 같은 자극을 실제로 경험하게 해준다. 감지된 신호는 신경 말단이나

뇌에 전기 자극 형태로 전달되며, 사용자는 오랜만에 촉감을 느낄 수 있게 된다. 이처럼 복잡한 정보 처리와 신경 전달은 인공감각 기술과도 연결된다. 단순한 접촉뿐 아니라 통증, 온도, 미세한 압력 차이, 부드러움과 까슬함까지 세밀하게 구분해주는 기술이 바로 인공감각이다. 이를 위해 전자피부 센서에서 얻은 데이터를 실제 뇌의 감각 처리 과정과 유사하게 변환·재현하는 디지털 및 바이오 기술이 결합된다.

전자피부와 인공감각 기술은 의료 현장에서 다양하게 활용되고 있다. 절단 장애, 척수 손상, 말초신경 질환 등으로 감각을 잃은 환자들은 촉각을 복원하는 새로운 치료법의 혜택을 받을 수 있다. 또한 뇌졸중이나 마비 환자의 손끝 재활에도 전자피부 장갑이 도입되고 있다. 재활 장치는 반복적이고 정밀한 자극을 통해 신경 재생을 유도하고, 실제로 물건을 잡거나 만지는 느낌까지 복원한다. 산업 및 로봇 분야에서도 전자피부의 잠재력은 크다. 예를 들어 로봇팔에 전자피부를 적용하면 사람처럼 섬세한 힘 조절이 가능해지고, 물건의 감촉·온도·재질 등을 구분하며 작업할 수 있다. 이는 반도체 조립, 의료용 수술 로봇, 위험한 환경에서의 구조 로봇 등 다양한 산업 현장에서 활용될 전망이다. 하지만 전자피부가 실제 사람의 피부처럼 완벽하게 감각을 재현하기까지는 기술적으로 해결해야 할 과제가 많다. 사람의 피부에는 수많은 감각 수용체[3]가 분포해 미세한 변화도 실시간으로 뇌에 전달한다. 이러한 복잡한 신경망, 자가 치유 기능, 감정 반응 같은 생체 특성을 모두 기계로 구현하는 것은 아직 어렵다. 장

---

① **전자피부**: 유연하고 신축성 있는 재질 위에 전도성 센서와 회로를 넣어 접촉, 온도, 압력 등 자극을 감지하고 반응할 수 있는 인공 피부
② **인공감각**: 감각을 잃은 신체 부위에도 접촉, 통증, 온도, 질감 등 섬세한 자극을 분별해주는 첨단 생체공학 및 바이오 기술
③ **감각 수용체**: 외부 자극을 전기 신호로 변환해 뇌에 전달하는, 피부·신경계에 분포한 미세 생체 구조

꼭 기억하렴

국어 공신 선생님

시간 신체에 부착될 경우 신체 친화성, 내구성, 전력 공급, 위생 문제 등도 고려해야 한다.

또한 정교해진 감각 기술은 윤리적 논란도 동반한다. 예를 들어 감각을 조작하거나 인공감각 정보를 범죄나 군사적으로 악용할 수 있다는 우려가 있다. 개인의 신경 계통에 외부 자극을 가하는 만큼, 안전성과 인권, 생명 존중의 가치에 기반한 엄격한 사용 기준이 마련되어야 한다. 기술이 인간의 삶을 돕는 도구로만 쓰이도록 사회적 감시와 윤리적 성찰도 함께 요구된다.

국어 공신 선생님의 감상 꿀팁!

한 컬음 더 깊이 생각해 보기

집중!

• 전자피부와 인공감각 기술이 절단 환자, 신경 질환자, 로봇 분야 등에 활용되면서 '감각 복원' 혁신이 현실이 되고 있다. 이 기술이 앞으로 의료, 산업, 일상생활에 가져올 긍정적 변화와, 함께 대응해야 할 사회적 과제에는 무엇이 있을지 생각해보자.

전자피부와 인공감각 기술은 사고·질병 등으로 촉각을 잃은 이들에게 새로운 희망이 되고, 로봇·의수·의족·재활 치료 등 광범위한 의료 서비스 혁신을 이끈다. 감각 복원 덕분에 장애인은 스스로 일상생활을 할 수 있게 되고, 재활 속도와 삶의 질도 크게 향상된다. 산업 현장에서는 로봇에 사람 손과 유사한 센싱 기능을 부여해 위험·정밀 작업에서 효율과 안전을 높일 수 있다. 그러나 실제 사람 피부 수준의 감각 재현에는 기술적 한계가 있고, 장기 부착 시 생체 적합성, 오작동·내구성, 감각 과자극으로 부작용이 발생할 수 있다. 또한 기기 해킹, 의도적 감각 조작 등 안전·윤리 문제가 새롭게 등장한다. 기술 발전과 함께 임상 검증, 사용자 안전 기준, 사회적 윤리 논의가 반드시 병행되어야 한다.

● 전자피부·인공감각 기술은 감각 복원을 넘어, 인간의 감각 자체를 증강하거나 조작하는 방식으로 진화할 수도 있다. 만약 사회가 감각을 인위적으로 설계·통제할 수 있다면, 어떤 새로운 윤리적·문화적 문제와 선택의 갈림길이 생길지 생각해보자.

감각 복원의 경계를 넘어, 전자피부가 '삶의 질' 향상 대신 군사용·상업적 감각 조작이나 감각 증강(예: 사람보다 뛰어난 온도감지, 고통 차단) 등에 쓰인다면 '감각의 평등'이나 '인간존엄성'에 대한 논란이 거세질 수 있다. 감각을 인위적으로 바꾸거나 통제하는 사회에서는, 개인 자유나 자율성이 침해되고, 감각 정보가 상업적으로 오남용될 위험도 크다. 예를 들어, 특정 행동을 유도하기 위해 촉각을 악용한다면, 신체적 자기결정권이 침해될 수 있다. 또한 부유층만 더 우수한 감각 복원·증강 서비스를 받는다면 새로운 '감각 불평등'도 불가피하다. 우리는 기술 진보가 윤리·법·사회적 합의에 맞춰 '평등하게, 인간의 존엄을 지키는 선'을 정하고, 그 경계를 엄격히 만들 의무가 있다고 생각한다.

● 전자피부·인공감각 기술이 의학을 넘어 예술·교육·사회복지·스포츠 등과 융합된다면 어떤 혁신적 서비스가 탄생할 수 있을지, 그리고 그것이 사회에 주는 긍정적 가치는 무엇일지 자유롭게 상상해보자.

전자피부 기술로 장애를 극복하는 것뿐 아니라, 예술 공연에서도 관객이 무대를 직접 '촉감'으로 경험하는 실감극장이 생길 수 있다. 예를 들어 음악연주와 함께 무대 바람·악기 진동·온도 변화를 전자피부로 청각장애인도 '몸 전체로' 느끼게 한다면, 감각 차별 없는 예술 향유가 가능하다. 체육교육에서는 스포츠 전용 전자피부를 활용해 다양한 운동에서 미세 충격·근력·피로도를 실시간 측정하여 안전하고 과학적인 훈련 코칭도 실현될 수 있다. 노인 복지시설에서는 로봇 간호사에 전자피부를 적용해 환자와 더 따뜻하게 교감하고 안전하게 돌볼 수 있다. 이런 융합은 단순히 기술 혁신이 아니라, 누구나 '느낄 권리'를 존중하고, 감각을 통한 연결과 공감의 새로운 시대를 여는 중요한 사회적 가치가 될 것이다.

정리해 볼까요?

기사에 대해서 알아볼까요?

주제: 전자피부와 인공감각 기술은 감각 상실 환자의 삶을 변화시키며, 의료·산업·윤리 등 다양한 영역에서 새로운 가능성을 제시한다.

핵심어휘: 전자피부, 인공감각, 센서, 신경 전달, 촉각 복원, 신체친화성, 자체 발전, 로봇팔, 기술 윤리

1단락 요약: 피부는 온도, 촉감, 진동 등 섬세한 감각을 전달하며 생존에 필수적인 역할을 하지만, 사고나 질병으로 감각을 잃은 사람들을 위해 전자피부와 인공감각 기술이 발전하며 감각 복원의 가능성을 열고 있다.

2단락 요약: 전자피부는 유연한 소재와 센서를 활용해 접촉·압력·온도 등 자극을 감지하고, 의수에 연결해 실제 촉감을 전달하며, 인공감각 기술과 결합해 통증·질감까지 세밀하게 재현하는 혁신적 감각 복원 기술이다.

3단락 요약: 전자피부와 인공감각 기술은 절단·신경 손상 환자의 촉각 복원과 재활 치료에 활용되며, 로봇팔 등 산업 분야에도 적용 가능하지만, 생체 감각의 정밀한 재현과 지속적 사용을 위한 기술적 과제가 여전히 남아 있다.

4단락 요약: 정교해진 감각 기술은 감각 조작이나 정보 악용 가능성 등 윤리적 논란을 동반하며, 개인의 신경에 직접 작용하는 만큼 안전성과 인권을 고려한 엄격한 기준과 사회적 감시가 필요하다.

기사의 구조적 접근을 꼭 알아야 해요!

1) 서론: 감각 복원 기술의 등장과 의의
촉각 상실이라는 인간의 근본적 어려움을 극복하기 위한 전자피부와 인공감각 기술의 발전이 시작된다. 삶에서 촉각의 중요성을 짚으며, "감각을 되찾을 수 있는가?"라는 물음을 제기한다.

2) 본론: 전자피부·인공감각의 원리, 적용, 한계
전자피부와 인공감각 기술은 센서·회로·신경 자극을 통해 촉각·온도·압력·통증을 재현하며, 절단 장애나 마비 환자, 의수, 로봇 등에 적용되어 삶의 질을 높인다. 하지만 정교한 수용체 구조, 생체친화성, 내구성 등 기술적 과제와 함께 감각 조작·악용, 인권 침해 등 윤리적 문제에 대한 안전 기준 마련도 필요하다.

3) 결론: 따뜻한 과학기술과 사회적 책임
전자피부·인공감각 기술이 삶을 회복시키는 따뜻한 과학의 사례임을 강조한다. 인간다움과 사회적 책임, 윤리의식을 바탕으로 기술이 발전해야 한다고 제안한다.

비판적 사고 키워 볼까요? ✚

1 다음 중 본문의 내용과 일치하는 것은?

① 전자피부는 단순히 상처를 덮는 역할만 하며 센서 기능은 없다.

② 전자피부와 인공감각 기술은 미래에는 예술 분야에만 제한적으로 활용될 전망이다.

③ 최근에는 신축성과 정밀 감지 능력을 갖춘 전자피부가 실제 감각 복원에 활용되고 있다.

④ 전자피부는 누구나 쉽게 사용할 수 있지만 안전성이나 생체친화성 문제는 고려하지 않아도 된다.

⑤ 인공감각 기술은 윤리적이나 사회적 논의가 필요 없을 정도로 완전히 안전하다.

2 다음 <보기>의 내용을 바탕으로 본문과 관련 없는 내용을 고르시오.

보기

> 전자피부와 인공감각 기술은 인간이 온도, 압력, 촉감 등 다양한 감각을 인공적으로 재현하거나 복원할 수 있게 도와준다. 의료 현장에서는 의수, 척수 손상, 신경 질환 환자의 촉각 복원, 재활 치료에 쓰이고 있으며, 산업에서는 로봇팔이나 수술 로봇, 위험 환경 구조 로봇 등에도 적용된다. 이 기술의 발전에는 촉각 신호를 처리해 신경에 전달하는 정밀 센서, 신체 장기적 부착이 가능한 소재 개발 등 다양한 공학적 노력이 필요하다. 하지만 아직 사람 피부의 모든 감각을 완벽히 구현하지는 못하고, 장기 안전성, 윤리적 문제 등도 함께 논의되고 있다.

① 전자피부는 의료 분야에서 감각 복원과 재활 치료에, 산업 분야에서는 로봇의 섬세한 작업 수행에 활용되는 혁신 기술이다.

② 모든 감각 정보를 완벽하게 재현할 수 있는 전자피부가 상용화되어 있다.

③ 신경 신호 전달, 소재의 장기 안전성 등이 기술의 주요 과제로 지적된다.

④ 전자피부와 인공감각 기술은 척수 손상이나 신경 질환 환자에게 촉각을 복원하는 치료법으로 실제 의료 현장에서 활용되고 있다.

⑤ 촉각의 재현뿐 아니라 사회적, 윤리적 논의도 함께 이루어지고 있다.

3 전자피부와 인공감각 기술이 사람들의 삶에 미치는 긍정적 영향과, 기술 발전 과정에서 함께 고려해야 할 위험이나 사회적 과제에 대해 서술하시오.

4 전자피부와 인공감각 기술이 미래 사회에 미칠 영향, 기술·윤리적 과제, 그리고 우리가 추구해야 할 기술 활용의 방향에 대해 서론, 본론, 결론으로 서술하시오.

중요

5 미래 사회에서 전자피부와 인공감각 기술을 안전하고 창의적으로 활용하기 위해, 학교·지역사회 또는 일상생활에서 실천 가능한 새로운 아이디어나 프로그램을 제안하고, 그 필요성과 효과를 설명하시오.

집중

6 다음 '전자피부와 인공감각 기술의 인간 신체 적용을 적극 확대해야 한다.'이라는 논제를 바탕으로 찬성과 반대의 생각을 서술하시오.

찬성	반대

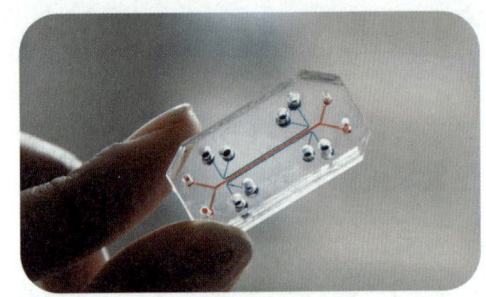

하버드 대학교 와이스 연구소에서 개발중인
'미니 장기칩'

과학자들은 이제 마우스나 원숭이 같은 실험동물이 아닌, 손바닥보다 작은 투명한 칩 위에서 인체 장기처럼 반응하는 구조를 만들고 있다. 이를 '미니 장기칩(Organ-on-a-Chip)'이라 부른다. 이 기술은 생명공학, 미세유체공학[1], 재료과학이 융합된 첨단 바이오 기술로, 인체 기관의 기능을 모방하여 약물 테스트, 질병 연구, 독성 실험 등에 활용된다. 기존의 동물 실험을 대체할 수 있다는 점에서 생명 윤리와 과학적 정확성 모두를 높이는 중요한 혁신으로 평가받고 있다. 미니 장기칩은 이름 그대로 사람의 장기를 모방해 만든 작은 크기의 칩이다. 이 칩 안에는 혈관처럼 좁고 얇은 채널이 있으며, 그 안에 사람의 세포를 배양해 실제 인체처럼 혈액이 흐르고 세포가 반응하는 환경을 구현한다. 예를 들어 '폐-온-어-칩(Lung-on-a-Chip)'은 폐의 얇은 세포막을 재현해 공기와 혈류를 동시에 흐르게 하고, '간-온-어-칩(Liver-on-a-Chip)'은 간세포의 대사 작용을 모사한다. 이처럼 각 장기의 특성에 맞는 구조를 설계해 칩 위에 인체의 축소판을 만들어내는 것이다.

국내에서도 이 기술은 빠르게 발전하고 있다. 2023년 한국생명공학연구원은 간과 심장 기능을 동시에 구현한 '다중 장기칩(Multi-organ-on-a-Chip)❷'을 개발해 신약 개발에 활용할 수 있는 기반 기술을 확보했다고 발표했다. 이 기술은 한 번의 실험으로 여러 장기에서 어떤 반응이 나타나는지를 동시에 관찰할 수 있어, 시간과 비용을 절약하면서 더 정확한 결과를 얻을 수 있다. 또한 기존 동물 실험에서 발생할 수 있는 생리학적 차이나 윤리적 논란을 줄이는 데도 기여한다.

신약 개발 과정에서 미니 장기칩은 매우 중요한 역할을 한다. 신약 개발에는 수년 이상의 시간과 수조 원의 비용이 들며, 그 과정에서 수많은 동물 실험이 필요했다. 그러나 동물의 생리 구조는 인간과 다르기 때문에, 동물 실험에서 이상이 없던 약물이 임상시험❸에서 실패하는 경우가 많았다. 미니 장기칩은 사람의 세포를 기반으로 하기 때문에 인체 반응에 더 가까운 데이터를 제공하며, 실패 확률을 줄이는 데 큰 도움이 된다.이 기술은 맞춤형 치료에도 활용될 수 있다. 환자 본인의 세포로 만든 장기칩을 이용하면 특정 약물이 그 사람에게 어떻게 작용할지를 미리 실험해볼 수 있다. 예를 들어, 암 환자의 종양 세포를 배양한 칩에서 여러 항암제를 실험해 가장 효과적인 치료법을 선택할 수 있다. 이는 환자마다 다른 반응을 고려한 개인 맞춤형 치료 방식인 '정밀의학(Precision Medicine)'의 길을 여는 기술이다.

윤리적 측면에서도 미니 장기칩은 긍정적인 변화를 이끈다. 동물 실험은 오

❶ **미세유체공학**: 머리카락 굵기보다 얇은 미세 채널을 제어해, 칩 내에 혈액·약물 등 유체의 흐름을 정밀하게 다루는 공학적 기술
❷ **다중 장기칩**: 두 개 이상 인체 장기의 기능을 동시에 재현하여, 다양한 장기 반응을 한 번의 실험에서 관찰할 수 있는 장기칩
❸ **임상시험**: 개발 중인 약이나 진단 및 치료 방법 따위의 효과와 안전성을 알아보기 위하여 사람을 대상으로 행하는 시험.
※ **생체모사**: 실제 생명체의 구조와 기능을 모방해 과학·기술적 장치(예: 장기칩, 로봇 등)에 활용하는 방법

꼭 기억하렴

국어 공신 선생님

랫동안 과학 발전에 기여해왔지만, 동물의 고통과 생명권을 무시한다는 비판도 지속되어 왔다. 미니 장기칩이 상용화되면 실험동물의 수를 줄이고, 생명 존중의 가치를 높일 수 있다. 실제로 유럽연합(EU)은 2022년부터 화장품 안전성 실험에 동물 실험을 금지하고, 장기칩 기술을 대체 수단으로 권장하고 있다. 물론 이 기술이 모든 동물 실험을 완전히 대체할 수 있는 것은 아니다. 아직까지는 호르몬 반응, 면역계 반응, 장기 간 상호작용 등 복잡한 생체 반응을 완전하게 재현하는 데 한계가 있다. 또한 장기칩 제작에는 고도의 기술력과 높은 비용이 필요하며, 실험 결과를 해석하는 과정도 매우 정교해야 한다. 따라서 장기칩은 동물 실험을 보완하거나 줄이는 역할부터 시작해 점차적으로 확대되는 단계에 있다.

국어 공신 선생님의 감상 꿀팁!

좀 더 깊이 생각해 보기

집중

• 미니 장기칩 기술이 동물 실험을 대체하거나 줄일 수 있는 대안으로 각광 받고 있다. 앞으로 이 기술이 신약 개발, 질병 연구, 생명윤리 등 우리 사회에 어떤 긍정적 변화를 일으킬 수 있을지 생각해보자.

미니 장기칩 기술은 신약 개발 과정에서 동물 실험의 비효율과 윤리 논란을 동시에 해결할 새로운 해법을 제공한다. 기존에는 수많은 동물을 희생시키더라도, 인체와의 차이로 인해 약물 부작용이나 임상 실패가 많았다. 미니 장기칩은 사람의 실제 세포를 배양해, 인체 반응에 가까운 데이터를 얻기 때문에 신약 실패율을 줄이고 개발 비용·시간을 크게 단축하는 이점이 있다. 또 개인 맞춤형 장기칩으로 환자별로 치료 반응을 미리 실험할 수 있어, 부작용을 최소화하고 최적 치료법을 선택할 수 있다. 무엇보다 실험동물의 생명을 존중하는 윤리적 가치를 높이고, 궁극적으로 과학연구의 신뢰성도 강화되는 사회가 될 것이다. 앞으로는 과학적 정확성과 생명존중이라는 두 가지 가치를 모두 실현하는 건강한 연구 문화가 확산되길 기대한다.

• 장기칩 기술이 동물 실험의 윤리적 한계를 줄이고 과학의 정확성도 높이지만, 이 기술이 상용화될 때 예상치 못한 새로운 문제나 사회적 논란이 생길 수 있다는 점에서, 어떤 위험과 한계, 그리고 이를 어떻게 대비해야 할지 생각해보자.

장기칩 기술의 발전에도 불구하고, 모든 생체 반응을 칩 하나에서 완벽히 재현하는 것은 아직 불가능하다. 면역 반응, 내분비, 복합 장기 간 상호작용 등 전신적 인체 반응을 구현하는 데는 기술적·생물학적 한계가 있다. 또한 고도의 미세 제조·분석 기술, 높은 비용, 해석 데이터 표준화 문제 등이 실제 상용화로 이어지는 데 장애가 될 수 있다. 만약 장기칩 데이터만을 맹목적으로 신뢰할 경우, 임상 단계에서 또다시 예상치 못한 부작용이나 실패 사례가 나올 수도 있다. 아울러, 환자 유래 세포를 이용할 때 개인정보·유전정보의 보호도 중요한 이슈다. 때문에 장기칩과 기존 실험법을 병행하고, 단계적으로 활용을 확대하면서, 법적·윤리적 기준을 더욱 엄격히 마련해야 한다. 기술의 한계와 잠재적 위험에 대한 사회적 소통, 투명성, 교육이 함께 이뤄져야 한다고 생각한다.

• 미니 장기칩 기술이 의료, 환경, 식품, 우주 등 의학을 넘어서는 영역과 만난다면, 어떤 창의적인 응용이나 융합적 미래가 펼쳐질 수 있을지 자유롭게 상상해보자.

미니 장기칩 기술은 미래 의료의 혁신을 넘어 다양한 분야의 융합을 이끌 수 있다. 우주 환경에서는 우주인의 장기 반응을 모의 실험해 장기 비행 시 건강 위험을 예측하고 맞춤 솔루션을 제공할 수 있다. 식품·환경 분야에서는 신종 첨가물이나 오염물질의 인체 영향을 평가해 안전한 사회 구현에 기여한다. 교육 현장에서는 학생들이 직접 실험을 통해 바이오 공학과 장기 구조, 약물 반응을 체험할 수 있다. 향후 가상현실(VR)과 결합해 개인 맞춤형 건강 관리 플랫폼인 '디지털 트윈' 기술로 확장될 수 있으며, 과학·사회·교육·환경을 아우르는 혁신의 매개체로 자리매김할 것이다.

정리해 볼까요?

 그룹 생각

기사에 대해서 알아볼까요?

주제: 미니 장기칩 기술은 동물 실험을 대체하며 신약 개발, 맞춤형 치료, 생명윤리 실현 등 다양한 변화를 이끄는 혁신적 바이오기술이다.
핵심어휘: 미니 장기칩, 미세유체공학, 신약 개발, 다중 장기칩, 맞춤형 치료, 정밀의학, 생체모사, 임상시험

1단락 요약: 과학자들은 손바닥 크기의 칩 위에 인체 장기를 모사한 '미니 장기칩'을 개발하고 있다. 생명공학 등 첨단 기술이 융합된 이 칩은 세포 반응과 혈류를 재현해 약물 테스트와 질병 연구에 활용되며, 동물 실험을 대체할 수 있는 혁신으로 평가받는다.
2단락 요약: 2023년 한국생명공학연구원은 간과 심장 기능을 동시에 구현한 '다중 장기칩'을 개발해 신약 개발에 활용 가능한 기반 기술을 확보했다. 이 기술은 여러 장기의 반응을 동시에 관찰할 수 있어 시간과 비용을 절감하고, 동물 실험의 윤리적 문제도 줄일 수 있다.
3단락 요약: 미니 장기칩은 사람 세포 기반으로 인체 반응을 정밀하게 모사해 신약 개발의 실패 확률을 줄이고, 동물 실험의 한계를 보완한다. 또한 환자 맞춤형 치료에 활용되어 정밀의학 실현에 기여한다.
4단락 요약: 미니 장기칩은 동물 실험의 윤리적 문제를 줄이고 생명 존중 가치를 높이는 기술로 주목받는다. 완전한 대체는 어렵지만, 실험동물 사용을 줄이고 과학적 정확성을 높이는 보완 수단으로 점차 확대되고 있다.

기사의 구조적 접근을 꼭 알아야 해요!

 꼭 기억하기

1) 서론: 미니 장기칩 개발과 인체 모방의 혁신
미니 장기칩은 손가락 두 개 정도 크기의 칩 위에 혈관과 세포를 배양해 실제 인체의 구조와 기능을 모사함으로써, 약물 실험과 질병 연구에 활용되며 동물 실험을 대체하는 첨단 바이오기술이다.

2) 본론: 세대별 소셜 미디어 활용 방식의 특징
다중 및 맞춤형 장기칩 기술은 여러 장기의 반응을 동시에 관찰해 신약 개발과 정밀의학에 활용되며, 동물 실험의 생리적 한계를 극복하고 윤리적 가치를 높이지만, 복잡한 인체 반응 재현과 기술적 정밀성 측면에서 추가 발전이 필요하다.

3) 결론: 장기칩이 여는 미래 의학과 도전
미니 장기칩은 동물 실험을 줄이고 윤리적 가치를 높임으로써 미래 의학의 새로운 길을 연다. 그러나 기술적 한계와 사회적 논의가 병행되어야 하며, 궁극적으로 보완과 적용 범위를 넓혀가야 한다고 시사한다.

비판적 사고 키워 볼까요? ✛

1 다음 중 본문의 내용과 일치하는 것은?

① 미니 장기칩은 동물 실험보다 비용이 많이 들고, 과학적 정확성이 떨어진다.

② 미니 장기칩은 사람의 세포를 배양해 실제 장기처럼 반응하는 환경을 구현하며, 약물 실험과 질병 연구에 활용된다.

③ 미니 장기칩은 신약 개발 환경에서 아직 실제로 활용된 사례가 없다.

④ 장기칩 기술은 화학물질이나 약물 실험에는 적합하지 않다.

⑤ 미니 장기칩으로 모든 동물 실험을 완전히 대체할 수 있다.

2 다음 <보기>의 내용을 바탕으로 본문과 관련 없는 내용을 고르시오.

보기

 미니 장기칩은 실제 인체 장기의 기능을 모방해 손바닥 크기의 칩 위에 혈관처럼 좁고 얇은 채널과 사람의 세포를 배양함으로써 약물, 질병, 독성 실험 등에 활용되는 첨단 바이오기술이다. 동물과 인간의 생리 반응 차이로 인한 실험 오류와 윤리적 논란을 줄일 수 있는 혁신적 대안으로 평가받으며, 신약 개발과 개인 맞춤형 치료에 새로운 가능성을 제시한다. 그러나 모든 인체 반응을 완벽히 구현하기에는 기술적 한계가 있으며, 제작 비용과 실험 결과 해석의 정밀성 등에서 추가적인 발전이 요구된다.

① 미니 장기칩은 동물과 인간의 생리 차이로 인한 오류를 줄이고, 동물 실험의 윤리적 논란을 완화하는 대체 기술이다.

② 장기칩은 사람의 조직 세포로 만들어져 인체 반응과 유사한 데이터를 얻을 수 있다.

③ 장기칩은 신약 개발 과정에서 매우 중요하게 활용된다.

④ 장기칩은 이미 모든 인체 생체 반응을 완벽하게 재현할 수 있어 동물 실험을 한 번에 대체한다.

⑤ 장기칩 기술은 맞춤형 치료, 정밀의학 등에도 응용된다.

3 미니 장기칩 기술이 신약 개발과 질병 연구, 그리고 윤리적 측면에서 우리 사회에 가져오는 긍정적 변화와, 이 기술이 안고 있는 한계를 서술하시오.

4 미니 장기칩 기술의 도입이 미래 의약·과학, 생명윤리 분야에 미치는 영향과, 기술적 한계 및 우리가 추구해야 할 바람직한 발전 방향에 대해 서론, 본론, 결론으로 서술하시오.

중요

5 미니 장기칩 기술을 학교 교육, 환경, 혹은 미래 사회의 새로운 융합 서비스에서 창의적으로 적용할 수 있는 방안을 한 가지 제안하고 그 효과를 설명하시오.

집중

6 다음 '미니 장기칩 기술의 전면적 확산은 동물 실험을 대체할 수 있다.'이라는 논제를 바탕으로 찬성과 반대의 생각을 서술하시오.

찬성	반대

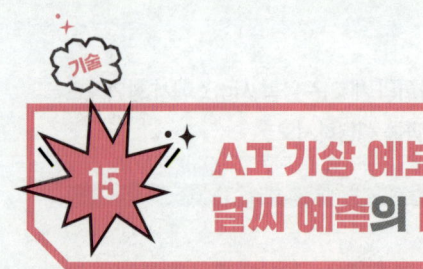

"오늘 서울의 낮 기온은 27도, 강한 소나기가 예보되어 있습니다."

우리가 매일 뉴스나 앱에서 접하는 기상 정보는 단순한 전달을 넘어, 하루의 계획을 세우고 안전을 지키는 데 중요한 역할을 한다. 그런데 최근에는 이 기상 예보를 사람 대신 인공지능(AI)이 전달하고 있다는 사실을 알고 있는가? AI 기상 예보는 빠르게 발전하며 기상 캐스터의 역할은 물론, 기상청의 업무 방식까지 바꾸고 있는 첨단 기술이다.

기상 예보는 기본적으로 수많은 기상 데이터를 분석해 미래의 날씨를 예측하는 작업이다. 온도, 습도, 기압, 바람의 방향과 세기, 구름의 이동 등 다양한 요소가 복합적으로 작용하기 때문에, 기존에는 슈퍼컴퓨터를 활용한 수치 모델[1]을 통해 예보가 이뤄졌다. 하지만 이 방식은 계산에 시간이 오래 걸리고, 돌발 기상 변화에 빠르게 대응하기 어렵다는 한계가 있다. AI 기상 예보는 이러한 한계를 극복하기 위해 등장했다. AI는 과거의 방대한 날씨 데이터를 학습해 패턴을 찾아내고, 빠르게 미래를 예측하는 능력을 갖추고 있다. 예를 들어, 구글의 자회사 딥마인드는 2021년 '딥젠(DeepMind)'이라는 기상 예보 AI를 개발해 짧은 시간 안에 정확한 강수 예측이 가능한 모델을 공개했다. 이 AI는 90분 이내의 강수량 예보에서 기존 모델보다 높은 정확도를 보였다는 평가를 받았다.

우리나라에서도 AI 기상 예보가 빠르게 도입되고 있다. 기상청은 2023년부터 '알파웨더(Alpha Weather)'라는 AI 기반 예보 시스템을 운영 중이며, 과거 30년치 데이터를 학습해 전국 주요 지역의 시간대별 기상 예보를 자동으로 작성한다. 국지성 호우❷나 태풍 경로처럼 변동성이 큰 기상 현상에서 AI가 인간 예보관보다 빠르고 정확한 예측을 제시한 사례도 있다. 또한 'AI 기상 캐스

AI 기상 캐스터

터'가 등장해, AI 음성·영상 합성 기술을 활용해 실제 사람처럼 방송에서 날씨 정보를 전달한다. 이들은 24시간 언제든 다양한 언어로 뉴스를 제공할 수 있어, 효율성과 접근성이 크게 향상되고 있다.

 AI 기상 예보의 가장 큰 장점은 빠른 속도와 높은 정확성이다. 슈퍼컴퓨터보다 빠른 계산으로 기온과 강수량 변화를 실시간처럼 제공할 수 있으며, 인공지능은 과거에 없던 이상 기후나 새로운 기상 현상도 학습 데이터를 바탕으로 예측 가능성을 높인다. 기존 모델로는 어려웠던 현상도 유사한 데이터를 찾아 대응 전략을 제시할 수 있다. 하지만 AI는 데이터가 부정확하거나 부족할 경우 오차가 발생할 수 있으며, 예보 결과를 해석하고 재난 상황에서 효과적으로 소통하는 능력은 아직 인간 예보관이 더 뛰어나다. AI는 분석과 예측에서는 강점을 가지지만, 판단과 전달은 여전히 사람의 몫이다.

 윤리적인 문제도 있다. AI 캐스터가 실제 기상 전문가의 일자리를 위협하거나, 잘못된 예보로 인해 사회적 혼란을 초래할 경우 책임 소재❸에 대한 논의가

꼭 기억하렴

국어 공신 선생님

❶ 수치 모델: 슈퍼컴퓨터로 복잡한 기상 조건을 계산해 예측 결과를 도출하는 과학적 수식·알고리즘 체계
❷ 국지성 호우: 좁은 지역에서 갑자기 짧은 시간 동안 내리는 집중적이고 강한 비
❸ 책임 소재: 잘못된 예보나 사회적 혼란 등의 결과에 대해 어느 기관·사람·시스템이 책임을 져야 하는지에 대한 법적·윤리적 기준 및 논의

필요하다. 따라서 AI는 인간 예보관을 완전히 대체하는 것이 아니라, 협력하는 방식으로 활용되어야 한다. 결국 AI 기상 예보는 기상 정보를 더 빠르고 정확하게 전달하기 위한 도구다. 중학생인 우리도 날씨를 단순히 '알아보는 것'을 넘어, 기후 변화와 재난에 어떻게 대응할지 고민하는 데 AI를 어떻게 활용할 수 있을지 생각해봐야 한다. 날씨는 우리의 삶을 움직이는 중요한 정보이며, AI는 그 정보를 더 깊이 이해하도록 도와주는 강력한 도구다. 미래에는 날씨도, 기술도, 그 해석도 모두 인간과 인공지능의 협업 속에서 발전할 것이다.

국어 공신 선생님의 감상 꿀팁!

한걸음 더 깊이 생각해 보기

집중!

• AI 기상 예보가 빠르게 보급되면서 날씨 정보를 더 신속·정확하게 접할 수 있게 되었다. 앞으로 AI 예보가 자연재해 대응, 일상생활, 사회 안전 등에 어떤 긍정적 변화를 가져올 수 있을지 생각해보자.

AI 기상 예보는 슈퍼컴퓨터보다 빠른 속도로 방대한 기상 데이터를 분석해 실시간에 가까운 예측을 제공한다. 이는 국지성 호우, 태풍, 이상기후 등 갑작스러운 재해 발생 시 대응 시간을 단축하고, 시민들이 미리 대피하거나 안전 계획을 세우는 데 큰 도움이 된다. 특히 AI 캐스터는 음성·영상 합성 기술을 활용해 24시간 다양한 언어로 날씨 정보를 반복 방송함으로써, 시청각 장애인이나 외국인 등 기존에 정보 접근이 어려웠던 이들의 기상 정보 접근성을 크게 높인다. 농업, 교통, 산업계에서도 AI 예보를 활용해 생산성과 안전성을 향상시킬 수 있으며, 반복 학습을 통해 예측 정확도가 지속적으로 개선된다는 점에서 미래에는 더욱 정밀하고 신속한 날씨 대응 체계가 우리 사회 전반에 자리 잡을 것으로 기대된다. 다만 데이터의 품질과 해석의 정확성 확보는 여전히 중요한 과제로 남아 있다.

중등 신문 읽기

- **AI 기상 예보가 확산되어가는 지금, 인간 예보관의 역할, 일자리 문제, 그리고 잘못된 예보 발생 시 책임 소재 등 새로운 사회적·윤리적 과제를 어떻게 바라보고 대비해야 할지 생각해보자.**

AI 기상 예보는 빠른 분석과 높은 효율성으로 날씨 정보를 제공하지만, 숙련된 예보관의 전문성을 약화시키고 일자리 감소를 초래할 수 있다는 우려도 있다. 특히 AI가 오작동하거나 부정확한 데이터를 학습해 잘못된 예보를 제시할 경우, 그로 인한 피해와 사회적 혼란에 대한 책임 소재가 불분명하다는 점은 중요한 윤리적 과제로 지적된다. 아직까지 AI는 재난 상황에서 주민을 설득하거나 긴급 대피를 안내하는 등 인간의 공감과 판단이 필요한 역할을 완전히 대체하기 어렵다. 따라서 AI는 예보의 분석과 예측을 담당하고, 인간 예보관은 이를 검증하고 해석하는 협업 구조가 바람직하다. 또한 예보 오류로 인한 피해 발생 시 책임 소재와 보상 방식, 데이터 검증 절차, 윤리 기준 등을 사회적으로 명확히 논의하고 제도화할 필요가 있다. AI는 도구일 뿐이며, 그 활용에는 인간의 책임과 통제가 반드시 수반되어야 한다.

- **AI 기상 예보 기술이 미래에 다른 분야(교육, 환경, 미디어, 패션, 스포츠 등)와 융합된다면, 어떤 새로운 서비스나 혁신적 활용이 나올 수 있을지 창의적으로 상상해보자.**

AI 기상 예보는 교육과 융합되어 학생들이 실시간 기상 데이터를 활용해 과학, 사회, 수학 문제를 직접 해결하는 '날씨 프로젝트 수업'을 진행할 수 있다. 환경 관리 분야에서는 대기 오염, 산불, 도시 열섬 등 다양한 환경 재해를 AI가 사전에 예측하고, 드론이나 사물인터넷(IoT) 기기와 연동해 자동 대응하는 시스템을 구축할 수 있다. 패션·유통 분야에서는 실시간 날씨 데이터를 기반으로 'AI 패션 추천'이나 '날씨 맞춤 광고' 같은 서비스가 확대될 전망이다. 스포츠 행사에서도 AI가 예측한 강우량, 바람, 온도 등의 정보를 바탕으로 경기 운영과 훈련 계획을 조정할 수 있다. 또한 AI 캐스터가 AR·VR 기술과 결합해 현장감 있는 맞춤형 날씨 뉴스를 제공하거나, 개인 맞춤형 기상 안전 경보 앱이 상용화될 가능성도 있다. 이처럼 AI 예보 기술은 다양한 분야와 창의적으로 융합되어 일상 속에서 더욱 유익하고 즐거운 경험을 확장시킬 수 있다.

정리해 볼까요?

기사에 대해서 알아볼까요?

주제: AI 기상 예보의 도입은 기상 정보 제공 방식과 기상청 및 예보관의 역할을 변화시키고, 우리 사회의 미래에 중요한 영향을 미친다.

핵심어휘: AI 기상 예보, 인공지능, 슈퍼컴퓨터, 데이터 분석, 알파웨더, AI 캐스터, 예측 가능성, 국지성 호우, 윤리 문제

1단락 요약: 기상 정보는 일상과 안전에 중요하며, 최근에는 인공지능(AI)이 이를 대신 전달하며 기상 캐스터와 기상청의 역할까지 변화시키고 있다.

2단락 요약: 기상 예보는 복잡한 데이터를 분석해 날씨를 예측하는 작업이며, AI는 기존 모델의 한계를 극복해 빠르고 정확한 예보를 가능하게 한다.

3단락 요약: 기상청은 AI 기반 '알파웨더'로 자동 예보를 제공하며, AI 기상 캐스터는 음성·영상 합성으로 24시간 다국어 날씨 정보를 전달해 효율성과 정확성을 높이고 있다.

4단락 요약: AI 기상 예보는 빠른 속도와 높은 정확성으로 이상 기후도 예측 가능하지만, 해석과 재난 대응은 여전히 인간 예보관의 역할이 중요하다.

5단락 요약: AI 기상 예보는 빠르고 정확한 정보 전달에 유용하지만, 일자리 위협과 책임 문제 등 윤리적 논의가 필요하며, 인간과 협력하는 방식으로 발전해야 한다.

기사의 구조적 접근을 꼭 알아야 해요!

1) 서론: AI 기상 예보 기술의 도입과 사회적 의미

AI 기상 예보는 인간 기상 캐스터의 역할까지 대체하며 날씨 정보 전달 방식의 패러다임을 변화시키고 있으며, 기상 정보가 단순한 전달을 넘어 일상 계획과 사회 안전에 직접적으로 연결된다는 점을 강조한다.

2) 본론: AI 예보의 원리와 실제 사회적 변화

AI 기상 예보는 과거 데이터를 학습해 빠른 패턴 인식과 실시간 예측이 가능하며, 알파웨더·AI 캐스터 등 국내외 활용 사례를 통해 기술적 장점과 오차·책임 등 과제를 함께 보여준다.

3) 결론: 미래 기상 예보의 발전 방향과 인간·AI 협업 강조

AI 예보는 정보를 빠르고 정확하게 제공하는 강력한 도구임을 인정한다. 그러나 판단·전달·윤리 문제는 인간 전문가의 몫임을 강조하며, 인간과 AI의 협업과 책임 있는 활용이 미래 발전의 핵심임을 시사한다.

 **비판적 사고 키워 볼까요?** +

1 다음 중 본문의 내용과 일치하는 것은?

① AI 기상 예보는 기존 방식보다 느리게 예보를 작성하고, 정확도도 인간 예
보관보다 떨어진다.

② AI 기상 예보는 방대한 기상 데이터를 학습해 패턴을 찾아 짧은 시간에 빠
르게 미래 날씨를 예측할 수 있다.

③ AI 기상 캐스터는 단순히 기계음성으로만 정보를 전달하며, 인간처럼 자연
스러운 방송은 불가능하다.

④ AI 예보는 데이터 해석과 재난 상황 대응까지 모두 자동으로 해결할 수 있다.

⑤ AI 예보의 등장으로 인간 예보관의 역할은 완전히 사라졌다.

2 다음 <보기>의 내용을 바탕으로 본문과 관련 없는 내용을 고르시오.

보기

 중요

> AI 기상 예보는 방대한 과거 기상 데이터를 학습하여, 짧은 시간 안에 다양
> 한 지역의 날씨를 예측할 수 있다. AI가 인간 예보관보다 더 빠르게 국지성
> 호우, 태풍 등의 변동성 큰 현상도 분석할 수 있다. AI 캐스터는 실제 사람처
> 럼 자연스럽게 목소리와 표정, 몸짓을 재현해 24시간 다양한 언어로 방송이
> 가능하다. 한편, AI 기상 예보는 오차와 데이터 한계, 인간 전문가의 해석력,
> 재난 상황 대응 등 분야에서는 아직 한계가 있다. AI가 잘못된 예보를 했을
> 때 책임 소재, 인간 일자리와의 관계 등 사회적 논의도 함께 진행되고 있다.

① AI 기상 예보는 방대한 데이터를 바탕으로 짧은 시간에 다양한 지역을 예
측한다.

② AI는 국지적·급변 기상 현상을 신속하게 예보할 수 있으며 효율성이 높다.

③ AI 기상 캐스터는 실제 사람처럼 방송하며, 24시간 다양한 언어로 서비스
가 가능하다.

④ AI는 이미 인간 예보관과 완전히 동일한 수준의 재난 대응과 소통 능력을
갖추었다.

⑤ AI 정보 전달의 한계, 책임 소재, 일자리 등 사회적 논의가 필요하다.

3 AI 기상 예보의 도입이 우리 사회와 기상 정보 전달 방식에 가져온 변화, 그리고 이 기술이 가진 한계나 주의할 점을 서술하시오.

4 AI 기상 예보 기술이 날씨 정보 전달과 기상청, 사회 전체에 미치는 영향, 기술적·윤리적 쟁점, 그리고 앞으로 바람직한 발전 방향에 대해 서론, 본론, 결론으로 서술하시오.

중요

5 AI 기상 예보 기술을 활용해 미래 학교, 지역사회, 혹은 일상생활에서 만들어볼 수 있는
참신한 아이디어를 제시하고 그 기대 효과를 설명하시오.

집중

6 다음 'AI 기상 예보가 인간 예보관을 대체해야 하는가?'이라는 논제를 바탕으로 찬성과
반대의 생각을 서술하시오.

찬성	반대

16 나노로봇, 약을 몸속 정확히 전달할 수 있을까?

작은 캡슐 하나가 몸속을 자유롭게 움직이며 병든 세포를 정확히 찾아가 약을 전달한다면 어떨까? 공상과학 영화에서나 가능할 것 같던 이 기술이 이제 현실로 다가오고 있다. 바로 '나노로봇(nanorobot)' 기술이다. 나노로봇은 머리카락 굵기의 수천 분의 일 크기에 불과한 초소형

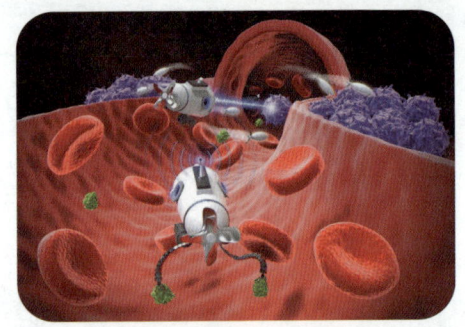

미래 암 치료를 위한 의료용 '나노로봇'

로봇으로, 의학 분야에서는 약물을 인체 내 정확한 위치에 전달하는 데 활용된다. 기존 약물치료 방식보다 훨씬 정밀하고 효과적인 치료를 가능하게 하는 미래 의학의 핵심 기술로 주목받고 있다.

일반적으로 우리가 복용하는 약은 위나 장에서 흡수되어 혈액을 통해 온몸으로 퍼진다. 이 과정에서 약물이 필요한 부위뿐 아니라 건강한 세포에도 영향을 미쳐 부작용을 일으킬 수 있다. 특히 항암제처럼 독성이 강한 약물은 정상 세포까지 손상시켜 고통을 유발하는 경우가 많다. 나노로봇은 이러한 문제를 해결하기 위해 개발되었다. 특정 세포나 조직에만 약물을 정확하게 전달하고, 불필요한 부위에는 작용하지 않도록 설계되어 정밀 치료가 가능하다. 실제로 세계 여러 나라의 과학자들이 나노로봇 개발에 박차를 가하고 있다. 미국 MIT 연

구팀은 자성을 띠는 나노 입자에 약물을 결합한 뒤, 외부 자기장❶을 조절해 원하는 부위로 유도하는 기술을 개발했다. 한국과학기술연구원(KIST)도 2023년, 온도와 pH에 반응해 암세포 주변에서만 약물이 활성화되는 '스마트 나노로봇'을 개발했다고 발표했다. 이 로봇은 암 조직 주변의 산성 환경을 감지해 그 안에서만 약물을 방출한다. 이처럼 나노 수준에서 작동하는 정밀한 기계가 실제 치료에 활용되는 시대가 열리고 있다.

나노로봇은 단순한 약물 전달을 넘어 진단 기능까지 갖춘 다기능 장비로 발전하고 있다. 일부 나노로봇은 특정 단백질이나 유전자를 감지해 조기 암 진단, 바이러스 감염 여부 확인, 염증 반응 추적 등에도 사용된다. 예를 들어 혈액 내 특정 분자를 감지해 색깔을 변화시키는 나노 센서가 개발되어 간단한 검사만으로도 조기 질병을 발견할 수 있다. 이는 병이 진행되기 전에 치료를 시작할 수 있는 가능성을 넓혀준다. 이러한 기술은 특히 암 치료, 심혈관 질환, 신경계 질환 등 정밀한 치료가 필요한 분야에서 큰 기대를 모으고 있다. 예를 들어 뇌혈관은 매우 미세하고 복잡해 약물이 도달하기 어려운데, 나노로봇은 혈관을 따라 이동하며 뇌에 약물을 정확히 주입할 수 있다. 또한 항생제 내성이 강한 세균만을 선택적으로 공격하는 항균 나노로봇❷도 개발되고 있다.

하지만 이 기술이 완전히 상용화되기까지는 해결해야 할 과제도 많다. 첫째, 인체 내에서 안정적으로 작동하면서 면역계의 공격을 피하고, 체외로 안전하

꼭 기억하렴

※ **표적 치료**: 필요한 부위, 병든 세포에만 약물이 정확하게 전달되어 정상 세포에의 부작용을 최소화하는 치료 방법
❶ **자기장**: 자성을 띤 물체에 작용하는 보이지 않는 힘의 장, 자성 나노 입자 조작에 활용됨
❷ **항균 나노로봇**: 세균·바이러스 등 특정 병원체만을 찾아내어 공격/제거하는 역할을 하는 나노로봇.
❸ **생체적합성**: 인공장치, 소재가 인체 조직과 반응하지 않고 거부·부작용 없이 안전하게 사용할 수 있는 특성

국어 공신 선생님

게 배출될 수 있어야 한다. 둘째, 나노로봇의 소재는 인체에 무해하고 생체적합성[3]을 갖추어야 하며, 장기적으로 체내에 축적되거나 부작용을 일으키지 않아야 한다. 셋째, 나노로봇을 대량으로 생산하고 정교하게 제어하는 기술은 여전히 높은 비용과 고도의 정밀성을 요구한다. 윤리적 문제도 고려해야 한다. 인체 내부에서 작동하는 로봇이 개인의 건강 정보나 유전자 정보를 수집할 경우, 개인정보 보호 문제가 발생할 수 있으며, 기술이 특정 국가나 기업에 의해 독점될 경우 치료 접근성의 불균형도 우려된다. 따라서 기술 발전과 함께 윤리적 기준과 법적 제도 마련이 반드시 병행되어야 한다.

국어 공신 선생님의 감상 꿀팁!

 좀 더 깊이 생각해 보기

• 나노로봇 기술이 현실 진료와 진단에 적용되면서 암 치료, 뇌질환 정밀 치료, 항균 치료 혁신 등 실질적 효과가 기대되고 있다. 이런 기술이 미래 의료·사회에 어떤 긍정적 변화를 가져올지, 그리고 지금부터 어떤 준비가 필요할지 생각해보자.

나노로봇 기술은 기존 약물의 부작용과 한계를 극복할 대안으로 주목받고 있다. 병변 부위에 약물을 정확히 전달해 항암제나 항생제의 독성을 줄이고 치료 효과를 높일 수 있으며, 혈관이나 뇌처럼 접근이 어려운 부위에도 적용 가능하다. 조기 진단과 맞춤 치료가 쉬워져 만성질환이나 난치병 치료율이 향상되고, 감염병·내성균·미세 종양 치료에도 활용될 수 있다. 기술이 대중화되면 의료비 절감과 병원 방문 부담 완화, 의료 취약지의 원격 진단·치료 등 공공의료 혁신이 기대된다. 그러나 기술 신뢰성, 생체적합성, 개인정보 보호 등은 사회적 논의와 제도적 대비가 필요하며, 공평한 치료 접근성을 위한 윤리 기준과 법적 장치 마련이 필수적이다.

• 나노로봇이 인체 내부에서 작동하는 시대가 되면, 치료의 신속성과 편리함만이 강조되는 것이 아니라 건강정보 유출, 의료 격차 심화, 기술 오남용이라는 새 쟁점도 나타날 수 있다. 이 같은 우려와 부작용을 막으려면 앞으로 무엇이 필요할지 비판적으로 생각해보자.

나노로봇 기술은 의료 혁신을 이끌 수 있지만, 모든 사람이 그 혜택을 동등하게 누릴 수 있다는 보장은 없다. 고가 기술이 특정 국가, 병원, 기업에 집중되면 경제력에 따른 치료 격차가 심화될 수 있다. 또한 나노로봇이 체내에서 수집하는 건강·유전자 정보가 제대로 보호되지 않으면 개인정보 유출, 차별, 보험 거부 등 심각한 사회 문제가 발생할 수 있다. 인체 내외에서 로봇이 임의로 작동하거나 해킹·오작동 사고, 특정 집단을 차별하는 맞춤치료 선정 등 도덕적 위험도 존재한다. 이를 방지하려면 엄격한 인증과 임상 검증, 개인정보 비식별화 및 보안 강화, 저소득층 의료 지원, 기술남용 방지 법제화, 시민 감시 기구와 윤리위원회 설치 등이 반드시 병행되어야 하며, 의료 발전과 함께 사회적 신뢰와 미래 세대의 권리 보장이 논의되어야 한다.

• 나노로봇 기술이 앞으로 의료뿐만 아니라 환경, 식품, 우주, 교육 등 다양한 분야와 융합될 경우, 어떤 새로운 서비스나 사회적 변화를 만들어낼 수 있을지 창의적으로 상상해보자.

나노로봇이 환경 분야에 접목되면 오염된 하천이나 토양 속의 유해 물질을 정밀하게 탐지하고 분해하는 '환경정화 나노로봇' 서비스가 가능해진다. 식품 안전 분야에서는 음식물 속 세균이나 알레르기 유발 물질을 신속하게 검사해 개인 맞춤형 경고 시스템을 구축할 수 있디. 우주 개발에서는 극한 환경에서도 자율적으로 생명 모니터링, 감염 예방, 미세먼지 제거 임무를 수행하는 '우주인 건강 수호 나노로봇'이 활용될 수 있다. 교육 영역에서는 학생들이 가상 실험실에서 나노로봇의 움직임을 시뮬레이션하고 직접 체험하는 미래형 과학 교육이 가능하다. 노인 돌봄과 장애인 지원 서비스에서는 나노로봇이 치매나 심장병 등을 실시간으로 모니터링해 생명을 지키는 예방 서비스를 제공할 수 있다. 이처럼 나노로봇은 과학기술, 공공복지, 교육, 환경 등 다양한 분야에서 융합 혁신을 이끌며 우리 삶의 방식을 근본적으로 변화시킬 수 있는 잠재력을 지닌다.

정리해 볼까요? 그룹 생각

기사에 대해서 알아볼까요?

주제: 나노로봇 기술은 약물 전달과 진단 등 미래 의학의 혁신을 이끌면서도 기술적·윤리적 과제가 공존한다.

핵심어휘: 나노로봇, 스마트 나노로봇, pH 반응, 외부 자기장, 표적 치료, 생체적합성

1단락 요약: 나노로봇은 머리카락 굵기의 수천 분의 일 크기인 초소형 로봇으로, 병든 세포에 정확히 약물을 전달해 기존 치료의 부작용을 줄이고 효과를 높이는 미래 의학의 핵심 기술이다

2단락 요약: 나노로봇은 약물을 병든 세포에만 정확히 전달해 부작용을 줄이고 치료 효과를 높이는 기술로, MIT와 KIST 등에서 암세포 주변에서만 작동하는 정밀 치료용 로봇을 개발 중이다.

3단락 요약: 나노로봇은 약물 전달뿐 아니라 진단 기능까지 갖춘 다기능 장비로 발전 중이며, 암·심혈관·신경계 질환 등 정밀 치료와 조기 진단에 활용되고 있다.

4단락 요약: 나노로봇 상용화에는 면역 회피, 안전한 배출, 생체적합성 확보, 고비용·정밀 제어 기술 등 기술적 과제가 있으며, 개인정보 보호와 치료 접근성 불균형 등 윤리·법적 문제도 함께 해결해야 한다.

기사의 구조적 접근을 꼭 알아야 해요!

1) 서론: 나노로봇의 등장과 의의
초소형 나노로봇은 약물을 병변에 정확히 전달함으로써 기존 치료법의 부작용을 줄이고, 미래 정밀의학을 이끄는 핵심 기술로 주목받고 있다.

2) 본론: 나노로봇의 역할과 장점, 현실 적용 사례
나노로봇은 병든 부위에만 약물을 정확히 전달해 부작용을 줄이는 혁신 기술로, 자성·pH·온도 반응형 등 다양한 연구가 진행 중이다. 또한 질병 조기진단, 감염 추적, 세균 맞춤 공격 등 다기능 장비로 발전하며, 뇌혈관 등 기존 치료의 한계도 극복할 수 있어 의료 분야 확장이 기대된다.

3) 결론: 나노로봇 상용화의 과제와 윤리적 고려
나노로봇은 생체 내 안정적 작동, 생체적합성, 대량 제조의 어려움, 개인정보 보호, 치료 접근성 등 다양한 과제를 안고 있으며, 기술 발전과 함께 엄격한 윤리·법적 기준 마련이 필수적인 미래 의학의 도전이자 희망이다.

비판적 사고 키워 볼까요? ✛

1 다음 중 본문의 내용과 일치하는 것은?

① 나노로봇은 약물을 인체 전체에 퍼뜨려 건강한 세포까지 영향을 주며 부작용을 높이는 기술로 알려져 있다.

② 나노로봇은 인체 내부의 특정 부위에 약물을 정확히 전달하도록 설계되어, 치료 효과를 높이고 부작용을 최소화한다.

③ 나노로봇은 아직 초기 단계의 기술이라 암세포를 정확히 표적 삼아 치료하는 데는 전혀 활용되지 못하고 있다.

④ 인체 내부에서 작동하는 나노로봇은 개인정보나 생명 윤리와는 무관하며, 별다른 윤리적 문제를 일으키지 않는다.

⑤ 나노로봇 기술은 이미 모든 기술적 장애를 극복했으며, 상용화에 필요한 조건은 모두 충족된 상태로 평가받고 있다.

2 다음 <보기>의 내용을 바탕으로 본문과 관련 없는 내용을 고르시오.

> 나노로봇은 인체 내부에서 약물을 필요한 곳에만 정확히 전달할 수 있으며, 암 치료·정밀 진단 등 미래 의학에서 중요한 역할을 할 것으로 기대된다. 미국과 한국 등에서 실제로 자기장, pH, 온도에 반응하는 다양한 나노로봇이 개발되고 있고, 특정 단백질 감지·색 변화 나노 센서 등 진단 기능도 탑재된다. 하지만 기술적 한계, 생체적합성, 면역 반응 문제 등 아직 과제가 많고, 개인정보 보호나 기술 독점 같은 윤리 문제도 논의되고 있다.

① 나노로봇은 약물 정밀 전달과 조기 진단 등 미래 의료 혁신에 기여한다.

② 나노로봇은 자기장, pH, 온도 등 여러 환경 변화에 반응하는 기능이 있을 수 있다.

③ 나노로봇 기술은 개인정보 보호와 치료 접근성 불균형 같은 윤리적 논란과 무관하다.

④ 진단용 나노 센서 등은 질병 조기 발견에 응용될 수 있다.

⑤ 나노로봇은 생체적합성과 대량 제조, 면역 반응 등 해결해야 할 과제가 남아 있다.

3 나노로봇 기술이 기존의 약물 치료 방식과 비교해 갖는 주요 장점과, 상용화 과정에서 해결해야 할 한계 또는 우려되는 문제점에 대해 서술하시오.

4 나노로봇 기술이 미래의 정밀의학·의료 시스템에 미칠 영향과 함께, 기술 확산 시 예상되는 윤리적·사회적 쟁점, 우리가 고민해야 할 바람직한 활용 방향에 대해 서론, 본론, 결론으로 서술하시오.

중요

5 나노로봇 기술을 의료 외 다른 분야(예: 환경, 생활, 교육, 식품, 우주 등)에서 창의적으로 활용할 수 있는 새로운 아이디어를 제안하고, 그 기대 효과를 구체적으로 설명하시오.

집중

6 다음 '나노로봇 기술의 대규모 의료 상용화를 적극 추진해야 한다.'라는 논제를 바탕으로 찬성과 반대의 생각을 서술하시오.

찬성	반대

1. 수소에너지, 미래 에너지일까?

◆ 비판적 사고 키워볼까요?

1. 정답: ② **해설:** 수소차는 수소를 직접 태워서 동력을 얻는 것이 아니라, 수소 연료전지에서 화학 반응을 통해 전기를 생산해 모터를 움직인다. 이 과정에서 이산화탄소가 아니라 물만 배출되며, 온실가스를 거의 발생시키지 않는다. 따라서 수소차는 대표적인 친환경 이동 수단으로 소개되고 있다.

2. 정답: ④ **해설:** ④는 내용상 모순이 있다. 풍력 발전을 활용한다면 이는 그레이 수소가 아닌 '그린 수소'가 되어야 한다. LNG(화석연료) 기반이 그레이 수소다.

3. 예시 답안: 수소는 연소해도 이산화탄소를 거의 배출하지 않아 기후 위기 대응에 적합하며, 무한히 존재하고 다양한 분야에서 활용 가능성이 높다. 특히 수소 연료전지를 이용하면 물만 배출되어 친환경적이며, 선박, 열차, 발전소 등에서 사용할 수 있다.

4. 예시 답안: <서론> 기후 위기와 에너지 고갈 문제로 인해 전 세계는 친환경 에너지로의 전환을 서두르고 있다. 이 가운데 수소 에너지는 이산화탄소를 거의 배출하지 않고, 다양한 분야에 활용될 수 있다는 점에서 미래 에너지의 유력한 후보로 떠오르고 있다. 그러나 수소 에너지의 보급이 확대되기 위해서는 기술적, 경제적, 사회적 측면에서 해결해야 할 과제가 여전히 많다.

<본론> 첫째, 경제성 문제가 크다. 특히 친환경적인 그린 수소는 태양광이나 풍력으로 전기분해해야 하는데, 이 과정에 드는 비용이 매우 높아 상용화가 어렵다. 따라서 수소 생산 기술의 효율을 높이고, 생산 단가를 낮추기 위한 지속적인 연구개발과 정부의 보조금 지원이 필요하다. 둘째, 안전성과 인프라 문제도 크다. 수소는 폭발 위험이 있어 저장과 운반이 까다롭다. 전국적으로 수소 충전소도 부족해 수소차 사용에 제약이 많다. 이를 해결하기 위해서는 고성능 저장기술 개발과 함께 충전소 설치를 위한 제도 개선과 예산 확보가 필수적이다. 셋째, 사회적 인식 개선과 교육도 중요하다. 수소에 대한 막연한 불안감을 줄이고, 청정에너지로서의 장점을 알리는 교육과 홍보 활동이 병행되어야 한다.

<결론> 수소 에너지의 가능성을 현실화하기 위해서는 기술과 안전, 제도, 인식 등 다양한 분야에서의 사회적 협력이 필요하다. 정부, 기업, 시민이 함께 참여하여 수소 사회로의 전환을 준비해야 한다. 수소는 단순한 기술이 아니라, 지속 가능한 미래를 위한 사회적 선택이기 때문이다.

5. 예시 답안: 수소 에너지가 친환경 에너지가 되려면, 첫째, 재생에너지를 활용한 그린 수소 생산 기술이 확대되어야 한다. 둘째, 저장과 운송의 안전성을 확보하고, 수소 충전소 같은 인프라가 충분히 갖추어져야 한다. 또한 생산에 사용되는 전기가 화석연료 기반이 아니어야 한다.

6. 예시 답안: <찬성> 수소는 연소 시 이산화탄소를 배출하지 않고, 물만 생성하는 청정 에너지다. 우주에 가장 풍부하게 존재하며, 고갈 위험이 적다. 수소 연료전지는 효율이 높고, 차량·선박·발전소 등 다양한 분야에 적용 가능하다. 특히 그린 수소 기술이 발전하면 재생에너지와 결합해 화석연료 의존도를 줄이고, 탄소중립 사회 실현에 큰 기여를 할 수 있다. 장기적으로는 에너지 자립과 기후위기 대응을 동시에 실현할 수 있는 전략적 대안이다.

<반대> 현재 대부분의 수소는 천연가스에서 추출되는 '그레이 수소'로, 이산화탄소를 다량 배출한다. '그린 수소'는 생산 과정에서 막대한 전기가 필요하며, 재생에너지 사용 비율도 낮아 경제성이 떨어진다. 또한 수소는 저장과 운송 시 폭발 위험이 높고, 인프라 구축이 미흡하여 일반 소비자가 접근하기 어렵다. 수소차 보급도 충전소 부족과 높은 차량 가격으로 확산에 어려움을 겪고 있다. 따라서 현시점에서는 현실적 대안으로 보기 어렵다.

2. 우주 쓰레기 증가, 해결방법은?

◆ 비판적 사고 키워볼까요?

1. 정답: ② **해설:** 케슬러 증후군은 우주 쓰레기 간의 연쇄 충돌로 인해 더 많은 파편이 발생하는 악순환 현상을 뜻한다. ②는 개념을 잘못 설명한 보기로, 본문의 내용과 일치하지 않는다.

2. 정답: ③ **해설:** ③은 본문에 언급되지 않은 내용으로, 실제로 일본이 무기를 궤도에 배치하려 한다는 내용은 나오지 않았다. 오히려 일본은 레이저를 이용한 궤도 변경 실험 등 평화적 기술 개발을 통해 우주 쓰레기 문제에 접근하고 있다. 반면 ①, ②, ④, ⑤는 본문에서 직접 언급되거나 논리적으로 연결 가능한 내용이다.

3. 예시 답안 우주 공간은 특정 국가의 소유가 아니기 때문에, 우주 쓰레기 문제는 모든 국가가 함께 책임져야 하는 국제적인 환경 문제이다. 기술 개발만으로는 해결이 어렵기 때문에, IADC와 같은 국제 기구를 중심으로 각국이 정보 공유, 기술 협력, 공동 규제 방안을 마련해야 한다. 협력을 통해 지속 가능한 우주 환경을 유지할 수 있다.

4. 예시 답안: <서론> 인류는 오랜 시간 동안 우주를 향한 호기심과 열망을 품어왔다. 인공위성과 우주 탐사는 통신, 기상 예측, 재난 감시 등 인류 문명을 한 단계 발전시켜 주었지만, 그 이면에는 점점 심각해지는 우주 쓰레기 문제가 존재한다. 수명이 다한 인공위성, 로켓 잔해, 우주 장비 조각들이 지구 궤도를 떠돌며 사고를 유발할 수 있는 위험 요소로 작용하고 있으며, 이는 단지 기술적 과제가 아닌 인류 전체의 환경적 위기로 다가오고 있다.

<본론> 이들 쓰레기는 초속 7~8km의 속도로 움직이며, 현존하는 위성이나 우주선과 충돌할 경우 기능 마비나 대형 폭발로 이어질 수 있다. 더 나아가 '케슬러 증후군'처럼 우주 쓰레기 간의 연쇄 충돌로 파편이 기하급수적으로 늘어나면, 지구 궤도는 더 이상 활용할 수 없는 위험 지대가 될 수 있다. 이러한 상황은 기상 관측, 통신망, 내비게이션 등 일상생활에 직결된 위성 서비스에 심각한 차질을 줄 수 있다. 이 위협을 인식한 각국은 청소 위성, 궤도 변경 기술, 자가 소멸 기능을 탑재한 위성 등 다양한 기술을 개발하고 있다. 그러나 기술만으로는 문제를 완전히 해결할 수 없다. 우주 공간은 특정 국가의 소유가 아닌 모두의 자산이기 때문에, 국제적 협약과 공동 규범이 반드시 필요하다. 실제로 IADC와 같은 기구는 폐기물 처리 지침을 제시하고 있으며, 각국은 이를 바탕으로 협력 방안을 모색 중이다. 하지만 이러한 조치들은 아직 초기 단계에 머물러 있으며, 실질적 구속력은 약한 편이다.

<결론> 우주 쓰레기 문제는 지구 밖의 일이 아니라 인류 전체의 미래를 위협하는 환경 문제이다. 지금 우리가 지구에서 플라스틱 문제를 해결하려는 노력을 기울이듯, 우주에서도 지속 가능한 환경 관리를 위한 노력이 시급하다. 기술적 대응과 더불어 윤리적 책임감, 국제적 연대, 그리고 미래 세대의 환경 감수성을 높이기 위한 교육이 함께 이루어질 때, 우리는 진정으로 우주를 함께 지키는 문명사회로 나아갈 수 있을

것이다.

5. 예시 답안: 두 문장은 모두 우주 쓰레기 해결의 방향성을 다루지만 관점이 다르다. A는 기술 중심의 낙관론에 가깝고, B는 책임과 연대를 강조하는 시각이다. 본문은 로봇 팔, 레이저, 자가 소멸 위성과 같은 기술적 접근을 소개하면서도, 국제 협약과 공동 대응의 필요성, 윤리적 책임을 함께 강조한다. 따라서 B의 관점이 본문의 핵심 메시지와 더 가깝다. 나 역시 우주 쓰레기를 단지 기술로만 다룰 수는 없다고 생각한다. 우주 공간은 모두의 자산인 만큼, 각국이 협력하고, 우리가 함께 책임지는 자세가 반드시 필요하다.

6. 예시 답안: <찬성> 우주는 특정 국가의 소유물이 아닌 만큼, 규칙 없는 개발은 결국 전체 인류의 피해로 돌아온다. 국제적 법적 구속력이 있어야 모든 나라가 책임감을 갖고 우주 쓰레기를 줄이기 위한 조치를 취할 수 있다. 자발적 협력만으로는 실효성이 떨어지므로 명확한 규제와 처벌이 필요하다.

<반대> 국제적 규제는 각국의 우주 개발 주권을 침해할 수 있으며, 기술 발전 속도를 저해할 위험이 있다. 현실적으로 법적 구속력을 만들고 시행하는 데에는 정치적 갈등과 이해관계 충돌이 크다. 규제보다는 기술 개발과 자율 협력을 유도하는 방향이 더 효과적일 수 있다.

3. 유전자 편집기술, 어디까지 허용해야 할까?
● 비판적 사고 키워볼까요?

1. 정답: ② 해설: ②는 본문의 내용과 다르다. 유전자 편집 기술은 일부 윤리적 한계를 넘어서려는 시도(예: 허젠쿠이 사건)가 있었지만, 자유롭게 사용되고 있지는 않으며, WHO 등 국제기구에서는 엄격한 제한을 권고하고 있다.

2.정답: ③ 해설: ③은 본문 내용과 맞지 않는다. 본문에서는 생명 설계 시도(허젠쿠이 사건)가 심각한 윤리적 논란이 되었고, 국제적으로 제한이 필요하다는 입장이 강조되고 있다.

3. 예시답안: 유전자 편집은 인간 생명과 직결되기 때문에 무분별한 사용은 심각한 윤리적 문제와 사회적 혼란을 초래할 수 있다. 따라서 인간 배아 편집과 같이 민감한 영역에서는 국제적 기준과 규제가 마련되어야 하며, WHO와 같은 기구의 역할이 중요하다. 이를 통해 기술의 남용을 막고, 인간 존엄성과 다양성을 지킬 수 있다.

4. 예시답안: <서론> 유전자 편집 기술은 현대 생명과학의 획기적인 성과로, 난치병 치료, 식량 문제 해결, 환경 보존 등 다양한 영역에서 긍정적인 역할을 하고 있다. 특히 크리스퍼(CRISPR) 기술의 등장으로 생물체의 DNA를 정밀하게 조작하는 일이 가능해졌고, 이는 인류 건강과 생존에 중요한 전환점을 제시하고 있다. 하지만 기술이 가진 엄청난 잠재력만큼, 그 윤리적·사회적 위험성도 무시할 수 없다. 인간의 유전자를 직접 조작하는 기술은 생명의 존엄성과 다양성, 사회 정의에 중대한 질문을 던지고 있다.

<본론> 가장 큰 우려는 이 기술이 인간을 설계 가능한 존재로 바라보게 만든다는 점이다. 2018년, 중국의 과학자가 유전자 편집을 통해 HIV 면역성을 가진 아기를 태어나게 했다는 사실은 세계를 충격에 빠뜨렸다. 이는 단순한 치료를 넘어 인간의 특성을 '선택'하는 행위로, 일종의 '디자이너 베이비' 논란을 촉발시켰다. 이처럼 유전자 편집이 외모, 지능, 성격 등 비의료적 영역에까지 확대될 경우, 우월한 유전자를 지닌 사람이 '더 나은 존재'로 여겨지는 유전자 계급 사회가 형성될 위험이 있다. 나아가 장애를 유전적으로 제거하려는 시도는 장애인의 존재 가치를 부정하고 사회의 다양성을 해칠 수 있으며, 인간을 도구화하는 사고방식을 조장할 수 있다. 기술은 중립적이지만, 그것을 사용하는 인간의 선택은 언제나 가치 판단과 연결되기 때문에, 유전자 편집 기술은 철저한 윤리 기준과 사회적 통제가 필요하다.

<결론> 유전자 편집 기술은 인류의 건강과 삶의 질을 향상시킬 수 있는 혁신적 도구이다. 그러나 그 힘이 아무런 통제 없이 사용될 경우, 과학은 인간을 이롭게 하기보다는 오히려 인간성을 위협할 수 있다. 따라서 과학기술의 발전은 반드시 윤리적 고민과 함께 이루어져야 한다. 국제사회는 유전자 편집 기술에 대한 법적 규제와 가이드라인을 마련해야 하며, 각국은 사회적 합의와 대중 교육을 통해 생명 윤리에 대한 공감대를 형성해 나가야 한다. 청소년 역시 미래 세대의 과학 시민으로서 기술의 올바른 사용에 대한 감시자이자 참여자로 성장해야 한다. 유전자 편집 기술의 미래는 과학자가 아닌 우리 모두의 선택과 책임에 달려 있다.

5. 예시 답안: 유전자 편집 기술이 가져올 미래 사회가 이상적이기 위해서는 첫째, 인간의 유전자를 도구로 삼지 않고 생명의 존엄성을 최우선으로 하는 윤리적 기준이 확립되어야 한다. 둘째, 기술의 혜택이 일부 계층에만 집중되지 않도록 공정한 접근성과 사회적 안전망이 보장되어야 한다. 그래야만 유전자가 새로운 차별이 아닌 모두의 권리가 될 수 있다.

6. 예시 답안: <찬성> 유전자 편집은 난치병 치료, 유전 질환 제거, 농업 생산성 향상 등 인간의 삶을 실질적으로 향상시킬 수 있는 기술이다. 기술 자체가 나쁜 것은 아니며, 제대로 된 규범과 사용 목적만 분명하다면 오히려 사회 전반의 건강성과 삶의 질 향상에 기여할 수 있다. 특히 공공의 이익을 위한 의료 발전에 적극 활용되어야 한다.

<반대> 유전자 편집은 인간 생명의 본질을 바꾸는 민감한 기술이다. 제한 없이 활용된다면 디자이너 베이비, 유전자 차별, 사회적 불평등 등 돌이킬 수 없는 결과를 낳을 수 있다. 특히 자본에 의해 기술이 독점되면 생명 자체가 계급화될 수 있다. 따라서 강력한 윤리 기준과 법적 규제가 반드시 동반되어야 한다.

4. 휴대폰 속 희귀 금속, 어디서 오나?

♦ 비판적 사고 키워볼까요?

1. 정답: ② 해설: ②는 본문의 내용과 일치하지 않는다. 본문에서는 도시광산의 효율성이 매우 높다고 강조하며, 폐휴대폰 1톤에서 추출한 금이 금광석보다 훨씬 많다는 구체적인 수치도 제시하고 있다.

2. 정답: ③ 해설: 희귀 금속의 주요 생산지는 아프리카, 남미, 아시아 일부 국가이며, 유럽·미국에서 자급자족한다는 내용은 본문에 전혀 없다. 오히려 채굴 자원의 공급 불균형과 윤리 문제가 강조되었다.

3. 예시답안: 희귀 금속은 스마트폰 등 전자제품의 핵심 자원이지만, 채굴 과정에서 산림 파괴, 수질 오염 등 환경 문제를 일으키며, 일부 지역에서는 무장 단체가 광산을 점령해 강제 노동을 시키는 등 인권 침해 문제도 발생한다. 이는 단순한 자원 문제가 아닌 윤리적·사회적 문제로 인식되어야 한다.

4. 예시답안: <서론> 오늘날 스마트폰은 우리의 일상에 없어서는 안 될 필수품이 되었다. 이 조그마한 기기는 통신을 넘어 카메라, 지갑, 학습 도구 등 다양한 역할을 수행하며 삶을 편리하게 만들어 준다. 그러나 이러한 첨단 기술의 배경에는 우리가 자주 잊고 지내는 자원 채굴의 현실이 숨겨져 있다.

<본론> 스마트폰에는 30종 이상의 금속이 사용되며, 리튬, 코발트, 탄탈럼 등은 '희귀 금속'으로 분류된다. 이들 자원은 대부분 개발도상국에서 채굴되며, 이 과

정에서 산림 파괴, 수질 오염, 생태계 파괴와 같은 환경 문제가 발생한다. 더 심각한 것은 무장 단체가 광산을 장악해 지역 주민과 어린이를 강제 노동에 투입하는 분쟁 광물 문제다. 스마트폰 한 대에 누군가의 고통이 숨어 있을 수 있다는 사실은 기술을 바라보는 우리의 관점을 근본적으로 바꿔야 함을 시사한다. 이에 대한 대안으로 '도시광산'이 떠오르고 있으며, 기업들도 윤리적 채굴 여부를 확인하고 있다.

<결론> 기술은 사람을 위한 것이어야 하며, 그 과정 또한 사람을 해쳐서는 안 된다. 스마트폰을 더 오래 쓰고, 고장 나면 수리하며, 사용하지 않는 기기는 재활용하는 태도는 작지만 실천 가능한 변화의 시작이다. 편리함에만 집중하기보다는 그 뒤에 있는 자원의 윤리와 환경 문제를 함께 고민하는 소비자가 되어야 하며, 그것이 바로 지속 가능한 미래를 만드는 첫걸음이 될 것이다.

5. 예시답안: 스마트폰에는 리튬, 코발트, 인듐, 탄탈럼 등 다양한 희귀 금속이 포함되어 있다. 이 금속들은 각각 고유한 녹는점, 밀도, 전기전도성 등의 물리적·화학적 성질을 지닌다. 도시광산에서는 이러한 금속의 특성을 이용해 폐전자제품에서 금속을 분리·추출하는 공정이 이루어진다. 예를 들어, 전기화학적 방법이나 용매 추출법을 사용해 금속을 용해시키고 다시 회수할 수 있다. 이처럼 물질의 특성과 분리 원리를 활용한 도시광산 기술은 천연자원 채굴보다 환경 영향을 줄이고 자원을 지속 가능하게 활용할 수 있는 과학적 해결책이다. (중학교 과학의 '물질의 특성', '물질의 상태 변화', '화학적 변화' 단원과 연계되며, 화학, 환경과학, 지속 가능성, 실생활 적용을 연결한 확장형 융합 문제로 활용 가능)

6. 예시 답안: <찬성> 스마트폰에 사용되는 희귀 금속은 채굴 과정에서 환경 파괴와 인권 침해 문제를 동반한다. 이를 해결하기 위해서는 개인의 자발적 실천만으로는 한계가 있으며, 국가가 나서서 자원 재활용을 의무화해야 한다. 도시광산 제도를 활성화하고, 수거 인프라를 확대해 실효성 있는 제도를 마련해야 한다. **<반대>** 재활용 제도의 의무화는 기업과 소비자 모두에게 부담이 될 수 있으며, 지나친 규제는 기술 개발과 시장 자율성을 저해할 수 있다. 더 효과적인 방법은 시민의 자발적인 실천과 기업의 윤리적 공급망 확립을 유도하는 인센티브 정책이다. 강제보다는 참여를 유도하는 방식이 더 바람직하다.

5. 로봇 수술, 의사를 대체할 수 있을까?

• 비판적 사고 키워볼까요?

1. 정답: ② **해설:** ②는 본문과 반대되는 내용이다. 본문에서는 로봇 수술이 감염 위험을 줄이고 회복 기간을 단축시킨다고 명시되어 있다.

2. 정답: ② **해설:** 환자의 심리적 안정과 설명·동의 과정은 여전히 인간 의사의 역할이며, 로봇은 이를 대신할 수 없다고 본문에서 언급된다.

3. 예시 답안: 로봇 수술이 정밀하고 효율적인 기술을 제공하더라도, 수술 중 돌발 상황에 대한 판단과 응급 대응은 인간 의사만이 수행할 수 있다. 또한 환자에게 심리적 안정감을 주고, 수술 전후 설명과 동의를 구하는 과정, 의료 윤리에 따른 판단 등은 로봇이 아닌 인간 의사의 고유한 역할이다.

4. 예시 답안: <서론> 로봇 수술은 의료 기술의 획기적인 진보로 평가받으며, 정밀 수술이 필요한 분야에서 빠르게 확대되고 있다. 특히 '다빈치' 로봇과 같은 수술 기계는 기존 수술의 한계를 극복하고 의료 접근성 향상에도 기여하고 있다. 이러한 흐름 속에서 일부는 로봇이 의사를 대체할 수 있을 것이라고 기대한다.

<본론> 로봇 수술의 가장 큰 장점은 높은 정확도와 반복 수행 능력이다. 떨림이 없고, 3D 화면을 통해 미세 부위를 확대해 볼 수 있기 때문에 회복이 빠르고 감염 위험도 줄어든다. 원격 수술 기술은 의료 사각지대를 해소하는 데도 도움이 된다. 그러나 로봇은 여전히 자율적인 판단 능력이 없다. 수술 도중 돌발 상황이 발생했을 때, 즉각적인 대응과 복합적인 상황 판단은 인간 의사만이 할 수 있다. 환자와의 신뢰 관계, 수술 동의 절차, 윤리적 판단도 로봇은 수행할 수 없다. 결국 로봇은 도구이지, 주체가 될 수는 없다.

<결론> 로봇 수술 기술은 의사의 능력을 강화시키는 보완적 도구이며, 인간 의사를 완전히 대체할 수는 없다. 의료의 본질은 사람 간의 신뢰와 윤리에서 비롯되며, 판단과 감정이 결합된 진료는 인간만이 할 수 있다. 앞으로는 사람 중심 수술에 로봇이 협력하는 시대가 되어야 하며, 기술의 발전과 함께 인간성의 가치는 더욱 강조되어야 한다.

5. 예시 답안: 첫째, 환자의 상황에 대한 정서적 이해와 윤리적 판단은 여전히 중요하므로 인간 의사의 역할이 경시되지 않아야 한다. 둘째, 로봇 수술 기술이 의료 인프라가 부족한 지역에도 공평하게 제공되어야 하며, 의료 접근성의 형평성을 확보해야 한다. 그래야

기술이 특정 계층만의 특권이 되지 않고 모두를 위한 복지 수단이 될 수 있다.

6. 예시 답안: <찬성> 로봇 수술은 기존의 수술보다 정확하고 안전하며, 감염 위험을 줄이고 회복 속도도 빠르다. 원격 수술이 가능해지면서 의료 취약 지역에서도 고품질 수술이 가능해진다. 기술이 인간의 건강과 삶의 질 향상에 기여할 수 있다면, 제한보다는 활용을 장려하는 방향이 바람직하다.

<반대> 로봇 수술은 기술적으로 우수하지만, 감정적 판단과 돌발 상황 대응은 여전히 인간 의사만이 가능하다. 기술에 지나치게 의존하면 인간 중심의 의료가 훼손될 수 있으며, 장비 가격과 훈련 문제 등으로 인해 의료 불평등을 심화시킬 수 있다. 따라서 무제한 활용보다는 윤리적 기준과 규범이 필요하다.

6. 스마트팜과 식량위기

● 비판적 사고 키워볼까요?

1. 정답: ② 해설: ②는 본문과 반대되는 내용이다. 스마트팜은 고령화된 농촌에 적합한 기술이며, 젊은 세대의 진입 장벽을 낮추는 장점도 함께 언급되고 있다.

2. 정답: ③ 해설: ③은 본문의 관점과 다르다. 본문에서는 오히려 스마트팜이 사회적 불균형을 초래할 수 있어 제도적 보완이 필요하다고 강조하고 있다.

3. 예시 답안: 스마트팜은 기후 위기와 식량 불균형 문제를 해결할 수 있는 효과적인 수단이지만, 고가의 설비 비용과 운영 기술 부족으로 인해 중소 농가나 고령 농업인의 접근이 어려운 한계가 있다. 따라서 정부는 기술 도입을 위한 보조금 정책, 맞춤형 교육 프로그램, 시스템 유지 지원 등 정책적 뒷받침을 통해 농가 간 기술 격차를 줄이고 스마트팜을 공평하게 확산시켜야 한다.

4. 예시 답안: <서론> 기후 변화, 전쟁, 물류 위기 등 다양한 원인으로 인해 전 세계는 식량 위기를 맞고 있다. 특히 인구는 증가하는 반면, 전통적 농업 방식은 한계에 다다르고 있다. 이러한 상황 속에서 ICT 기반의 스마트팜 기술은 농업의 생산성과 효율성을 극대화할 수 있는 대안으로 주목받고 있다.

<본론> 스마트팜은 센서, 자동화 시스템, 빅데이터, AI를 활용하여 작물 생육 환경을 정밀하게 제어하고 병해충 감지 및 예방도 가능하게 한다. 그 결과 농약 사용이 줄고, 일정한 품질의 농산물을 안정적으로 생산할 수 있게 된다. 특히 고령화된 농촌에 적합하고, 기술에 익숙한 청년층이 농업에 진입할 수 있는 길을 열어준다는 점에서 미래 농업의 지속 가능성을 높이는 데 기여한다. 그러나 고가의 설비와 전문 인력 부족은 여전히 해결 과제로 남아 있다. 정부와 사회는 스마트팜 기술이 특정 계층의 전유물이 되지 않도록 보급과 교육을 병행해야 한다.

<결론> 스마트팜은 단순한 농업의 디지털 전환이 아니라, 기후 위기와 식량 부족 시대를 돌파할 수 있는 핵심 전략이다. 그러나 기술이 공정하게 활용되기 위해서는 정책적 지원, 교육 인프라 구축, 정보 격차 해소 등 사회 전반의 협력이 요구된다. 청소년 또한 농업과 과학기술의 연계를 이해하고, 지속 가능한 농업의 주체로 성장할 수 있도록 준비되어야 한다.

5. 예시 답안: 지역 A는 기후 변화로 인한 자연재해와 해충 피해에 취약한 상태이며, 자동화 기술 없이 고령 노동력에 의존하기 때문에 앞으로 생산성과 품질이 더욱 하락할 수 있다. 이는 소득 감소로 이어지고, 농업에 대한 청년층의 관심도 줄어들어 지속 가능한 농업 유지가 어려워질 가능성이 크다. 반면, 지역 B는 스마트팜 기술을 통해 작물의 생육 환경을 정밀하게 제어하고, 계절에 상관없이 일정한 수확이 가능하다. 이에 따라 농업의 안정성과 효율성이 높아지고, 청년층의 참여가 늘어나 지역 농업의 활력이 지속적으로 유지될 것으로 예상된다.

6. 예시 답안: <찬성> 스마트팜은 기후에 상관없이 안정적인 생산이 가능하고, 병해충 감지, 자동 관수 등으로 효율성을 높일 수 있다. 특히 청년층의 농업 참여를 촉진하며, 미래 식량 위기를 해결할 수 있는 과학적 대안이므로, 전통 농업을 점진적으로 대체하는 방향이 필요하다.

<반대> 스마트팜이 갖는 장점은 분명하지만, 초기 비용 부담과 기술 활용의 어려움은 많은 농가에 장벽이 된다. 또한 전통 농업이 가진 생태적 다양성과 지역 특성에 맞춘 방식은 기계화로 대체하기 어려운 부분이 있다. 따라서 스마트팜은 전통 농업을 보완하는 방향으로 활용되어야 한다.

7. 기후 위기와 과학자의 역할

● 비판적 사고 키워볼까요?

1. 정답: ② 해설: ②는 본문에서 강조한 과학자의 복합적 역할(연구 + 과학 커뮤니케이션)을 정확히 반영한 문장이다.

2. 정답: ④ 해설: 본문에서는 기후위기의 원인으로 온실가스 배출, 인간 활동에 의한 기후 변화 등을 중심으로 설명하고 있다. 해양 생물 다양성 감소는 기후위기로 인한 결과이지, 원인으로 명시된 적은 없다. 따라서 ④는 본문과 일치하지 않는 선택지이며, ①~③은 모두 본문과 관련된 핵심 내용이다.

3. 예시 답안: 과학자는 먼저 온실가스 감축을 위한 기술을 개발하고, 인공지능을 활용해 기후 예측 모델이나 시뮬레이션 분석 기술을 발전시키는 역할을 한다. 또한, 기후위기의 심각성을 사회에 알리기 위해 대중 강연이나 청소년 환경 교육에 참여하고, 시민과 정책 결정자 사이에서 과학적 정보를 효과적으로 전달하는 '과학 커뮤니케이션' 활동도 수행한다.

4. 예시 답안: <서론> 기후위기는 인류가 직면한 가장 심각한 위기 중 하나이다. 이를 해결하기 위한 방법으로 에너지 전환, 탄소포집기술, 전기차 등의 친환경 기술이 각광받고 있다. 그러나 나는 친환경 기술만으로는 기후위기를 완전히 해결할 수 없다고 생각한다. 기후문제는 단순한 기술의 문제가 아니라 인간의 삶의 방식과 사회 구조 전반과 연결되어 있기 때문이다.

<본론> 첫째, 친환경 기술은 주로 부유한 국가나 대기업 중심으로 발전하고 있다. 기술 개발에는 막대한 자금과 인프라가 필요하며, 저개발국이나 소외 계층은 이러한 기술을 쉽게 이용할 수 없다. 이는 오히려 기후 불평등을 심화시킬 수 있다. 둘째, 기술은 한계가 있다. 예를 들어 태양광과 풍력은 날씨에 따라 에너지 생산량이 달라지며, 배터리 저장 기술 역시 아직 완전하지 않다. 또한 일부 친환경 기술은 희귀 자원의 채굴을 필요로 하여 또 다른 환경 파괴를 유발할 수 있다. 셋째, 사람들의 소비 습관과 가치관이 바뀌지 않는다면 기술이 있어도 실질적인 감축은 어렵다. 불필요한 소비와 과잉 생산을 줄이고, 환경을 고려한 삶의 방식을 실천하는 시민의식이 병행되어야 한다.

<결론> 따라서 기후위기를 해결하려면 친환경 기술에만 의존해서는 안 된다. 교육, 정책, 국제 협력, 시민 실천이 함께 이루어져야 진정한 지속 가능성을 이룰 수 있다. 기술은 수단일 뿐, 핵심은 인간의 선택과 변화에 있다.

5. 예시답안: 과학 시간에 기후 변화와 온실가스 배출에 대해 배우면서, 내가 사용하는 에너지와 소비 습관이 환경에 어떤 영향을 주는지 깊이 고민하게 되었다. 그 이후로는 플라스틱 컵 대신 텀블러를 사용하고, 집에서도 전기 사용을 줄이기 위해 불필요한 조명을 끄는 습관을 들였다. 특히 '환경 윤리' 단원에서 배운 내용을 통해 기후 문제는 단순한 과학이 아니라 나의 삶과 연결된 중요한 문제라는 것을 깨달았다.

6. 예시 답안: <찬성> 기후 문제를 해결하려면 시민들이 기후위기의 심각성을 알고 실천해야 한다. 아무리 좋은 연구를 해도 사회에 알려지지 않으면 효과가 없다. 과학자들이 대중 강연이나 교육 활동에 참여하는 것이 기후 행동을 촉진할 수 있다고 생각한다. 예를 들어, 과학자가 청소년에게 직접 기후위기를 설명하면 더 믿고 행동할 수 있다. 사회적 공감이 생겨야 정책도 바뀐다고 생각한다.

<반대> 기후 과학자들의 가장 중요한 역할은 정확한 데이터를 수집하고 분석하는 것이다. 연구가 부족하면 잘못된 정보가 퍼질 수 있다. 소통은 중요하지만, 그것은 언론이나 교사 같은 사람들이 맡아도 된다고 생각한다. 과학자가 소통에 너무 집중하면 연구 시간이 줄어들 수 있다. 오히려 연구 결과를 다른 전문가들이 쉽게 전달하는 체계가 필요하다고 본다.

8. 팬데믹 백신 개발과 mRNA, 과학이 인류를 지키는 방식

• 비판적 사고 키워볼까요?

1. 정답: ④ 해설: 본문에서는 mRNA 백신의 장점으로 "제조 공정이 간단하고, 감염병에 빠르게 대응할 수 있다"고 설명하고 있다. ④는 이를 정반대로 표현한 내용으로, 본문과 일치하지 않는다.

2. 정답: ② 해설: ②는 본문과 <보기> 모두에서 강조한 mRNA 기술의 핵심 장점인 "빠른 설계와 제조"를 근거로 한 문장으로, 유추 가능한 올바른 내용이다. 본문에서는 "바이러스 유전 정보를 바탕으로 빠르게 설계할 수 있어 감염병 속도보다 앞설 수 있다"고 했고, <보기>에서는 알레르기 백신 또한 "빠른 설계와 제조로 계절성 대응에 적합하다"고 언급되어 있다.

3. 예시 답안: mRNA 백신은 바이러스의 유전 정보를 바탕으로 인체가 직접 항원 단백질을 생성하게 해 면역 반응을 유도한다. 기존 백신이 병원체 일부를 주입하는 방식과 달리, 빠르게 설계·제조할 수 있어 팬데믹 대응에 효과적이라는 장점이 있다.

4. 예시 답안: <서론> 코로나19 팬데믹은 인류에게 막대한 위기를 안겼지만, 동시에 과학기술의 진보 가능성을 입증하는 계기가 되었다. 그 중심에 있던 기술이

바로 mRNA 백신이다. 이 기술은 단기간에 감염병 대응 능력을 향상시켰을 뿐 아니라, 앞으로의 의료 환경과 사회 구조에까지 커다란 변화를 불러올 것으로 기대된다.

<본론> mRNA 기술은 기존 백신 개발 방식보다 빠르고 유연하다. 유전자 정보만 확보되면 몇 주 안에 백신을 설계할 수 있어 향후 신종 감염병 대응의 핵심이 될 것이다. 더 나아가, mRNA 기술은 암 치료에도 활용되고 있다. 미국 모더나와 독일 바이오엔테크는 환자의 유전자와 종양 특성을 분석해 개인 맞춤형 암 백신을 개발 중이며, 일부는 임상 3상 단계에 진입했다. 또한 알레르기, 자가면역질환, 희귀 유전 질환 치료에도 적용 가능성이 높아지고 있다. 사회적으로는 mRNA 플랫폼이 국가 간 의료 경쟁력의 지표로 작용하며, 자국 백신 확보 여부가 보건 안보와 직결되고 있다. 나아가 생명윤리, 유전자 정보 활용에 대한 사회적 논의도 활발해질 전망이다.

<결론> 결국 mRNA 기술은 단순히 한 시기의 감염병 대응 수단이 아니라, 의료 기술의 패러다임을 바꾸고 과학·윤리·정책이 융합된 미래 사회의 핵심 동력이 될 것이다. 청소년들도 이를 계기로 생명과학의 중요성을 인식하고, 미래 진로를 넓혀갈 필요가 있다.

5. 예시답안: mRNA 기술은 감염병 대응뿐 아니라 암과 유전 질환 치료에도 활용될 수 있는 혁신적인 기술이다. 그러나 개인 유전 정보를 기반으로 설계되기 때문에 생명윤리와 개인정보 보호 문제가 함께 논의되어야 한다. 유전 정보는 개인의 정체성과 직결되며, 보험, 고용, 사회적 차별로 이어질 가능성이 있다. 이를 예방하기 위해서는 유전 정보 보호를 위한 법적 장치와 기술적 보안이 강화되어야 하며, 의료기관과 기업의 윤리 기준도 엄격히 관리되어야 한다. 사회적 합의와 교육도 함께 이루어져야 한다.

6. 예시 답안: <찬성> mRNA 백신은 유전 정보를 바탕으로 신속하게 설계되고 생산될 수 있어 전염병 확산 속도보다 빠르게 대응할 수 있다. 실제로 코로나19 mRNA 백신은 유전자 정보 공개 후 1년도 안 되어 상용화되었으며, 높은 예방 효과를 보였다. 또한 mRNA 기술은 플랫폼 기반이기 때문에 새로운 바이러스가 등장해도 쉽게 수정이 가능하다. 암 치료, 희귀질환 예방 등 다양한 의료 분야로도 확장 중이며, 의료의 개인화와 효율성을 동시에 실현할 수 있는 차세대 기술로 주목받고 있다.

<반대> mRNA 백신은 개발 속도는 빠르지만, 장기적인 안전성과 효과에 대한 충분한 데이터가 아직 부족하다. 기존 백신은 오랜 기간 축적된 임상 경험과 부작용 데이터를 통해 신뢰를 얻어왔다. 반면, mRNA 백신은 새로운 기술인 만큼 예측하기 어려운 부작용이나 면역 반응에 대한 우려도 존재한다. 특히 알레르기 반응이나 심근염과 같은 사례가 보고되면서, 모든 연령대나 질환자에게 적합하다고 단정하기 어렵다. 기술의 효율성보다 환자의 안전성이 우선 고려되어야 한다.

9. 초전도체, 진짜 혁명일까?

● 비판적 사고 키워볼까요?

1. 정답: ③ **해설:** 초전도체는 전류가 에너지 손실 없이 흐르며, MRI, 자기부상열차 등에 사용되고 있다.

2. 정답: ③ **해설:** ③번은 보기의 핵심 메시지를 정확히 반영한다. LK-99 사례는 '과학은 주장보다 증거가 중요하다'는 사실을 강조하고 있으며, 반복 실험과 검증의 중요성을 보여준다. 나머지 선택지들은 보기에 제시된 정보 또는 가치와 정면으로 반대되거나 오해한 내용이다.

3. 예시 답안: 초전도체는 전기가 흐를 때 생기는 저항이 사라져 에너지 손실 없이 전류를 전달할 수 있다. 현재는 MRI 장비나 자기부상열차 등에 사용되고 있지만, 매우 낮은 온도에서만 작동하는 한계가 있어 활용 범위가 좁다. 만약 상온에서 작동하는 초전도체가 개발된다면, 전기 에너지의 낭비를 크게 줄일 수 있어 환경 보호에도 도움이 된다. 한국에서 발표한 LK-99는 상온 초전도체 가능성을 보여주었지만, 실험 재현이 되지 않아 검증의 중요성도 함께 알려주는 사례가 되었다. 이는 과학은 단순한 주장이 아니라, 반복 가능한 실험과 증거로 뒷받침되어야 한다는 사실을 보여준다. 상온 초전도체가 개발되면, 도심을 가로지르는 초고속 자기부상열차, 양자 컴퓨터, 전력망 혁신 등 사회 곳곳에서 커다란 기술 발전이 가능하다. 이처럼 과학기술은 단지 실험실에서 끝나는 것이 아니라, 우리의 생활 방식과 산업 구조까지 바꾸는 힘이 있다. 그래서 나는 앞으로도 과학적 사고와 탐구를 이어가고 싶다.

4. 예시 답안: <서론> 초전도체는 에너지 손실 없이 전류를 흐르게 할 수 있는 획기적인 물질로, 미래 에너지 시스템과 첨단 산업의 핵심 소재로 주목받고 있다.

그러나 이 기술의 상용화를 위해서는 여러 기술적, 윤리적, 경제적 과제를 넘어야 한다. 이 중에서도 가장 시급한 문제는 '기술 검증의 신뢰성'과 '정보의 윤리적 공유'에 있다.

<본론> 2023년 한국의 LK-99 발표는 상온 초전도체 개발에 대한 전 세계적 기대를 불러일으켰지만, 이후 여러 나라의 연구소가 재현에 실패하면서 큰 논란이 되었다. 이 사례는 과학의 성과 발표가 얼마나 신중하고 투명해야 하는지를 잘 보여준다. 검증되지 않은 결과가 확산될 경우 투자 자원이 낭비될 수 있고, 과학에 대한 대중의 신뢰도 떨어질 수 있다. 따라서 과학자들은 실험의 재현 가능성과 검증 과정을 철저히 지키고, 연구 성과를 발표하기 전 공동 검토 시스템을 도입해야 한다. 또한 정부와 과학 기관은 과학 커뮤니케이션을 통해 대중이 과학의 본질과 한계를 이해하도록 도와야 한다.

<결론> 초전도체는 분명 미래를 바꿀 수 있는 잠재력을 가진 기술이다. 그러나 그 발전 속도만큼이나 중요한 것은 '과학이 신뢰를 바탕으로 이루어져야 한다'는 윤리적 기준이다. 기술의 진보는 검증된 근거와 투명한 소통 위에서만 제대로 구현될 수 있다.

5. 예시 답안: 상온 초전도체는 전기를 잃지 않고 보낼 수 있어 환경 문제 해결과 미래 기술 발전에 큰 도움이 될 수 있다. 하지만 LK-99 사례처럼 충분한 실험과 증거가 없으면 사람들의 기대만 커지고 실망이 커질 수 있다. 그래서 과학자들은 서두르지 말고 정확한 검증 과정을 거쳐야 한다. 또 언론과 사회도 과학 소식을 전할 때 흥미만 강조하지 말고, 아직 확실하지 않은 부분을 함께 알려야 한다. 이렇게 해야 과학 발전이 신뢰를 얻고, 학생들도 과학을 올바르게 이해할 수 있다고 생각한다.

6. 예시 답안: <찬성> 초전도체 기술의 상용화는 환경 보호보다 경제 성장에 더 큰 영향을 미칠 것이다. 초전도체는 전류가 저항 없이 흐르기 때문에 에너지 손실을 거의 없앨 수 있다. 이는 기존 전력망보다 훨씬 효율적인 전력 송전을 가능하게 하며, 대규모 전력 인프라 개선으로 이어진다. 특히 초전도 케이블은 도시 전력 공급 안정성과 산업 전반의 생산성을 크게 높일 수 있다. 또한, 자기부상열차와 양자 컴퓨터 같은 차세대 산업기술 개발의 기반이 되면서 국가 경쟁력을 높이는 데 중요한 역할을 한다. 세계 각국은 상온 초전도체 기술을 선점하기 위해 치열한 기술 경쟁을 벌

이고 있으며, 향후 해당 기술을 기반으로 한 기술 수출과 특허권 확보는 막대한 경제적 이익을 창출할 수 있다. 에너지 효율성 향상은 환경적 이점도 있지만, 궁극적으로는 산업 혁신과 성장에 더 직접적인 영향을 미친다. 따라서 초전도체는 환경 보호보다는 경제 성장을 가속하는 핵심 촉매로 작용할 가능성이 높다.

<반대> 초전도체 기술의 상용화는 경제 성장보다 환경 보호에 더 큰 영향을 미칠 수 있다. 초전도체는 전기 저항이 0에 가까워져 전력 손실이 거의 발생하지 않으므로, 전력 생산 과정에서 낭비되는 에너지를 대폭 줄일 수 있다. 이는 전기 발전에 사용되는 석탄, 석유, 가스와 같은 화석 연료 사용을 줄이고, 탄소 배출량 감소에 큰 기여를 할 수 있다. 특히 도시와 산업 단지에서 전기를 멀리까지 손실 없이 보낼 수 있게 되면, 전력 생산지와 소비지 간의 거리 제약이 줄어들고, 더 친환경적인 분산형 에너지 시스템 구축이 가능해진다. 이 기술은 태양광, 풍력 등 재생 에너지와도 매우 잘 결합되어 지속가능한 에너지 체계를 완성할 수 있게 해준다. 무엇보다 기후위기와 환경 문제는 인류의 생존과 직결된 문제로, 경제 성장보다 장기적 관점에서 훨씬 더 중요하다. 초전도체 기술이 환경 보호에 가져올 긍정적 영향은 단순한 산업적 성과를 넘어, 지속 가능한 미래를 위한 결정적 수단이 될 수 있다.

10. 우주를 향한 새로운 경쟁, 민간이 쏘아올린 로켓

• 비판적 사고 키워볼까요?

1. 정답: ④ 해설: 달의 헬륨-3 등 우주 자원 개발은 민간 기업들이 우주 산업에 주목하는 이유 중 하나로 지문에 제시되어 있다.

2. 정답: ③ 해설: 보기에서 밝힌 '기회와 위험 요소 공존'이라는 균형적 관점에 가장 부합하는 내용이다.

3. 예시 답안: (1) 우주항공 산업의 민영화는 과학기술의 발전 속도를 높이고, 발사체 기술이나 위성 기술 등에서 혁신을 가능하게 만든다는 점에서 긍정적인 의미를 가진다. 예를 들어, 스페이스X는 로켓 재활용 기술을 통해 우주 발사의 비용을 크게 낮췄으며, 이는 우주 접근성을 높이고 다양한 산업에 우주기술을 적용할 수 있는 기반이 된다. 그러나 동시에 민영화는 기업 간 경쟁 심화로 인한 우주 쓰레기 증가나 군사적 활용 가능성 등의 문제를 야기할 수 있어 국제적 규범과 윤리 기준 정립이 필요하다.

(2) 로켓 재활용 기술은 로켓을 한 번 쓰고 버리는 기

존 방식과 달리, 재사용을 통해 자원을 절약하고 환경 오염을 줄이는 데 효과적이다. 예컨대 스페이스X의 '팰컨9'은 바다에 추락하지 않고 착륙해 다시 사용할 수 있어, 발사 비용을 수천억 원 단위로 절감하며, 이산화탄소 배출도 감소시킨다. 이는 지속 가능한 우주 개발을 위한 핵심 기술로 평가받는다.

4. 예시 답안: <서론> 21세기 우주산업의 패러다임을 바꾼 기술 중 하나는 바로 로켓 재활용 기술이다. 과거에는 로켓 발사 후 본체가 바다에 버려지는 1회용 구조였다면, 스페이스X는 이를 지구로 귀환시켜 재사용함으로써 우주 산업의 지속 가능성을 획기적으로 끌어올렸다. 이 기술은 단순한 비용 절감을 넘어 환경 보호, 자원 절약, 미래 산업 구조의 변화에까지 영향을 미친다.

<본론> 첫째, 로켓 재활용 기술은 발사 비용을 30~50% 이상 절감시키며 민간 기업의 우주 진출 장벽을 낮췄다. 이는 상업 위성 발사, 우주 관광, 우주 물류 산업의 활성화를 촉진하고 있다. 둘째, 폐기물 발생과 해양 오염을 줄여 친환경적인 발사 방식을 가능하게 했다. 셋째, 반복적인 발사를 통해 기술 개선 주기가 빨라지고, 우주 자원 탐사 및 정거장 건설 등 장기적 우주 개발 전략에 유리한 기반이 마련된다. 즉, 기술적 진보와 친환경적 가치가 동시에 실현되는 대표 사례이다.

<결론> 로켓 재활용 기술은 우주 산업의 지속 가능성과 지구 환경 보호를 동시에 고려한 혁신이다. 이는 단순한 경제성의 문제가 아닌, 기술과 생태계의 균형을 추구하는 미래형 모델이라 할 수 있다. 향후 더 많은 기업과 국가가 이 기술을 채택하고 발전시킨다면, 우주 개발이 지구 환경을 해치지 않고 인류의 삶을 풍요롭게 만드는 핵심 해법이 될 것이다.

5. 예시 답안: 한국이 '스페이스 허브 코리아' 프로젝트를 추진하는 목적은 민간 기업의 우주 산업 참여를 확대하고, 국가 중심의 우주 개발 체계에서 벗어나 지속 가능한 산업 생태계를 조성하기 위함이다. 이를 통해 정부는 로켓 발사, 위성 제작, 우주 통신 등 다양한 분야에서 민간 기술력을 높이고, 신산업을 육성하려는 정책 방향을 추구하고 있다. 이로 인해 인공지능, 재료공학, 고등교육 등과의 융합이 가속화되며 미래 산업 구조 전반에 긍정적인 변화가 기대된다.

6. 예시 답안: <찬성> 헬륨-3는 지구에 거의 존재하지 않지만, 핵융합 발전에 사용될 수 있는 청정 에너지원

이다. 만약 이를 우주에서 채굴해 활용할 수 있다면, 인류는 탄소 배출 없는 지속 가능한 에너지를 확보할 수 있다. 자원 고갈과 기후 위기를 겪는 현재, 우주 자원 개발은 지구의 생존과 미래를 위한 필연적인 선택이며 윤리적으로 정당화될 수 있다.

<반대> 우주 자원은 특정 국가나 기업의 소유가 아닌 인류 전체의 공동 자산으로 간주되어야 한다. 그러나 헬륨-3 같은 자원을 채굴해 이익을 독점하는 것은 강대국이나 대기업의 우주 제국주의로 이어질 수 있다. 또한 우주 환경을 훼손할 가능성과 우주 공간의 군사화로 연결될 우려도 있어, 윤리적 정당성을 확보하기 어렵다.

11. 범인을 밝혀내는 과학의 힘, DNA 감식 기술의 진화

◆ 비판적 사고 키워볼까요?

1. 정답: ⑤ **해설:** ⑤는 본문과 일치하는 설명이다. DNA 감식 기술은 과거에 많은 양의 샘플이 필요했지만 현재는 머리카락, 각질처럼 극소량의 흔적으로도 분석이 가능하다고 설명되어 있다.

2. 정답: ③ **해설:** ③은 본문에서 언급한 DNA 데이터베이스의 공익적 목적(장기 미제 사건 해결, 실종자 확인 등)을 왜곡하고 있으며, '독점'이나 '위험한 장치'라는 표현은 본문 취지에 맞지 않는다. 나머지 선택지는 모두 본문의 주요 내용을 정확히 반영하고 있다.

3. 예시 답안: DNA 감식 기술은 미세한 생물학적 흔적만으로도 개인의 신원을 정확히 식별할 수 있는 첨단 기술로, 과거에는 풀기 어려웠던 장기 미제 사건을 해결할 수 있다는 점에서 과학수사에 혁신을 가져왔다. 하지만 이 기술은 개인의 유전정보라는 민감한 데이터를 다루기 때문에, 무단 수집·보관 시 개인정보 침해나 인권 침해 등의 윤리적 문제가 발생할 수 있다. 따라서 법적 절차와 윤리 기준의 엄격한 적용이 요구된다.

4. 예시 답안: <서론> DNA 감식 기술은 단순히 범인을 찾아내는 과학 수단을 넘어서, 억울한 사람을 구제하고 정의를 실현하는 도구로 발전하고 있다. 과거의 진실을 밝혀내고, 생물학적 증거를 통해 사실을 입증하는 이 기술은 현대 사회의 신뢰와 공정성을 높이는 데 기여한다.

<본론> 대표적인 예로 '화성연쇄살인사건'의 진범이 DNA 감식을 통해 33년 만에 밝혀지면서, 미제 사건

해결의 상징이 되었다. 이는 피해자와 유족의 억울함을 풀고, 무고한 이가 범인으로 몰리는 오류를 방지하는 데도 중요한 역할을 한다. 또한 실종자 확인, 전쟁 피해자 신원 확인, 친자 관계 증명 등 다양한 사회 분야에서 정의와 인권 보호를 실현하고 있다. 그러나 동시에 DNA 정보의 오·남용, 무단 수집, 보관 등의 위험은 인권 침해로 이어질 수 있으며, 윤리적·법적 제도적 장치가 반드시 병행되어야 한다.

<결론> DNA 감식은 사실을 밝히는 과학의 힘이자, 사회 정의를 구현하는 기술로 자리 잡았다. 향후 AI, 빅데이터와 결합되면 분석 정확도와 속도는 더욱 높아질 것이며, 인간 존엄을 지키는 과학적 기반으로서의 역할도 더욱 커질 것이다. 단, 기술의 힘이 인간의 권리를 침해하지 않도록 제도와 윤리 기준이 반드시 병행되어야 한다.

5. 예시 답안: 국립과학수사연구원이 유전자 데이터베이스를 구축하는 목적은 장기 미제 사건의 해결과 신원 확인을 체계적이고 효율적으로 수행하기 위함이다. 이를 통해 수사기관은 생물학적 증거를 기반으로 범죄를 보다 신속하고 정확하게 해결할 수 있으며, 무고한 사람을 억울하게 처벌하는 위험도 줄어든다. 나아가 실종자 가족과 이산가족의 재회, 재난 상황에서의 신원 확인 등 인도주의적 가치 실현에도 크게 기여하고 있다.

6. 예시 답안: <찬성> DNA 정보는 범죄 해결에 결정적인 역할을 하며, 미제 사건의 해결이나 무고한 사람의 구제에도 기여할 수 있다. 특히 강력범죄가 증가하는 사회에서, 국가가 일정한 법적 절차에 따라 DNA 정보를 수집하고 보관한다면 국민의 안전을 지키기 위한 정당한 수단이 될 수 있다. 이는 공공의 이익을 위한 최소한의 개인정보 활용이며, 신중하게 운영된다면 사회 정의 실현을 위한 중요한 기반이 될 수 있다.

<반대> DNA 정보는 개인의 가장 민감한 생물학적 정보이며, 이를 국가가 수집·보관하는 것은 심각한 인권 침해로 이어질 수 있다. 저장된 DNA가 본래 목적 외로 오·남용되거나 해킹 등의 사고로 유출된다면, 개인의 사생활과 존엄성이 크게 훼손될 수 있다. 또한, 정보 수집 대상의 자의성과 차별 문제도 발생할 수 있어 윤리적 정당성을 확보하기 어렵다. 인권과 감시사회의 경계는 반드시 지켜져야 한다.

12. 전자책과 종이책, 뇌는 정말 다르게 읽을까?

● 비판적 사고 키워볼까요?

1. 정답: ③ 해설: ③은 지문에서 "손으로 페이지를 넘기는 감각, 책의 무게와 두께…독서 이해력을 높인다"는 연구 결과를 정확히 반영한 내용이다.

2. 정답: ③ 해설: ①는 지문과 반대입니다. 전자책이 이동 중 유리하다고 설명한다.

② 역시 반대 – 깊이 읽기에는 종이책이 더 적합하다.

③는 하이브리드 독서의 장점을 정확히 반영한 선택지이다.

④는 접근성 일부 측면에만 적용되며 "모든 독자에게 유리하다"는 과장은 오류이다.

⑤는 전자책의 맞춤형 지원 기능이 더 적합하다는 내용과 상반된다.

3. 예시 답안: (1) ① 종이책은 페이지를 넘기고 책의 무게 및 두께를 감각적으로 인식할 수 있어, 이야기 구조와 순서, 시각적 위치 정보를 뇌가 더 잘 기억할 수 있다. ② 이러한 촉감과 시공간적 인지가 장기 기억 전환을 돕고, 이야기의 흐름을 이해하고 집중하는 데 유리하다.

(2) 전자책은 화면 확대, 음성 지원, 텍스트 하이라이트 등 접근성 기능이 있어 시각장애인이나 학습장애 학생이 정보를 얻기 쉽게 돕는다.

또한 간편한 검색 및 이동 중 읽기 기능 덕분에 독서 습관을 늘리고, 청소년의 전자책 독서량 증가에 기여할 수 있다.

(3) '하이브리드 독서'는 종이책의 깊이 읽기와 기억력 향상 장점, 전자책의 접근성과 유연성을 동시에 활용할 수 있는 방식이기 때문이다. 예컨대 소설 등 깊이 읽기 대상은 종이책을 통해, 정보 탐색 중심의 참고서는 전자책을 통해 읽으면, 목적에 맞게 독서 효과를 최적화할 수 있다. 이는 단순히 경쟁하는 매체가 아닌 서로 보완하는 도구로 독서 문화를 향상시키기 위한 전략이다.

4. 예시 답안: <서론> 21세기 디지털 기술의 발전은 독서 환경에 큰 변화를 가져왔다. 종이책이 중심이던 시대에서 전자책의 활용이 점점 보편화되며, 독서의 방식과 매체에 대한 논의가 활발해졌다. 학교에서는 디지털 교과서를 활용하고, 도서관에서도 전자책 서비스가 제공되는 것이 익숙한 풍경이 되었다. 이러한 변화는 독서에서 '어떤 매체로 읽을 것인가'보다 '어떻게 읽을 것인가'에 대한 본질적인 질문을 던지게 한다. <본론> 전자책과 종이책은 각각 고유한 장점과 한계

를 가진다. 종이책은 손으로 페이지를 넘기며 책의 물성을 느낄 수 있어 몰입도와 이해도를 높이는 데 유리하다. 반면, 전자책은 가볍고 검색과 메모 기능이 탁월해 이동성과 접근성에서 장점을 가진다. 그러나 중요한 것은 매체의 특성보다 독자의 인지 태도다. 뇌과학 연구에 따르면, 종이책은 선형적인 읽기를 통해 정보를 장기 기억으로 전환하는 데 효과적이며, 전자책은 스크롤과 하이퍼링크 등으로 인해 비선형적 읽기로 흐르기 쉽다.

<결론> 따라서 어떤 매체를 사용하든, 독서는 능동적이고 목적 있는 태도로 접근해야 한다. 반복 읽기와 메모, 요약을 통한 비판적 사고가 독서의 본질을 지킨다. 전자책과 종이책은 경쟁이 아닌, 상호 보완의 관계임을 기억해야 한다.

5. 예시답안: 전자책과 종이책은 뇌의 인지 방식에 다르게 작용한다. 종이책은 선형적 구조를 따라 정보가 장기 기억으로 전환되기 쉬운 반면, 전자책은 스크롤, 하이퍼링크 등으로 인해 비선형적 탐색이 많아 이해도가 떨어질 수 있다. 따라서 줄거리 이해와 몰입이 중요한 읽기는 종이책이, 빠른 검색이나 이동 중 정보 습득에는 전자책이 적합하다. 중요한 것은 매체보다 독서 목적과 독자의 이해 태도이며, 상황에 맞는 선택과 능동적 독서가 필요하다.

6. 예시 답안: <찬성> 전자책은 종이책보다 휴대성이 뛰어나고, 검색, 하이라이트, 음성 지원 등의 기능을 통해 다양한 상황에 맞춰 정보를 효율적으로 습득할 수 있다. 특히 시각장애인이나 학습장애 학생들에게 유용하며, 학습 접근성을 높인다. 청소년들의 전자책 활용률도 증가하고 있어, 디지털 세대에게는 전자책이 오히려 독서량을 늘리는 역할을 한다. 기술 발달에 따라 전자책은 종이책을 충분히 대체할 수 있다.

<반대> 전자책은 시선을 자주 움직이게 하고 하이퍼링크, 알림창 등으로 독서 집중력을 떨어뜨릴 수 있다. 종이책은 손으로 페이지를 넘기는 감각, 무게, 위치감 등을 통해 뇌의 깊이 읽기 활동을 촉진하고 이야기 구조를 더 잘 이해하게 만든다. 따라서 종이책이 지닌 몰입감과 집중력 향상 기능은 전자책으로 완전히 대체될 수 없다. 매체는 상호 보완적으로 활용되어야 한다.

13. 눈으로 보는 과학, 자가진단 키트의 과학적 원리는?

◆ 비판적 사고 키워볼까요?

1. 정답: ④ 해설: ④는 지문 내용 중 "자가진단 키트는 항원-항체 반응을 이용"하여 "감염 여부를 판단한다"는 핵심 기술 설명과 일치한다.

2. 정답: ③ 해설: ③은 보기에서 설명한 기술의 확장성과 디지털 융합 트렌드를 정확히 반영한다.

3. 예시 답안: 자가진단 키트는 면역크로마토그래피 방식으로, 항체가 특정 항원과 결합할 경우 색이 나타나는 항원-항체 반응 원리를 이용한다. 이는 빠르게 감염 여부를 판단할 수 있도록 도와주지만, 바이러스 농도가 낮을 경우 위음성이 발생할 수 있는 한계가 있다. 반면 PCR 검사는 바이러스 RNA를 증폭해 감염 여부를 정확히 판단하는 분자 진단법으로, 자가진단 키트보다 민감도와 정확도가 높다. 자가진단 키트는 간편하고 신속하게 사용할 수 있는 장점이 있지만, 최종 확진을 위해서는 PCR 검사가 병행되어야 한다.

4. 예시 답안: <서론> COVID-19 팬데믹을 통해 자가진단 키트는 질병 확산 방지에 효과적인 도구로 떠올랐다. 이러한 기술은 의료의 접근성을 높이고, 개인 건강 관리를 지원하는 미래 보건의료 체계의 핵심이 될 가능성이 있다.

<본론> 자가진단 키트는 항원-항체 반응에 기반한 면역학과 생화학의 융합 기술로, 감염 여부를 빠르게 판단할 수 있어 효율적인 대응이 가능하다. 특히 스마트폰과 연동된 디지털 진단 기술은 결과 해석과 데이터 저장, 원격 진료까지 연결되며 AI 및 IoT 기술과 결합해 의료 시스템의 효율성을 높이고 있다. 그러나 바이러스 농도가 낮을 경우 민감도가 떨어져 위음성 가능성이 있으며, 확진을 위해서는 PCR 검사와의 병행이 필요하다. 자가진단 기술은 혈당 측정기, 배란 테스트기 등 다양한 분야로 확대되고 있으며, 고령자나 만성질환자의 건강 관리에 실질적인 도움을 주는 도구로 주목받고 있다.

<결론> 그럼에도 불구하고 자가진단 키트는 진단의 보편화와 개인 맞춤형 헬스케어의 기반을 마련하는 데 중요한 역할을 하고 있다. 앞으로 기술 정밀도가 향상되고 제도적 보완이 이뤄진다면, 자가진단 키트는 미래 의료 체계의 핵심 축으로 자리잡을 수 있다.

5. 예시 답안: 자가진단 키트는 사용자가 손쉽게 감염 여부를 확인할 수 있게 하여 질병의 조기 대응과 전파 차단에 기여한다. 또한 혈당, 배란, 알레르기 등 다

양한 자가진단 기술은 개인의 건강 상태를 일상적으로 점검할 수 있도록 하여 만성질환 예방과 관리에 효과적이다. 이는 공공보건 부담을 줄이고, 예방 중심의 의료 체계로 전환하는 데 중요한 역할을 한다.

6. 예시 답안: <찬성> 자가진단 키트는 빠르고 간편하며, 비용 효율적이다. 특히 감염병 초기 대응이나 시골 및 의료 접근이 어려운 지역에서 매우 유용하다. 스마트 자가진단 기기의 발전은 전문 의료기기 수준의 정밀도와 정확도를 확보하고 있으며, 향후 병원 방문 없이도 질병 감지와 관리를 가능하게 할 것이다.

<반대> 자가진단 키트는 위음성이나 위양성 등 오류 가능성이 존재하며, 민감도 측면에서 PCR이나 전문 진단과 비교해 아직 부족하다. 또한, 모든 질병을 자가진단으로 파악하기는 어려우며, 질병의 경과나 치료 결정에는 전문의의 판단이 필요하다. 따라서 전통적 병원 검사와 의사의 역할을 완전히 대체할 수는 없다.

14. 스마트 운동기기, 과학으로 건강을 설계하다
♦ 비판적 사고 키워볼까요?

1. 정답: ④ **해설:** ④는 지문 내용 중 "가속도 센서와 자이로센서는 걷기, 달리기, 자전거 타기 등의 활동을 자동으로 인식"한다는 문장을 정확히 반영한 진술이다.

2. 정답: ② **해설:** ② 지문에서 스마트 운동기기는 심박수, 칼로리 소모, 운동 강도 등을 분석해 개인에게 피드백을 제공한다고 설명하고 있다.

3. 예시 답안: 스마트 운동기기에는 사물인터넷(IoT), 빅데이터, 인공지능(AI) 등의 첨단 기술이 융합되어 있다. IoT 기술은 기기가 수집한 생체 정보를 스마트폰 앱이나 클라우드 서버로 전송하게 하며, AI는 이 데이터를 분석해 개인에게 맞는 운동 프로그램을 제안한다. 예를 들어, 일정 기간 운동량이 부족하면 AI가 알림을 보내 사용자의 활동을 유도하고, 피로도가 높아지면 휴식을 권장하는 등의 기능을 한다. 이러한 기술은 운동의 지속성과 정확성을 높여준다.

4. 예시 답안: <서론> 오늘날 운동은 단순히 몸을 움직이는 활동을 넘어서 기술과 결합한 새로운 문화로 자리 잡고 있다. 과거에는 사람들이 운동을 감각이나 경험에 의존해 했지만, 지금은 스마트 운동기기를 통해 데이터를 분석하고 과학적으로 계획하는 시대가 되었다. 이러한 변화는 운동을 개인 맞춤형으로 바꾸고

있으며, 앞으로 운동 문화에 큰 변화를 가져올 것으로 보인다.

<본론> 스마트 운동기기는 AI, 빅데이터, IoT 기술을 활용해 사용자의 심박수, 칼로리 소모, 운동 시간 등을 기록하고 분석한다. 이를 통해 운동의 효과를 객관적으로 확인할 수 있고, 개인에게 필요한 운동 방법을 제시할 수도 있다. 예를 들어, 예전에는 단순히 "많이 뛰면 건강해진다"라고 생각했지만, 이제는 자신의 몸 상태를 고려해 운동 강도와 시간을 조절할 수 있다. 또한 VR 피트니스는 실제로 체육관에 가지 않아도 집에서 생생한 운동 경험을 제공해, 운동의 접근성을 높여준다. 미래에는 유전자 맞춤 운동 처방까지 가능해져, 사람마다 가장 효과적인 운동법을 과학적으로 찾을 수 있을 것이다. 이러한 변화는 운동을 단순한 체력 단련이 아니라, 과학적 관리와 즐거운 경험이 결합된 새로운 문화로 바꾸고 있다.

<결론> 기술 발전은 운동 문화를 더욱 다양하고 개인화된 방향으로 변화시키고 있다. 이는 사람들이 운동을 꾸준히 하고 건강을 지키는 데 긍정적인 영향을 줄 것이다. 나 역시 미래에는 스마트 운동기기를 적극적으로 활용해 나에게 맞는 운동을 찾고 싶다. 결국 기술 발전은 운동을 더 쉽고 재미있게 만들어, 많은 사람들이 건강한 삶을 누릴 수 있도록 도와줄 것이다.

5. 예시 답안: 코로나19 이후 외부 활동이 제한되며 비만과 생활습관병이 증가하였다. 이에 따라 스마트 운동기기는 개인의 건강을 관리할 수 있는 대안으로 떠올랐다. 혼자 운동하더라도 스마트워치나 AI 러닝화 등의 기기가 디지털 코치 역할을 해주기 때문에 운동 습관을 형성하고 유지하는 데 효과적이었다. 서울대 스포츠과학연구소의 조사에서도 스마트 운동기기 사용자들이 비사용자보다 주 3회 이상 운동을 지속할 확률이 2배 높다고 밝혀졌다. 이러한 변화는 청소년 체육 교육에서도 기술 활용의 필요성을 높였다.

6. 예시 답안: <찬성> 스마트 운동기기는 사물인터넷(IoT), 인공지능(AI), 빅데이터 기술이 결합된 고도화된 디바이스다. 사용자의 심박수, 운동 강도, 칼로리 소비량 등 생체 데이터를 실시간으로 분석하여 최적의 운동 프로그램을 자동으로 제시한다. AI는 사용자의 피로도와 체력 수준을 지속적으로 학습해 맞춤형 운동을 제공하므로, 인간 트레이너처럼 상황에 맞춘 피드백이 가능하다. 게다가 시간과 장소에 구애받

지 않고 운동을 할 수 있어 접근성이 뛰어나다. 감정에 휘둘리지 않고, 객관적인 데이터를 바탕으로 판단하므로 오히려 더 안정적일 수 있다. 이러한 점에서 스마트 운동기기는 헬스 트레이너의 역할을 충분히 대체할 수 있다.

<반대> 스마트 운동기기는 분명 정밀한 데이터를 제공하고 운동 보조 역할을 하지만, 인간 트레이너를 완전히 대체하기는 어렵다. 운동은 단순한 신체 활동이 아니라 심리적 동기 부여와 정서적 지지가 함께 이루어지는 활동이다. 인간 트레이너는 운동자의 표정, 호흡, 자세 변화를 섬세하게 관찰하고, 그날의 컨디션에 따라 운동 강도를 즉각 조절하는 능력을 갖추고 있다. 또한 지루함을 해소하기 위한 동기 부여, 응원, 감정적 공감은 기계가 제공할 수 없는 부분이다. AI는 알고리즘에 따라 반응하지만, 예외적인 상황이나 위기 대응 능력은 여전히 부족하다. 그러므로 스마트 운동기기는 훌륭한 도구일 수는 있어도, 트레이너를 완전히 대체하기엔 한계가 있다.

15. 빛보다 빠른 치료의 가능성, 입자 치료 시대를 열다

• 비판적 사고 키워볼까요?

1. 정답: ④ 해설: ④는 본문에서 언급한 입자 치료의 핵심 원리인 브래그 피크(Bragg Peak) 현상을 설명한 것으로, 입자 치료는 인체 내 특정 깊이에서만 에너지를 집중시켜 암세포를 정밀 타격할 수 있다.

2. 정답: ④ 해설: ④는 지문에서 언급한 중성자 치료의 특징을 그대로 반영한 진술이다. "정상 조직 손상 가능성이 크다"는 표현이 핵심이다.

3. 예시 답안: 브래그 피크는 고에너지 입자가 인체를 통과하면서 특정 깊이에서 대부분의 에너지를 방출하는 현상이다. 이 원리를 이용하면 첫째, 암세포가 있는 부위에만 에너지를 집중시켜 치료 효과를 극대화할 수 있다. 둘째, 정상세포나 주변 조직에 가해지는 방사선량을 최소화하여 부작용을 줄일 수 있다. 이러한 특성 때문에 입자 치료는 기존 엑스선 방사선 치료보다 정밀성과 안전성이 뛰어나다.

4. 예시 답안: <서론> 현대 의학은 암 치료의 정밀성과 안전성을 높이기 위해 다양한 기술 혁신을 이어가고 있다. 그중에서도 입자 치료는 기존 엑스선 방사선 치료의 한계를 극복할 수 있는 가능성을 제시하며 차세대 치료법으로 주목받고 있다.

<본론> 입자 치료는 고에너지 입자를 이용해 인체 내 특정 깊이에 에너지를 집중시키는 브래그 피크 현상을 활용함으로써, 주변 정상세포의 손상을 최소화하고 암세포에 정밀하게 방사선을 전달할 수 있다는 점에서 기존 엑스선 치료와 뚜렷이 구별된다. 양성자 치료는 대표적인 입자 치료로, 비교적 안전성이 높고 소아암, 두경부암 등 민감한 부위에 효과적이다. 중성자 치료는 조직 침투력이 뛰어나지만, 부작용 위험이 높아 제한적으로 사용된다. 중입자 치료는 가장 고도화된 기술로, 높은 에너지와 정밀도를 바탕으로 난치성 및 방사선 저항성 암 치료에 강력한 효과를 보인다.

<결론> 물론 고비용, 대형 장비 구축 등의 제약은 존재하지만, 과학자들은 치료 정밀도 향상과 적합성 연구를 통해 이러한 한계를 극복하고 있다. 향후 입자 치료는 정밀 의료의 핵심 축이 되어 암 치료의 새로운 기준이 될 수 있을 것이다.

5. 예시 답안: 입자 치료는 암세포에 에너지를 정밀하게 집중시키는 기술로, 기존 방사선 치료보다 정상 조직 손상이 적다. 특히 소아암, 두경부암, 방사선 저항성 암 치료에 효과가 높아 환자의 삶의 질을 개선한다. 이로 인해 암 치료에 있어 맞춤형 의료의 가능성을 열고 있으며, 고비용과 인프라 구축 문제에도 불구하고 점차 의료 정책과 사회적 관심이 증가하고 있다. 향후 보편화될 경우, 의료의 형평성과 기술 발전의 혜택이 널리 확산될 수 있다.

6. 예시 답안: <찬성> 입자 치료는 엑스선과 달리 특정 깊이에서 에너지를 집중시키는 '브래그 피크'를 활용해 정밀성이 뛰어나다. 양성자, 중입자 치료는 정상세포 손상을 줄이면서도 암세포에만 타격을 줄 수 있어, 부작용이 적고 효과도 크다. 특히 중입자 치료는 난치성 암과 방사선 저항성 암에서도 탁월한 결과를 보여 기존 치료법의 한계를 넘어서고 있다. 과학자들의 기술 개선과 인프라 확대가 진행 중인 만큼, 입자 치료는 향후 암 치료의 중심축이 될 수 있다.

<반대> 입자 치료는 고도화된 기술이지만, 아직 장비 구축 비용이 매우 높고 접근성도 제한적이다. 중성자 치료의 경우 정상 조직 손상이 크고 부작용 위험이 커서 신중한 적용이 필요하다. 또한 입자 종류에 따른 치료 적합성과 임상 데이터 축적이 부족한 점도 해결 과제다. 기존의 엑스선 치료는 비용 대비 효율이 높고 다양한 병원에서 시행 가능하므로, 당분간은 병행 활용이 불가피하며 전면 대체는 어렵다.

16. 수소차와 연료전지의 과학, 미래의 길을 달린다

• 비판적 사고 키워볼까요?

1. 정답: ② **해설:** ② 수소차는 수소와 산소의 화학 반응으로 전기를 만들어 모터를 구동한다.

2. 정답: ④ **해설:** ④ 수소차 상용화를 '조화로운 공존'의 실천이라고 보는 것은 보기의 입장과 상반된다. 기술 중심의 접근에 대한 회의적 시각과 어긋나므로 적절하지 않다.

3. 예시 답안: 수소차는 주행 과정에서 이산화탄소나 매연이 아닌 '물'만을 배출하기 때문에 '달리는 공기청정기'로 불린다. 수소차는 연료전지에서 수소와 산소의 화학 반응을 통해 전기를 생산하는데, 이때 수소는 플라티늄 촉매에 의해 양성자와 전자로 분리되고, 전자는 외부 회로를 따라 흐르며 전류를 생성한다. 양성자는 전해질 막을 통과해 산소와 결합해 물을 만든다. 이 과정은 고온이 아니어서 안전하며 친환경적이다.

4. 예시 답안: <서론> 기후 위기 대응과 탄소중립 실현을 위해 친환경 교통수단이 주목받는 가운데, 수소차는 대표적인 미래형 차량으로 부상하고 있다. 연료전지를 통해 전기를 자체 생산하며, 이산화탄소 대신 물을 배출하는 특징은 수소차의 친환경성을 부각시킨다.

<본론> 수소차는 빠른 충전 시간과 긴 주행 거리라는 실용적 장점까지 갖추고 있어, 전기차의 단점을 보완할 수 있는 대안으로 평가된다. 예컨대, 3~5분의 충전으로 600km 이상 주행이 가능해 장거리 운전에도 유리하다. 이미 현대자동차의 '넥쏘'가 상용화되어 있으며, 수소 택시도 운영 중이다. 또한 수소차 기술은 차량에만 국한되지 않고, 연료전지 발전소, 수소 열차, 수소 드론 등 다양한 분야로 확대되고 있다. 이러한 확장은 에너지 전환과 지속가능한 사회 구축에 핵심 역할을 할 수 있다.

<결론> 그러나 수소 생산, 저장, 운송의 문제는 여전히 과제로 남아 있다. 화석연료로 전기를 생산해 수소를 얻는다면 친환경적 의미가 퇴색되므로, '그린 수소' 생산 기술 확대가 필수적이다. 더불어 인프라 구축과 안전성 확보도 병행되어야 한다. 수소차는 단순한 차량 기술을 넘어 지속가능한 미래사회의 중요한 열쇠가 될 것이다.

5. 예시 답안: 수소차의 연료전지는 수소(H_2)와 산소(O_2)의 화학 반응을 통해 전기를 생성하는 장치이다.

이 과정은 산화환원 반응을 기반으로 한다. 수소는 연료전지 내부에서 플라티늄 촉매에 의해 양성자(H^+)와 전자(e^-)로 분리된다. 전자는 외부 회로를 통해 흐르며 전류를 형성하고, 양성자는 전해질막을 지나 산소와 결합해 물(H_2O)을 생성한다. 이 반응의 부산물은 오직 물뿐이며, 매연이나 이산화탄소와 같은 오염물질을 배출하지 않는다. 이러한 특징 덕분에 수소차는 '달리는 공기청정기'라고 불리며, 연료를 태우지 않고도 전기를 생산해 온실가스를 줄일 수 있다. 따라서 연료전지의 작동 원리는 수소차의 친환경성과 직결되며, 기후 위기 대응에 기여할 수 있는 기술로 주목받고 있다.

6. 예시 답안: <찬성> 수소차는 이산화탄소와 유해물질을 배출하지 않는 친환경 교통수단으로, 기후 위기 대응에 중요한 역할을 할 수 있다. 특히 연료전지를 통해 전기를 직접 생산하기 때문에 화석연료 의존도를 줄일 수 있으며, 한 번 충전에 긴 주행이 가능해 실용성도 뛰어나다. 또한 연료전지 기술은 발전소, 항공, 선박, 드론 등 다양한 분야로 확장 가능하여 전체 에너지 시스템의 탈탄소화에도 기여할 수 있다. 재생에너지 기반의 '그린 수소' 기술이 병행된다면, 수소차는 친환경 사회 실현의 핵심 동력이 될 수 있다.

<반대> 수소차는 이상적으로는 친환경적이지만, 현실적으로는 해결해야 할 문제가 많다. 수소 생산 과정에서 막대한 에너지가 소모되며, 현재는 여전히 화석연료 기반의 수소 생산이 주를 이룬다. 이는 오히려 온실가스를 더 유발할 수 있다. 또한 수소 저장 및 운송은 폭발 위험성과 고비용 문제를 동반하며, 인프라 구축도 초기 비용이 매우 크다. 전기차 대비 효율도 낮아, 대중화되기까지 시간이 오래 걸릴 수 있다. 따라서 기후위기 대응의 실질적 해법으로 보기에는 시기상조다.

17. 유전자 가위(CRISPR 기술)를 통한 질병 치료의 미래

• 비판적 사고 키워볼까요?

1. 정답: ② **해설:** "CRISPR는 기존 유전자 조작 기술보다 훨씬 빠르고 저렴하게 작동한다"는 문장이 그대로 제시되어 있다.

2. 정답: ④ **해설:** ④ CRISPR의 과학적 기원과 작동 원리를 설명한 선택지는 윤리적 비판과 무관한 단순 사실이다. 따라서 철학자의 입장과 부합하지 않는 선택

지다.

3. 예시 답안: CRISPR-Cas9은 가이드 RNA(gRNA)와 Cas9 단백질이 함께 작동해 특정 유전자 부위를 정밀하게 잘라내는 '분자 가위'이다. gRNA는 표적 DNA 서열을 인식하고, Cas9은 그 지점을 절단해 유전자를 제거하거나 교정할 수 있도록 한다. 이 기술은 겸상적혈구빈혈증, 유전성 실명 질환 등 난치병 치료에 큰 가능성을 보여준다. 동시에 인간 배아 편집을 통해 '디자이너 베이비'가 가능해질 우려가 제기되며, 윤리적 논란도 함께 커지고 있다. 특히 유전자의 영구적 변경은 세대 간 영향을 미치기 때문에, 기술의 사용에는 사회적 합의와 규제가 필수적이다.

4. 예시 답안: <서론> 21세기 생명과학의 가장 혁신적인 기술 중 하나로 평가받는 CRISPR 유전자 편집 기술은 인간의 삶과 질병 치료 방식에 큰 전환점을 제시했다. 이 기술은 특정 유전자를 정밀하게 제거하거나 교체할 수 있어, 암, 희귀 유전질환, 겸상적혈구빈혈증 등 기존 치료법으로는 접근이 어려운 질병에 새로운 해결책을 제공한다. 그러나 인간의 유전자 자체를 조작할 수 있다는 점은 윤리적·사회적 논란을 불러일으키고 있다. 기술의 발전이 곧바로 삶의 질 향상으로 이어지기 위해서는 과학과 윤리의 균형 있는 논의가 필수적이다.

<본론> CRISPR의 가장 큰 강점은 빠르고 정밀하며 저렴하게 유전자를 편집할 수 있다는 점이다. 과거의 유전자 조작 기술은 시간이 오래 걸리고 정확성이 떨어졌지만, CRISPR는 오탈자 수정처럼 유전자 서열의 잘못된 부분을 찾아내고 바꿀 수 있다. 실제로 이 기술은 생명과학계에 혁신을 가져왔으며, 농업, 축산업, 환경 기술 등에도 응용 가능성이 넓다. 하지만 이러한 기술은 치료의 영역을 넘어, 유전자 '설계'라는 방향으로 오용될 가능성도 내포하고 있다. 2018년 중국에서 한 과학자가 CRISPR로 HIV 면역력을 가진 쌍둥이를 태어나게 했다는 주장은 전 세계 과학계에 충격을 안겨주었다. 이는 인간의 존엄성과 생명권을 침해할 수 있는 위험한 선례였다. 또한 '디자이너 베이비'와 같은 개념은 유전 정보를 자산처럼 거래하거나, 우생학적 사고를 정당화하는 결과로 이어질 수 있다.

<결론> 결국 중요한 것은 기술 그 자체가 아니라, 그것을 어떻게 사용하는가에 있다. CRISPR 기술이 사회적으로 수용되기 위해서는 세 가지 조건이 필요하다. 첫째, 치료 목적 외 유전자 편집의 사용을 금지하는 명확한 국제 규범 마련. 둘째, 연구 윤리를 준수하도록 제도적 감시 체계 강화. 셋째, 생명에 대한 철학적·윤리적 교육을 통해 기술에 대한 사회 전체의 성숙한 합의가 이뤄져야 한다. CRISPR는 인류의 삶을 바꿀 수 있는 '도구'일 뿐, 그 방향은 우리가 만들어가야 할 몫이다.

5. 예시 답안: CRISPR 기술은 유전자를 오탈자처럼 정밀하게 편집할 수 있는 기능 덕분에 기존 유전자 조작 기술보다 빠르고 저렴하며 효율적이다. 이는 생명공학에서 암, 희귀질환, 유전병 등 다양한 질환을 치료하는 새로운 길을 열어주었기 때문에 '게임 체인저'로 평가된다. 기술적 측면에서는 표적 유전자를 정확히 찾아내는 능력과 간편한 작동 방식이 핵심이며, 사회적 측면에서는 의료, 농업, 축산, 환경 등 다양한 산업에 영향을 미쳐 인간의 삶의 방식을 바꾸는 잠재력을 갖추고 있다. 그만큼 기술의 사회적 책임과 윤리 기준 설정도 중요해졌다.

6. 예시 답안: <찬성> CRISPR 기술을 인간 유전자 설계에 활용하는 것은 인류의 삶의 질 향상과 과학의 진보를 위한 자연스러운 흐름이다. 유전자를 통해 지능, 체력, 질병 저항력 등을 향상시킬 수 있다면, 사회 전체의 복지 수준이 높아질 수 있다. 물론 오용을 방지할 윤리 기준과 법적 장치가 필요하지만, 기술 자체를 부정해서는 안 된다. 새로운 기술이 등장할 때마다 사회는 논란을 겪었지만, 결국 인류는 그것을 통제하며 발전해왔다. CRISPR 기술도 적절히 관리된다면 인류의 진화에 긍정적인 기여를 할 것이다.

<반대> CRISPR 기술을 인간 유전자 설계에 활용하는 것은 생명의 본질을 상품화하고, 인간 존엄성을 훼손하는 행위이다. 외모나 지능을 선택할 수 있게 되면, 유전적 다양성이 무시되고 특정 기준의 인간만이 '우월'하다는 편견이 생겨날 수 있다. 또한 기술이 경제력에 따라 접근 가능해질 경우, '유전적 불평등'이 심화되어 새로운 사회적 계층이 형성될 위험도 존재한다. 생명을 기술로 마음대로 다루는 행위는 돌이킬 수 없는 윤리적 파장을 가져올 수 있으며, 그 피해는 결국 다음 세대가 감당하게 될 것이다.

18. 인공 태양 프로젝트, 핵융합 발전의 꿈

● 비판적 사고 키워볼까요?

1. 정답: ① **해설:** 본문은 "핵융합의 연료가 되는 수소는 바닷물에 풍부하며, 반응 과정에서 온실가스나 방

사성 폐기물이 거의 발생하지 않는다"고 명시하여 온실가스 배출이 거의 없음을 강조한다.

2. 정답: ⓛ, ⓔ, ⓜ **해설:** ㉠: 기술 원리에 대한 객관적 설명 → 낙관론과 직접 부합하지 않음.

ⓛ: 친환경적 장점 강조 → 낙관론자의 입장과 일치

ⓔ: 국제 협력·투자 강조 → "가능성과 미래 지향성"에 부합

㉣: 해결되지 않은 과제 → 기술 비판적 측면, 낙관론과는 다름.

ⓜ: 2050년 상용화 전망과 긍정적 효과 → 낙관론자의 기대와 일치

ⓗ: 걸림돌 강조 → 기술 회의론적 설명, 부합하지 않음.

3. 예시 답안: 핵융합 발전이 '꿈의 에너지'로 불리는 이유는 그 과학적 원리와 환경적 이점 때문이다. 핵융합은 두 개의 가벼운 원자핵이 결합해 무거운 원자핵이 되면서 막대한 에너지를 방출하는 반응이다. 이 과정은 태양에서 일어나는 에너지 생성 원리와 동일하며, 연료가 되는 수소는 바닷물에서 쉽게 얻을 수 있다. 특히 핵융합은 이산화탄소를 배출하지 않고, 폭발 위험이 적으며, 방사성 폐기물이 거의 발생하지 않는다. 이는 화석연료 고갈, 온실가스 증가, 기후 변화 등 인류가 직면한 에너지 문제에 대한 근본적 해결책이 될 수 있다. 안정적이고 지속 가능한 에너지 공급은 미래 산업 발전과 환경 보존에 크게 기여할 것이다.

4. 예시 답안: 과제 1. 핵융합 실증 및 안전 규제 (2030~2035)

① KSTAR 성과 확장과 국제 안전 규범 준수가 필요하다. ② 상용화 신뢰 확보와 핵심 소재·부품 산업 성장에 기여한다. ③ 기술 실패·안전사고 위험 → 국제 공동 검증·법제화로 대응한다.

과제 2. 전력망 통합 인프라(2035~2045)

① 핵융합 20%·재생에너지 60% 목표 달성을 위해 스마트그리드·ESS가 필요하다. ② 전력 공급 안정화와 탄소중립 실현, 신산업 육성을 촉진한다. ③ 막대한 투자 부담·출력 불균형 → 민관 합작·AI 예측 시스템으로 대응한다.

과제 3. 시민사회 참여와 수용성(2040~2050)

① 장기·대규모 투자에 대한 국민적 지지 확보가 필수적이다. ② 정책 정당성 강화, 에너지 절약·교육 확산 효과가 크다. ③ 지역 갈등·가짜뉴스 위험 → 투명 공개·소통 플랫폼으로 대응한다.

5. 예시 답안: 핵융합 발전 기술이 상용화되면 우리 사회 전반에 긍정적인 변화가 나타날 것으로 예상된다. 우선, 전기 생산이 안정화되면서 에너지 가격이 하락하고 전기요금 부담이 줄어 시민들의 생활비가 절감된다. 또한 온실가스 배출이 줄어들어 대기 오염과 기후 변화가 완화되며, 환경 보존에도 큰 기여를 한다. 에너지 자립도가 높아져 외국산 화석연료에 대한 의존이 줄고, 에너지 안보가 강화된다. 특히 개발도상국에도 깨끗하고 저렴한 에너지를 공급할 수 있어 에너지 불균형 문제를 해소하고, 모두가 평등하게 에너지를 누릴 수 있는 '에너지 정의' 실현에도 가까워질 수 있다.

6. 예시 답안: <찬성> 핵융합 발전은 연료가 바닷물에서 쉽게 얻을 수 있어 자원이 풍부하며, 온실가스나 방사성 폐기물이 거의 발생하지 않아 환경 친화적이다. 또한 폭발 위험이 낮아 원자력 발전보다 안전하다. 이런 장점은 에너지 위기, 기후 변화, 자원 고갈 등 현대 인류가 직면한 문제에 효과적인 해결책이 될 수 있다. KSTAR와 ITER 등 연구 성과가 점차 누적되며 상용화 가능성도 현실로 다가오고 있다.

<반대> 핵융합 기술은 이론적으로 유망하지만, 상용화까지는 여전히 기술적 장벽이 높고 막대한 비용이 들어간다. 에너지 변환 효율성과 경제성이 아직 입증되지 않았으며, 플라즈마 유지 장치의 내구성과 안정성 확보에도 많은 과제가 남아 있다. 또한 특정 국가와 기업이 기술을 독점하게 되면 오히려 에너지 불평등이 심화될 수 있다. 에너지 문제는 기술만으로 해결될 수 없으며, 소비 구조와 사회 시스템의 변화가 병행되어야 한다.

정답 및 해설 **기술편**

1. 탄소중립과 생활 속 실천 기술_과학이 만드는 녹색 습관

◆ 비판적 사고 키워볼까요?

1. 정답: ③ **해설:** 탄소포인트제는 전기나 수도 사용량을 절감한 만큼 포인트를 제공하고, 이를 교통비나 문화상품권으로 교환할 수 있다고 명확히 서술되어 있다.

2. 정답: ③ **해설:** 본문에서 탄소포인트제는 스마트 계량기와 앱 기반 데이터를 활용하여 절감량에 따라 포인트를 제공하고, 교환 가능한 방식으로 시민들의 실천을 장려한다고 설명함.

3. 예시 답안: '제로에너지 하우스'는 태양광 패널을 이용해 스스로 전기를 생산하고, 단열재와 고효율 창호로 에너지 손실을 줄이며, 자동 온도 조절 시스템으로 냉난방에 필요한 에너지를 절약해 탄소 배출을 최소화한다. 반면 '스마트팜'은 온도, 습도, 토양 상태를 자동으로 관리해 물과 에너지를 절약하고, 빗물을 재활용하며, 식물의 이산화탄소 흡수량을 실시간으로 측정하여 효율적인 탄소 순환을 가능하게 함으로써 환경 보호와 탄소중립에 기여한다.

4. 예시 답안: <서론> 지구온난화가 가속화되면서 전 세계는 탄소중립 실현을 위해 다양한 노력을 기울이고 있다. 과학기술의 발전은 이러한 노력의 핵심 축으로, 에너지 절감 기술, 스마트팜, 전기차, 자율주행 등 탄소 감축을 위한 다양한 도구를 제공하고 있다. 그러나 기술만으로는 탄소중립이라는 목표를 온전히 달성하기 어렵다. 따라서 기술과 함께 개인의 자발적 실천이 병행되어야 한다는 주장이 설득력을 얻고 있다.
<본론> 과학기술은 탄소중립 실현에 분명히 기여한다. 예를 들어, 스마트 콘센트는 대기전력을 줄이고, 제로에너지 하우스는 에너지 손실을 최소화한다. 농업에서는 스마트팜이 자원 낭비를 줄이고, 교통에서는 전기차와 자율주행 기술이 탄소 배출을 줄인다. 이러한 기술은 생활 속에서 탄소를 줄이는 데 직접적인 도움을 준다. 그러나 기술이 아무리 발달해도 그것을 사용하는 주체는 인간이다. 아무리 고효율 제품이 있어도 무분별하게 소비하거나, 편의를 이유로 계속 자동차를 사용한다면 탄소중립은 요원하다. 또한, 기술에는 비용과 접근성의 한계도 있다. 따라서 일회용품 사용 줄이기, 가까운 거리는 걷기, 음식물 쓰레기 줄이기 등 개인이 할 수 있는 작은 실천이 병행되어야 한다. 이는 기술이 미처 미치지 못하는 영역에서 효과적인 탄소 저감 방안이 될 수 있다.
<결론> 결국 탄소중립은 과학기술과 개인의 실천이 조화를 이룰 때 비로소 실현 가능하다. 기술은 편리함을 제공하지만, 실천 없는 무용지물이다. 우리 중학생들도 생활 속에서 탄소를 줄이기 위한 실천을 꾸준히 이어가며, 발전하는 기술을 올바르게 사용하는 태도를 가져야 한다. 작은 실천이 모여 큰 변화를 만들고, 지속 가능한 지구를 지키는 길이 될 것이다.

5. 예시 답안: 지구온난화의 주요 원인인 이산화탄소 배출을 줄이기 위해 탄소중립이 강조되고 있다. 이를 위해 스마트 콘센트, 제로에너지 하우스, 스마트팜,

전기차 등 다양한 과학기술이 활용되고 있다. 그러나 기술만으로는 한계가 있으며, 개인의 절약과 실천이 함께 이루어져야 진정한 효과를 얻을 수 있다. 일상 속에서 전기 사용 줄이기, 걷기 실천, 음식물 낭비 줄이기 등의 행동이 중요하며, 기술은 이를 돕는 수단일 뿐이다. 탄소중립은 기술과 실천의 조화로 이루어진다.

6. 예시 답안: <찬성> 과학기술이 아무리 발전하더라도 그것을 활용하는 것은 결국 개인이다. 스마트 콘센트나 제로에너지 하우스 같은 기술이 있어도, 무분별한 소비 습관이 지속된다면 탄소중립 효과는 미미하다. 일회용품 줄이기, 걷기 실천, 음식물 쓰레기 줄이기처럼 누구나 할 수 있는 작은 행동이 누적될 때 지구 환경은 변할 수 있다. 기술은 도구일 뿐이며, 진정한 변화는 개인의 자발적인 실천에서 시작된다고 생각한다.
<반대> 탄소중립을 실현하기 위해서는 개인의 노력만으로는 한계가 있다. 현대 사회는 에너지 소비 구조가 복잡하고 광범위하기 때문에, 기술 없이는 탄소 감축이 근본적으로 어렵다. 스마트팜, 자율주행차, 제로에너지 하우스처럼 과학기술은 탄소 배출을 획기적으로 줄일 수 있는 시스템적 해결책을 제공한다. 기술이 발전하면 개인의 실천도 훨씬 효율적으로 이루어질 수 있다. 따라서 구조적 변화의 핵심인 과학기술이 더 중요하다고 본다.

2. 모바일 헬스케어 스마트폰이 건강을 관리한다
◆ 비판적 사고 키워볼까요?

1. 정답: ① **해설:** ① 지문에서는 모바일 헬스케어가 스마트폰과 웨어러블 기기를 이용해 스스로 건강 상태를 체크하고 질병 예방에 도움을 준다고 명확히 설명하고 있다.

2. 정답: ① **해설:** ① 본문에서는 모바일 헬스케어가 병원 방문 없이 스마트기기로 건강 상태를 체크하고 질병을 예방하거나 조기에 발견하는 데 도움을 준다고 명확히 서술하고 있다.

3. 예시 답안: 모바일 헬스케어 기술은 스마트폰과 웨어러블 기기를 통해 병원 방문 없이도 사용자가 자신의 건강 상태를 스스로 점검하고 질병을 예방하거나 조기 발견할 수 있도록 돕는다. 이러한 기술 발전은 개인의 건강 관리 효율을 높이고, 만성질환이나 고령자의 비대면 진료 수요를 충족시켜 의료 서비스의 접

근성을 향상시키며, 삶의 질을 높이는 긍정적 영향을 미친다.

4. 예시 답안: <서론> 현대 사회에서는 바쁜 일상 속에서도 건강을 효과적으로 관리할 필요성이 커지고 있으며, 이에 모바일 헬스케어와 AI 기술은 새로운 의료 패러다임을 제시하고 있다. 개인이 병원을 자주 방문하지 않고도 자신의 건강 상태를 체크할 수 있어 의료 접근성이 크게 향상되고 있다.

<본론> 모바일 헬스케어는 스마트폰과 웨어러블 기기를 통해 심박수, 수면 상태 등 생체 신호를 실시간으로 모니터링하고 사용자가 직접 건강 상태를 점검할 수 있게 한다. 특히 AI 기술은 축적된 빅데이터를 분석해 이상 징후를 조기에 발견하고 개인별 맞춤형 식단과 운동을 추천하는 등 정밀 의료를 가능하게 한다. 이러한 기술은 만성질환자, 고령자, 청소년 등 다양한 계층에 맞춤형 건강 관리 서비스를 제공하며 의료비 절감과 질병 예방에 기여한다. 또한, 비대면 진료 수요가 늘어나면서 코로나19 이후 더욱 중요성이 커지고 있다. 다만 개인정보 보호 문제는 반드시 해결되어야 할 중요한 과제로 남아 있다.

<결론> 모바일 헬스케어와 AI의 융합은 의료 서비스를 개인 맞춤형으로 혁신하며 건강관리의 패러다임을 바꾸고 있다. 기술 발전과 함께 개인정보 보호와 올바른 사용 습관 형성으로 건강한 사회 구현에 기여해야 한다. 앞으로도 기술과 윤리가 조화를 이루며 건강 분야에서 긍정적인 변화를 이끌어 나가야 할 것이다.

5. 예시 답안: 모바일 헬스케어는 스마트워치를 통해 심박수와 수면 상태를 실시간으로 측정하여 개인이 자신의 건강을 직접 관리할 수 있게 한다. 또한 고혈압과 당뇨 환자들은 모바일 앱에 혈압과 혈당 수치를 입력해 의료진이 원격으로 상태를 모니터링하며 적절한 조언을 제공받는다. AI 기술은 이러한 데이터를 분석해 개인별 맞춤형 식단과 운동을 추천하는 등 정밀한 건강관리도 가능하게 한다. 하지만 건강 정보는 매우 민감한 개인정보이므로, 기술 발전과 함께 개인정보 보호와 보안 강화가 반드시 필요하다.

6. 예시 답안: <찬성> 모바일 헬스케어는 개인의 매우 민감한 건강 정보를 대량으로 수집하고 분석하는 만큼, 개인정보 유출 시 개인의 프라이버시는 물론 생명에도 직결되는 심각한 피해가 발생할 수 있다. 이로 인해 사용자 신뢰가 무너지면 서비스 이용률이 낮

아지고 기술 발전도 둔화될 수밖에 없다. 따라서 개인정보 보호는 모바일 헬스케어가 지속 가능하게 발전하기 위한 핵심 과제이다. 이를 위해서는 강력한 보안 기술 도입과 사용자 동의에 기반한 투명한 데이터 활용 원칙이 반드시 필요하며, 법적·기술적 안전장치의 마련이 절실하다.

<반대> 개인정보 보호는 분명 중요하지만, 모바일 헬스케어의 가장 큰 목적은 개인의 건강 증진과 질병 예방에 있다. 과도한 개인정보 규제는 기술 개발과 의료 서비스 접근성을 크게 저해할 수 있으며, 결국 서비스가 국민에게 제대로 전달되지 못하는 결과를 초래할 수 있다. 개인정보 문제는 암호화나 익명화 같은 기술적 해결책 및 명확한 정책 개선으로 충분히 보완 가능하므로, 건강관리 서비스의 확대와 편리성 개선에 우선순위를 두고 발전시켜야 한다. 개인정보 보호와 기술 발전은 상호 보완적이며 균형 잡힌 접근이 필요하다.

3. 인터넷 중독 기술의 역효과인가

● 비판적 사고 키워볼까요?

1. 정답: ② **해설:** 본문에 명시된 중독의 부정적 결과로 제시되었다.

2. 정답: ④ **해설:** 전두엽 발달 방해, 자기조절력 저하로 이어진다고 서술되었다.

3. 예시 답안: 인터넷 중독은 청소년의 수면 부족, 집중력 저하, 성적 하락 등 생활 문제뿐 아니라 뇌의 전두엽 발달을 방해하여 자기조절력과 충동 조절 능력을 약화시킨다. 이를 예방하기 위해 개인은 스마트폰 사용 시간을 스스로 조절하고, 독서나 대화 같은 아날로그 활동을 병행해야 한다. 학교는 디지털 디톡스 프로그램을 운영하며 건강한 습관을 지도할 필요가 있다. 또한 기업과 사회는 사용 시간 관리 기능, 상담 지원, 교육 프로그램을 통해 청소년이 인터넷의 장점을 누리면서도 중독 위험을 줄일 수 있도록 도와야 한다.

4. 예시 답안: <서론> 디지털 시대에 스마트폰과 인터넷은 청소년들에게 중요한 학습 도구이자 소통의 창구이다. 그러나 과도한 사용은 오히려 집중력 저하와 대인관계의 문제를 일으키며, '인터넷 중독'이라는 사회적 문제를 낳고 있다. 청소년기는 자아와 습관이 형성되는 중요한 시기이므로 인터넷 사용의 영향은 더욱 크다.

<본론> 전문가들은 인터넷 중독을 단순한 사용량이

아니라 자기조절 실패로 인해 일상에 지장이 생기는 상태로 정의한다. 실제 조사에 따르면 청소년의 약 20%가 스마트폰 과의존 위험군에 속한다. 인터넷 중독은 수면 부족, 학업 성적 하락뿐 아니라 뇌 전두엽 발달을 방해하여 자기조절력과 충동 조절 능력 저하를 초래한다. 또한 SNS와 게임 중심의 온라인 활동은 현실의 인간관계를 약화시키고, 짧고 자극적인 콘텐츠는 깊이 있는 사고와 독서를 어렵게 만든다.

그러나 인터넷을 무조건 배제하는 것은 현실적이지 않다. 학교의 '디지털 디톡스' 활동, 기업의 사용시간 관리 기능은 올바른 사용 습관을 돕는다. 특히 청소년 스스로 스마트폰을 내려놓고 독서·대화 같은 아날로그 활동을 병행하는 것이 가장 중요하다. 가정, 학교, 사회가 협력하여 상담과 교육을 지원한다면 긍정적 변화가 가능하다.

<결론> 인터넷 중독은 개인의 건강과 사회적 관계 모두에 심각한 영향을 미치지만, 예방과 관리가 가능하다. 청소년이 올바른 습관을 형성한다면 인터넷은 위험 요소가 아니라 성장의 자원이 될 수 있다. 결국 중요한 것은 기술이 아니라 그것을 사용하는 인간의 선택과 태도이다.

5. 예시 답안: 학교는 디지털 디톡스 활동을 운영하여 학생들이 하루 동안 스마트폰을 끄고 독서, 산책, 대화 등 아날로그 활동을 경험하게 한다. 기업은 유튜브, 인스타그램 등에서 사용 시간을 설정하거나 알림을 제공해 자율적 관리 기능을 지원한다. 이러한 제도적 노력은 청소년들이 처음에는 불편함을 느끼더라도 점차 자기조절 능력을 기르고, 인터넷을 균형 있게 활용하는 습관을 형성하는 데 도움을 준다.

6. 예시 답안: <찬성> 인터넷 중독은 사용자의 자기조절 실패에서 비롯되므로 개인의 습관 형성이 가장 핵심적이다. 학교나 기업의 지원도 결국 일시적일 뿐, 장기적으로는 스스로 스마트폰 사용 시간을 조절하고 아날로그 활동을 병행하는 능력이 필요하다. 자기조절력이 없는 상태에서는 어떤 제도도 효과를 지속하기 어렵다.

<반대> 개인의 습관도 중요하지만, 청소년은 자율성이 아직 완전히 발달하지 않았기에 가정·학교·사회적 지원이 더 우선적이다. 상담, 교육, 제도적 장치 없이 개인에게만 책임을 돌리면 효과가 제한적이다. 또한 기업의 콘텐츠 설계는 중독성을 강화하기 때문에, 사회 전체가 구조적 환경을 바꿔야 한다. 따라서 개인적

노력과 사회적 지원은 균형 있게 병행되어야 한다.

4. 자동화된 가정, 기술이 바꾸는 우리의 일상

• 비판적 사고 키워볼까요?

1. 정답: ① **해설:** 본문에서는 스마트홈이 사물인터넷(IoT)과 인공지능(AI) 기술을 기반으로 여러 기기가 서로 연결되어 자동으로 작동하고, 외출 시에도 스마트폰을 통해 원격 제어가 가능하다고 설명하고 있으므로 옳다.

2. 정답: ② **해설:** 본문에 따르면 스마트 조명과 자동 온도 조절기가 에너지 소비를 줄이는 기능을 한다고 명시되어 있다.

3. 예시 답안: 스마트홈 기술은 생활 편의성 증대, 에너지 절약, 노인 등 돌봄이 필요한 가구 지원 등에 긍정적인 영향을 준다. 그러나 해킹 등으로 인한 개인정보 유출 위험과 디지털 기술 활용 능력 차이로 인한 정보 격차가 문제다. 이를 해결하기 위해 보안 시스템 강화, 개인정보 보호 법제화가 필요하며, 디지털 소외계층을 위한 교육과 지원 정책이 확대되어야 한다. 이런 사회적 노력이 기술 혜택을 모두에게 공평히 제공할 수 있게 한다.

4. 예시 답안: <서론> 4차 산업혁명과 함께 스마트홈 기술이 빠르게 발전하면서 우리의 생활과 일상에 큰 변화를 가져오고 있다. 자동화된 가정은 단순한 편리함을 넘어 에너지 효율 증대, 안전 강화, 노인 돌봄 서비스 등 다양한 기능을 제공하며 미래 사회의 핵심 요소로 자리 잡고 있다.

<본론> 스마트홈은 인공지능(AI)과 사물인터넷(IoT)을 융합하여 가전제품이 스스로 작동하며, 원격 제어와 실시간 모니터링을 가능하게 한다. 이를 통해 사용자는 더욱 효율적이고 편리한 생활을 누릴 수 있으며, 에너지 절약과 보안 관리에도 큰 도움을 받는다. 그러나 이런 기술 발전과 동시에 해킹과 개인정보 유출 같은 보안 문제 및 디지털 소외 계층 발생이라는 부작용도 우려된다. 특히 고령자와 정보 취약 계층을 위한 교육과 지원이 필수적이다. 또한 개인정보 보호를 위한 법적·기술적 장치도 강력히 마련되어야 한다.

<결론> 자동화된 가정은 미래 사회를 혁신할 중요한 기술이지만, 이를 올바르게 이해하고 책임감 있게 활용하는 인간의 역할이 중요하다. 개인과 사회가 함께 보안 강화와 디지털 포용 정책을 추진할 때, 스마트홈 기술은 모두에게 긍정적인 변화를 가져다 줄 것이다.

5. 예시 답안: 스마트홈에 설치된 스마트카메라가 해킹되어 가정 내 사생활이 노출되거나, 외국 사례처럼 인터넷에 연결된 베이비모니터가 해커에게 공격당해 아이에게 원격으로 말을 거는 사건이 발생할 수 있다. 이를 예방하려면 첫째, 기기와 네트워크에 강력한 비밀번호와 이중 인증을 설정해야 한다. 둘째, 정기적인 소프트웨어 업데이트를 통해 보안 취약점을 해결해야 한다. 셋째, 신뢰할 수 있는 제조사의 제품을 사용하고, 불필요한 외부 접속 권한을 제한하는 것이 중요하다.

6. 예시 답안: <찬성> 스마트홈 기술은 생활 편의를 넘어 에너지 절약, 돌봄 서비스 향상 등 긍정적 효과가 크다. 하지만 해킹과 개인정보 유출 위험은 심각한 사생활 침해와 범죄로 이어질 수 있다. 또한 고령자나 정보 취약층이 기술에서 소외되는 문제도 무시할 수 없다. 따라서 안전 장치 완비와 포용 정책 마련 전까지는 무분별한 확산을 제한해야 한다.

<반대> 스마트홈은 현대인의 삶의 질을 높이고 사회적 비용 절감에 기여하는 중요한 기술이다. 개인정보 보호 문제는 보안 기술 발전과 법적 제도를 통해 해결할 수 있으며, 디지털 격차 해소를 위한 교육과 지원 정책으로 극복 가능하다. 기술 발전을 제한하기보다 책임감 있는 사용과 사회적 협력으로 혜택을 널리 누려야 한다.

5. 탄소발자국 줄이는 녹색 건축기술, 지구를 지키는 집을 짓다

• 비판적 사고 키워볼까요?

1. 정답: ⑤ 해설: 본문에서는 건축과정에서 발생하는 탄소 배출량이 전 세계 온실가스의 약 40%를 차지한다고 명확하게 언급된다.

2. 정답: ① 해설: 태양광 패널 설치, 고효율 단열재 사용 등은 모두 본문과 보기에서 강조하는 대표적인 녹색 건축기술이다.

3. 예시 답안: 녹색 건축기술은 건물에서 발생하는 온실가스가 전 세계 배출량의 약 40%를 차지하기 때문에 기후 위기 대응에 매우 중요하다. 건물의 설계, 시공, 사용, 철거 등 전 생애주기에서 탄소를 줄일 수 있기 때문이다. 제로에너지건축물, 태양광 패널, 고효율 단열재, 열회수 환기장치, 스마트 에너지 관리 시스템, 친환경 자재 사용, 자연채광 등 다양한 기술과 방법이 적용된다.

4. 예시 답안: <서론> 오늘날 우리는 대부분의 시간을 건물 안에서 보내며 생활한다. 하지만 건물의 건설과 사용 과정에서 막대한 양의 탄소가 배출되어, 건축 분야가 전 세계 온실가스의 약 40%를 차지하는 주범임을 인식할 필요가 있다. 기후 변화가 심각해지는 상황에서, 탄소발자국을 줄이기 위한 녹색 건축기술의 도입은 더 이상 선택이 아니라 필수적인 과제가 되었다.

<본론> 녹색 건축기술은 건물의 설계, 시공, 운영, 해체 전 과정에서 탄소를 줄이도록 다양한 친환경 방식을 적용한다. 예를 들어, 제로에너지건축물(ZEB)처럼 건물 자체에서 에너지를 생산하거나 효율적으로 활용하는 것이 대표적이다. 태양광 패널, 고효율 단열재, 열회수 환기장치, 스마트 전력 관리 시스템 등 첨단 기술이 적용되며, 기존 건물에도 그린리모델링을 통해 충분히 도입이 가능하다. 또한 콘크리트 대신 목재나 재활용 자재, 유해물질이 없는 소재를 사용하고, 자연채광과 빗물 재활용 등 설계적 요소도 적극 활용한다. 최근에는 센서와 자동 제어를 활용한 스마트 건축이 에너지 사용을 크게 줄이면서 실내 환경의 쾌적함까지 높이고 있다.

<결론> 이처럼 녹색 건축기술의 확산은 기후 위기 대응의 실질적 해결책이 될 수 있다. 앞으로 도시와 건물의 수가 계속 늘어나는 만큼, 건축 분야의 혁신적 변화가 필수적이다. 우리의 작은 실천 하나가 지구의 미래와 직결된다는 사실을 인식하고, 건물 설계 단계에서부터 자재 선택, 에너지 관리에 이르기까지 녹색 기술을 적극 활용해야 한다. 궁극적으로 녹색 건축은 기술의 변화뿐 아니라 우리 의식과 생활 방식의 변화를 통한 실천에서 시작된다는 점을 기억해야 한다.

5. 예시 답안: 만약 도시에서 녹색 건축기술을 도입하지 않으면, 첫째로 건물에서 배출되는 탄소가 계속 증가해 대기 오염과 지구 온난화가 심각해진다. 둘째로, 에너지 낭비와 자원 고갈로 인해 미래 세대의 삶의 질이 크게 낮아지고, 기후 재해로 인한 피해가 늘어나 사회 전체의 안전과 건강도 위협받을 수 있다.

6. 예시 답안: <찬성> 저는 정부가 공공과 민간 건축물 모두에 녹색 건축기술 도입을 의무화해야 한다고 생각한다. 온실가스의 40%가 건물에서 나온다는 점에서, 개인의 자율에만 맡길 문제가 아니기 때문이다. 녹색 건축기술은 에너지 절약뿐 아니라 미래 세대의 환경권 보호, 기후 위기 대응 등 사회 전체의 이익과 직

결됩니다. 초기 비용이나 불편함이 있을 수 있지만, 장기적으로는 운영비 절감과 쾌적한 생활환경 조성에도 도움이 된다. 정부가 강제함으로써 기술 개발과 보급도 빨라지고, 사회 전체의 인식 변화도 유도할 수 있다.

<반대> 저는 정부가 모든 건축물에 녹색 건축기술 도입을 강제하는 데 신중해야 한다고 생각한다. 녹색 건축의 취지는 옳지만, 각 건물의 특성, 경제적 여건, 설계 상황이 다양한데 일률적으로 강제하면 비효율과 사회적 부담이 커질 수 있다. 특히 중소 건설사나 저소득층 등에게는 막대한 비용이 될 수 있다. 기술 발전과 인식 개선을 유도하면서, 지원과 인센티브 중심의 자율적 확산이 더 효과적이라고 생각합니다. 정부는 의무화보다는 단계별 지원과 교육에 더 힘써야 한다.

6. 해양·우주 쓰레기 수거로봇, 기술로 지구를 지킨다
♦ 비판적 사고 키워볼까요?

1. 정답: ② **해설:** 본문에는 해양·우주 쓰레기 수거로봇에 인공지능(AI), 센서, 영상인식 기술이 적용되어 있다고 명시되어 있다.

2. 정답: ③ **해설:** 본문에서는 인류가 만든 해양·우주 쓰레기 문제를 해결하기 위해, 인공지능과 센서 기술을 갖춘 수거로봇 등 과학기술이 중요한 역할을 한다고 강조하고 있습니다. 이는 '과학기술은 지구 환경보호와 인류 생존을 위한 중요한 도구로 쓰일 수 있다'는 ③번 선택지와 가장 생각이 일치합니다.

3. 예시 답안: 수거로봇 기술은 사람이 직접 접근하기 힘든 해양과 우주에서 쓰레기를 자동으로 감지하고 수거할 수 있기 때문에 매우 중요하다. 이 기술에는 인공지능, 센서, 자율주행, 로봇팔 등이 적용된다. 예를 들어, 바다에서는 태양광 사용 수거 보트와 인공지능 로봇팔이, 우주에서는 로봇팔이 장착된 위성과 자기장·접착기술 등이 활용된다. 이런 기술 덕분에 효율적이고 안전하게 환경을 보호할 수 있다.

4. 예시 답안: <서론> 지금까지 인류는 자연재해가 지구 최대의 위험이라고 여겨왔지만, 이제는 인간이 만든 해양과 우주 쓰레기가 새로운 재난으로 부상하고 있다. 해양 쓰레기와 우주 파편은 생태계와 인간의 안전, 미래 과학기술 발전까지 막대한 피해를 일으키고 있다. 이러한 문제를 근본적으로 해결하기 위해 최근 과학계와 환경계는 인공지능과 첨단센서로 무장한 수거로봇 기술에 주목하고 있다.

<본론> 해양 쓰레기는 연간 1,100만 톤 이상이 바다로 흘러들어가며, 미세플라스틱으로 남아 해양 생물을 위협하고 결국 인간의 건강까지 위협한다. 자율 수거형 해양 로봇, 예를 들어 태양광으로 작동하는 '인터셉터'나 AI 기반 로봇팔처럼, 자동으로 해양 쓰레기를 감지·수거하는 기술은 매우 실용적이고 효율적이다. 우주에서도 마찬가지로, 수많은 파편이 인공위성을 위협하는 상황에서 유럽·일본·한국 등은 다양한 수거 위성과 정밀 로봇 기술을 개발하고 있다. AI, 센서, 영상인식, 로봇팔 뿐만 아니라, 자기장·접착기술로 파편을 포획하거나 AR 기술로 실시간 원격제어를 구현할 수도 있다. 하지만 아직 남은 과제도 많다. 해양에서는 변덕스런 날씨와 복잡한 해류, 우주에서는 고비용과 정밀 추적 문제, 정상 위성과의 충돌 방지 등 해결해야 할 점이 많다.

<결론> 그럼에도 수거로봇 기술은 인류와 지구 환경 보호를 위한 필수적이고 희망적인 대안이다. 수거로봇은 과학기술이 단지 편리함을 넘어 생명을 지키고, 지속가능한 미래를 만들어내는 강력한 수단임을 보여준다. 우리 사회는 정부, 기업, 연구기관, 시민이 힘을 모아 환경문제 해결을 위한 기술 개발과 적용을 확대해야 하며, 과학과 윤리가 조화를 이루는 발전 방향을 고민해야 한다. 이제 학생들도 이런 첨단 기술의 사회적 가치와 환경적 의미를 고민하며, 미래를 준비해야 할 때이다.

5. 예시 답안: 드론과 빅데이터를 활용해 해양과 우주 쓰레기 발생 밀집 지역을 사전 예측·분석한 뒤, 로봇이 자동으로 집중 정화 활동을 펼치게 할 수 있다. AR(증강현실) 기술을 적용해 실시간 관제 및 원격 협업도 확대하면 수거효율이 더욱 높아질 것이다.

6. 예시 답안: <찬성> 국가가 해양과 우주 쓰레기 수거로봇 개발을 적극적으로 지원하고 의무적으로 적용해야 한다고 생각한다. 해양·우주 쓰레기는 인류 생존, 환경, 첨단 과학 기술 모두에 중대한 위협을 주기 때문이다. 개별 기업이나 기관의 노력만으로는 막대한 예산과 기술, 협력이 부족하며 국제적 차원의 공공문제 해결에 국가주도의 전략적 지원이 꼭 필요하다. 국민 세금이 이렇게 쓰인다면 모두의 미래에 이득이 될 것이다.

<반대> 국가가 수거로봇 개발을 의무적으로 지원하는 데에는 신중해야 한다고 생각한다. 물론 환경 문제는 중요하지만, 기술 개발과 적용 방식은 기업, 시민, 국제사회가 자율적으로 협력할 때 더 창의적이고 효

율적인 방식이 나올 수 있다. 국가 주도의 일괄적 지원은 자칫 예산 낭비나 기술의 획일화를 부를 우려가 있다. 적절한 인센티브 제공과 민간 주도 혁신을 동시에 장려해야 한다고 본다.

7. 스마트 교실의 미래, 기술로 바뀌는 학습 환경
• 비판적 사고 키워볼까요?
1. **정답:** ④ **해설:** 스마트 교실에서는 종이 교과서만을 사용하지 않고, 태블릿, 스마트패드, 디지털 교재, 온라인 학습 플랫폼 등 첨단 전자기기를 적극적으로 활용한다.

2. **정답:** ② **해설:** 스마트 교실에 부정적 영향보다 긍정적 영향이 크므로 부정적 내용에 대한 논의가 필요 없다고 했으나, 실제 본문과 <보기>에서는 디지털 격차, 개인정보 보호 문제, 인간 중심 역량 약화 등의 한계를 분명히 언급하고 있다. 따라서 <보기>와 맞지 않는 적절하지 않은 선택지이다.

3. **예시 답안:** 스마트 교실은 학생들의 자기 주도 학습 능력을 크게 높인다. 첫째, 태블릿이나 온라인 학습 플랫폼을 활용하면 학생들이 필요한 자료를 스스로 찾아보고, 반복 학습이나 복습을 주도적으로 할 수 있다. 둘째, 인공지능 기반 피드백과 개인별 맞춤 과제를 통해 학생 각자가 자신의 학습 진단과 목표 설정을 직접 관리하게 되어 주도성이 강화된다.

4. **예시 답안:** <서론> 스마트 교실은 ICT 및 AI 등 첨단 기술을 기반으로, 교실 수업의 방식과 평가 체계까지 근본적으로 변화시키고 있다. 이에 따라 교육환경의 혁신과 함께 교육의 질적 향상이 기대되고 있다.
<본론> 우선, 스마트 교실은 맞춤형 학습 실현을 가능하게 한다. 인공지능이 학생별 학습 데이터·오답률·관심 분야를 분석해 수준에 맞는 과제를 제시하고, 실시간 피드백을 제공한다. 학생은 자기 주도적으로 학습 진단 및 복습이 가능해져 능동적인 학습 태도를 기르게 된다. 또한 교사는 전자칠판·영상자료 등 다양한 매체 활용으로 수업의 질을 높이고, 수업 전후로 학생 개별 학습을 촉진할 수 있다. 반면, 디지털 격차와 개인정보 보호 문제 등 새로운 과제도 존재해 이에 대한 사회적·제도적 고민이 병행돼야 한다.
<결론> 이처럼 스마트 교실은 학습자의 능동성 강화, 교사의 전문성 제고, 개별화 교육 실현 등 교육의 본질적 변화를 촉진한다. 앞으로 스마트 교실의 긍정적 효과를 극대화하기 위해 기술적·인간적 균형과 안전

장치 마련이 필요하다.

5. **예시 답안:** 미래 교실에서 교사는 단순히 지식을 전달하는 역할에서 벗어나, 학습 설계자와 조력자로 변화한다. AI가 기본 개념 설명과 반복 피드백을 담당하면 교사는 학생 각자의 흥미·관심사를 파악해 창의적 사고, 문제 해결력, 협업능력을 키워주는 심층 활동을 기획하게 된다. 다양한 빅데이터 분석 결과를 바탕으로 교사는 학습 부진 학생을 개별 상담하거나, 특화된 프로젝트·토론을 이끌며 학생의 잠재력을 극대화한다. 즉, 교사의 역할은 단순 평가자가 아니라 학생 맞춤형 성장 코치로 확장되어, 보다 풍부한 교육적 의미가 부여된다.

6. **예시 답안:** <찬성> 스마트 교실에서는 실시간 토론, 소그룹 프로젝트, 온라인 협업 처럼 다양한 방식의 쌍방향 소통 활동이 이루어진다. 디지털 플랫폼을 이용해 다양한 의견을 공유하고, 과제를 함께 완성하는 과정에서 학생들은 자연스럽게 소통 능력과 협업 역량을 키우게 된다. 오히려 기존 수업보다 더 많은 참여와 피드백이 가능하므로 사회성 함양에도 긍정적이다.
<반대> 스마트 교실의 확산으로 온라인 학습 시간이 많아지면, 오프라인 친구들과의 직접적인 소통 기회가 줄어들 수 있다. 디지털 기기 중심의 상호작용은 표정·몸짓 등 비언어적 소통의 감각을 약화시키고, 인간적 유대가 낮아지는 부작용이 우려된다. 따라서 사회성·공감 능력은 오히려 저하될 위험이 높다.

8. 미세먼지 측정 기술, 보이지 않는 위험을 읽다
• 비판적 사고 키워볼까요?
1. **정답:** ⑤ **해설:** 미세먼지 측정 기술은 미세먼지의 '발생'을 막는 것이 아니라, 현재 공기 중에 존재하는 미세먼지 양을 측정하고 예측해 '알려주는' 역할을 하는 기술이다. 미세먼지 발생 자체를 차단하는 해결책이 아니며, 궁극적으로 오염물질 저감과 같은 추가적 노력이 필요하다고 제시문에 명시되어 있다.

2. **정답:** ④ **해설:** 개인용 미세먼지 측정기는 고정식 측정기에 비해 측정 정확도가 떨어질 수 있으므로, 단독으로 믿기보다는 보조 자료로 활용해야 한다고 <보기>에 명시되어 있다. ①, ②, ③, ⑤는 모두 <보기> 지문 내용과 일치하는 설명이다.

3. **예시 답안:** 미세먼지는 눈에 보이지 않지만 호흡기 건강에 큰 위협이 되는 물질로, 미리 농도를 파악하고

대처하는 것이 매우 중요하다. 미세먼지 측정 기술은 이러한 위험을 조기에 알려주어 마스크 착용, 외출 자제 등 건강을 지키는 행동으로 이어지게 한다. 대표적인 측정 방법으로는 첫째, 베타선 흡수법이 있는데, 이는 먼지 입자가 필터에 모인 양을 방사선으로 측정해 농도를 분석하는 방식이다. 둘째는 광산란법으로, 레이저 빛을 공기 중에 쏘아 입자에 반사되는 빛의 양을 통해 미세먼지 농도를 추정한다. 이 두 기술은 전국의 공식 측정소에서 실시간으로 미세먼지를 정확히 분석하는 데 사용되며, 국민 건강 보호에 중요한 역할을 한다.

4. 예시 답안: <서론> 최근 미세먼지는 단순한 불쾌감을 넘어 심각한 건강 위협 요소로 인식되고 있다. WHO가 1급 발암물질로 지정할 만큼, 미세먼지는 장기적으로 심장질환, 폐질환, 천식 등 다양한 질병을 유발할 수 있다. 따라서 보이지 않는 미세먼지를 효과적으로 측정하고 예측하는 과학기술의 발전은 사회 전체의 안전망 구축에 매우 중요한 의미를 가진다.

<본론> 우리나라는 전국 500개 이상의 관측소에서 베타선 흡수법과 광산란법을 활용하여 미세먼지를 실시간 측정하고 있다. 최근에는 휴대용 측정기와 AI 기반 빅데이터 예측 모델, 위성 관측 기술(천리안 2B호) 등 다양한 첨단 장비와 분석법이 도입되어, 미세먼지의 분포와 이동 경로를 보다 정확히 파악할 수 있게 되었다. 이러한 기술 덕분에 시민들은 미세먼지 농도에 따라 외출을 조절하거나 마스크를 준비하는 등 건강을 더욱 적극적으로 관리할 수 있다. 사회적으로도, 정부와 연구기관은 미세먼지의 원인과 이동, 심각성을 과학적으로 분석해 정책 수립에 활용한다. 하지만, 개인용 측정기는 정확도에 한계가 있고, 측정·예측은 결과를 알려줄 뿐 원인인 배출 자체를 줄이진 못한다는 점이 한계점이다.

<결론> 미세먼지 측정 기술은 '보이지 않는 위험'에 대비하는 조기경보 시스템으로서 개인과 사회의 건강을 지키는 데 필수적이다. 그러나 기술만으로 모든 문제가 해결되지는 않는다. 앞으로는 에너지 전환, 산업 구조 개선, 생활 속 실천 등 미세먼지 발생 자체를 줄이기 위한 노력이 병행되어야 한다. 동시에 학생들도 공기질 체크와 같은 일상의 실천에서부터 환경문제에 문제의식과 관심을 가져야 한다. 과학기술이 제공하는 정보를 현명하게 활용해 모두가 숨 쉬기 좋은 사회를 만들어가야 할 책임이 우리 모두에게 있다.

5. 예시 답안: 개인용 미세먼지 측정기를 스마트워치나 손목 밴드 등 웨어러블 기기와 결합한다면 더 효과적인 관리가 가능할 것이다. 예를 들어 학생들이 착용한 손목밴드에서 실시간으로 미세먼지 농도를 감지하여, 일정 수준 이상이 되면 진동이나 앱 알림으로 즉각 외출 자제나 실내 이동을 권고할 수 있다. 또 이 데이터들이 클라우드로 모이면, 학교·동네별 미세먼지 지도를 생성해 지역 맞춤형 예보도 가능하다. 이러한 시스템은 개인 맞춤 건강관리는 물론, 전체 사회 차원의 빠른 대응과 실천을 촉진하는 데 큰 도움이 될 것이다.

6. 예시 답안: <찬성> 저는 정부가 미세먼지 측정과 예측 기술 개발에 더 많은 예산을 투자하는 것에 찬성합니다. 미세먼지는 국민 건강에 직결된 심각한 문제로, 측정과 예측의 정확성이 높아질수록 국민이 적절히 대처할 수 있는 안전망이 강화됩니다. 첨단 측정 장비 확충과 AI 예측 기술 발전은 학교, 병원 등 취약계층의 피해 예방에 큰 도움이 됩니다. 뿐만 아니라, 미세먼지는 국경을 넘어오는 만큼 국제 협력연구도 중요합니다. 정부 지원이 확대되면 국내 과학기술 수준도 높아지고 전 국민이 환경권을 지킬 수 있습니다.

<반대> 저는 정부가 무조건적으로 미세먼지 측정과 예측 기술에 더 많은 세금을 투입하는 것에는 우려가 있습니다. 이미 전국 곳곳에 관측망이 구축되어 있고, 민간 기업도 측정기와 예측 서비스를 다양하게 개발하고 있어 경쟁이 활발합니다. 측정·예측 자체보다 실제 오염원을 줄이고, 산업·교통 등 근본 대책에 더 많은 예산이 투입되어야 효과적입니다. 한정된 세금은 환경 개선, 대기질 향상 같은 직접적 해결 방안에 우선 써야 하며, 기술 개발은 민간의 창의성과 시장 경쟁을 최대한 살려 지원해야 한다고 생각합니다.

9. 공공장소 얼굴 인식 기술, 편리함과 감시 사이

◆ 비판적 사고 키워볼까요?

1. 정답: ② **해설:** 본문에서는 얼굴 인식 기술이 신분증, 비밀번호 없이도 출입이나 결제를 가능하게 하여 사회적 효율성 및 생활의 편리함을 높인다고 명시되어 있다.

2. 정답: ③ **해설:** ③ 제시문에는 얼굴 인식 기술이 시각장애인 안내 등 사회적 약자 보호에 긍정적 기여를 할 수 있음을 명확히 언급하고 있다.

3. 예시 답안: 얼굴 인식 기술은 출입 확인, 공항 수속,

범죄 예방, 실종자 탐지 등 다양한 분야에서 편리함을 제공하며, 사회 전체의 효율성을 크게 높여준다. 신분증이나 비밀번호 없이 얼굴만으로 인증할 수 있어 사용이 간편하고, 감염병 예방에도 효과적이다. 하지만 개인의 얼굴 정보는 고유한 생체정보로, 동의 없이 수집·활용될 경우 개인정보 침해와 프라이버시 위협이 발생할 수 있다. 또한 데이터가 충분히 다양하게 반영되지 않으면 인종, 성별에 따라 인식률에 불평등이 생기고, 사회적 차별이 심화될 우려도 있다. 이런 점에서 기술 발전의 편리함과 권리 보호 사이에서 균형 있는 접근이 필요하다.

4. 예시 답안: <서론> 얼굴 인식 기술은 인공지능과 영상처리의 발전으로 우리 일상에 빠르게 들어왔다. 지하철, 공항, 학교 등 다양한 공공장소에서 얼굴만으로 출입, 결제, 신원확인이 가능해졌고, 생활의 편리함이 많이 증대되었다. 그러나 이 기술의 확산은 사회적 효율성 증대 외에도 새로운 고민들을 우리에게 던져주고 있다.

<본론> 우선 얼굴 인식 기술은 보안, 범죄 예방, 감염병 관리, 공공서비스 활용 등에서 긍정적인 효과가 크다. 실제로 수배자 탐지나 실종자 찾기, 장애인 안내 등에 인공지능이 활용되고 있으며, 출입 기록 자동화, 신속한 인증 등 사회 전반의 효율화에 기여하고 있다. 하지만 기술이 가져오는 편리함 뒤에는 개인정보 침해, 프라이버시 침해 위험이 동시에 따라온다. 얼굴 정보는 고유한 생체 정보로 한 번 유출되면 돌이킬 수 없다. 동의 없는 정보 수집, 사용처 불투명성, 감시 사회화에 대한 우려는 시민의 권리와 안전을 위협한다. 또한 알고리즘의 데이터 편향 때문에 인종이나 성별에 따라 인식률이 달라지면서 사회적 불평등이 재생산될 위험이 그다. 각국에서는 이를 해결하기 위해 법적 규제, 고지와 동의 절차 의무화, 기술의 공정성과 데이터 다양성 확보 등 다양한 노력이 이루어지고 있다.

<결론> 얼굴 인식 기술은 우리 사회에 크고 작은 이익과 위험을 동시에 가져온다. 기술의 확산은 멈출 수 없겠지만, 그 방향과 한계는 우리 스스로 정해야 한다. 기술 사용 전에 반드시 동의와 고지가 철저히 지켜져야 하며, 알고리즘의 공정성·투명성도 사회적으로 감시, 점검되어야 한다. 중학생을 포함한 시민들은 이 기술의 편의성만 보지 말고, 윤리적 문제와 사회적 책임을 함께 고민하는 태도가 필요하다. 권리와 편리의 균형을 찾기 위한 사회적 합의와, 모두를 위한 안

전망이 마련되는 방향으로 기술이 발전해야 한다.

5. 예시 답안: 학교에서 얼굴 인식 출입 시스템을 도입할 때, 모든 학생과 학부모에게 얼굴 정보가 어떻게 수집·보관·활용되는지 명확히 설명하고, 동의 여부를 직접 선택할 수 있는 '개인정보 선택권 플랫폼'을 운영하면 좋겠다. 학생은 필요에 따라 직접 얼굴 정보의 사용범위(출결, 급식 등)를 설정하고, 언제든 정보 삭제나 일시 중지를 요청할 수 있다. 또한 이력 확인 알림 기능을 제공하여, 누가 언제 내 정보를 사용했는지 투명하게 알 수 있도록 한다. 이런 제도를 통해 학생과 지역 주민 모두가 자신의 권리와 라이프스타일을 존중받는 안전한 환경에서, 얼굴 인식 기술을 적극 활용할 수 있을 것이라 생각한다.

6. 예시 답안: <찬성> 얼굴 인식 기술의 공공장소 확대에 찬성한다. 이 기술은 출입 절차를 간소화하고, 신속한 처리가 가능해 시민 편의를 크게 높인다. 또한 실종자 찾기, 범죄 예방, 출결 확인, 감염병 예방 등 다양한 국익과 공공 안전에도 기여한다. 기술 도입 시 동의와 정보 보호 원칙, 인식 알고리즘의 공정성 관리 등 기본 수칙만 지킨다면, 오히려 사회의 효율성과 신뢰를 높이는 데 큰 도움이 될 것이다. 데이터 보안과 사용 목적에 대한 사회적 합의를 전제로, 혁신 기술의 이점을 모두가 누리는 것이 바람직하다.

<반대> 얼굴 인식 기술의 확대 적용에 반대한다. 얼굴 정보는 바꿀 수 없는 민감한 생체 정보로, 동의 없이 수집될 위험과 유출 시 심각한 사생활 침해가 발생한다. 감시 사회로의 전환과, 데이터 편향에 따른 인종·성별 차별 등 사회적 불평등 문제가 더욱 심화될 가능성도 크다. 정보 주체가 감시와 불안을 느껴 자유로운 생활이 위축될 수 있으며, 이러한 기술 남용은 민주적 권리와 안전을 심각하게 해칠 수 있다. 편의보다 기본권 보장이 더 중요하므로, 신중하고 엄격한 규제가 먼저 마련되어야 한다고 생각한다.

10. 바이오 프린팅, 생명을 출력하다
• 비판적 사고 키워볼까요?

1. 정답: ③ **해설:** 본문에서는 바이오 프린팅이 '세포가 실제로 살아 움직이고, 서로 연결되도록 설계'하는 기술임을 분명히 하고 있다.

2. 정답: ③ **해설:** ⓒ은 "이미 모든 종류의 복잡한 장기를 완벽하게 인쇄해 이식할 수 있다"라고 했는데, 본문에서는 심장, 신장 등 복잡한 장기의 완벽한 구현

은 아직 기술적으로 어렵고 해결해야 할 난관이 많다고 설명한다. 나머지 보기(㉠, ㉡, ㉢)는 모두 본문 내용과 일치한다.

3. 예시 답안: 바이오 프린팅 기술은 기존의 장기 기증과 이식에 의존하던 한계를 넘어, 환자의 세포를 재료로 맞춤형 인공 피부, 연골, 혈관 등을 제작해 이식하는 새로운 의학적 가능성을 열었다. 환자 본인과 유전자가 일치하여 면역 거부 반응이 줄고, 회복 기간도 단축될 수 있다. 또한 신약 개발이나 의학 연구에서도 실제 인체와 유사한 조직을 만들어 동물 실험을 줄이고 정확도를 높일 수 있다. 그러나 복잡한 장기의 기능적 구현, 인체 내 안정적인 조직 유지, 고가의 의료서비스로 인한 의료 격차, 인간 복제 및 유전자 조작으로 이어질 윤리적 쟁점 등 해결해야 할 과제도 많다. 생명을 다루는 만큼 엄격한 기술적 검증과 사회적 합의가 중요하다.

4. 예시 답안: <서론> 바이오 프린팅은 3D 프린터에 살아있는 세포와 생체 재료를 잉크처럼 넣어, 인공 피부와 조직, 심지어 장기까지 만들어내는 혁신적인 기술이다. 이러한 기술은 기증자 부족으로 고통받는 많은 환자들에게 새로운 희망을 주는 한편, 맞춤형 의료와 신약 개발 등 다양한 미래 의료 환경을 변화시키고 있다.

<본론> 바이오 프린팅이 가져올 첫 변화는 장기 이식 문제의 해결 가능성이다. 환자 본인의 세포로 만든 조직을 이식할 수 있어 면역 거부 반응과 회복 기간이 줄어든다. 실제로 국내외에서 인공 피부, 연골, 혈관 등 비교적 단순한 조직의 임상 성공 사례가 증가하고 있고, 앞으로 신장, 심장 등 복잡한 장기로 확장될 전망이다. 또 암세포, 유전병 등 실험 모델을 직접 출력해 신약 효과를 정밀하게 분석할 수 있으므로 동물 실험의 대체와 맞춤 치료의 혁신적 전기를 마련한다. 그러나 바이오 프린팅 기술만으로 모든 장기를 즉시 구현하긴 어렵다. 실제 혈관, 신경, 기능적 안정성 등 기술적 한계가 남아 있다. 또한 출력된 조직이 체내에서 오래 유지되고, 면역 반응을 억제하는 문제도 해결해야 한다. 더불어, 이 기술이 소수에게만 적용될 경우 의료 격차가 심화되고, 인간 복제나 유전자 조작과 같은 사회적·윤리적 논란도 커지고 있다.

<결론> 바이오 프린팅은 미래 의학의 판도를 바꿀 획기적 기술이지만, 그 적용에는 신중해야 한다. 생명을 다루는 첨단 과학이 모든 이에게 동등히, 책임 있

게 쓰이려면 사회적 합의와 법적 기준, 생명윤리에 대한 끊임없는 토론과 연구가 병행되어야 한다. 우리는 기술이 가져올 변화와 함께 그 한계, 위험까지 성찰하며, 모두의 건강과 존엄을 지키는 바람직한 발전 방향을 모색해야 한다.

5. 예시 답안: 바이오 프린팅 기술을 활용한 '미래 생명과학 창의실험실' 프로그램을 학교에 도입하면 좋겠다. 학생들은 직접 3D 프린터와 친환경 바이오 잉크로 식물 조직이나 미생물 구조, 간단한 동물 세포 등을 모형으로 출력해보고, 실험을 통해 조직 재생 원리와 생명윤리 문제까지 함께 탐구한다. 이를 통해 과학적 창의력은 물론, 생명존중과 의료 윤리에 대한 의식을 동시에 기를 수 있다. 만약 지역사회와 연계해 노년층이나 환우를 위한 피부 조직 출력 봉사, 바이오 프린팅 체험 행사 등을 열면 과학기술이 실제 삶을 변화시키는 긍정적 힘을 많은 사람과 공유할 수 있다.

6. 예시 답안: <찬성> 바이오 프린팅 기술의 의료 분야 확대를 적극 추진해야 한다고 생각한다. 이 기술은 장기 이식 대기 문제를 효과적으로 해결할 수 있고, 환자 자신의 세포로 만든 맞춤형 장기는 면역 거부 반응을 최소화해 치료 성공률을 높인다. 의학 연구·신약 개발에도 동물 실험을 줄이면서 정확도를 높일 수 있는 장점이 있다. 미래에는 의료 접근성이 향상되어 의료 격차도 해소될 수 있다. 다만 사회적 논의와 윤리 기준, 비용 지원 등 제도적 장치도 함께 구축하면, 바이오 프린팅은 분명 인류 건강과 생명 연장의 혁신 기술로 기능할 것이다.

<반대> 바이오 프린팅 기술의 빠른 확대 적용에 신중해야 한다고 본다. 장기 이식 혁신은 매력적이지만, 현재 기술로는 혈관·신경 등 복잡한 구조를 완전하게 구현하기 어렵고, 이식 후 부작용과 안전성 문제도 남아 있다. 또한 비용 문제로 일부만 혜택을 받고 의료 격차가 심화될 위험이 있다. 윤리적으로도 인간 복제나 유전자 조작의 통제가 힘들어진다. 사회적·법적 논의, 안전성 검증, 생명윤리 교육 등 충분한 준비 없이 무리하게 추진하는 것은 오히려 새로운 위기와 갈등을 초래할 수 있다.

11. 생체모방로봇, 자연에서 배우는 공학

◆ 비판적 사고 키워볼까요?

1. 정답: ③ **해설:** 본문에서는 생체모방로봇 기술이 재난 구조, 군사 작전, 우주·수중 탐사, 의료 등 다양한

분야에서 실제로 활용되고 있음을 밝히고 있다.

2. 정답: ① 해설: ①은 본문과 다르다. 본문에는 생체 모방로봇이 심장 박동을 모방한 주사기, 인공 수정체 등 의료 치료에 실제 적용되는 사례가 이미 있다고 언급되어 있다. 나머지 선택지는 모두 본문의 설명이나 사실과 일치한다.

3. 예시 답안: 생체모방로봇은 자연의 진화 원리를 바탕으로 개발되어 재난 구조, 우주 탐사, 의료 수술 등 다양한 분야에서 효율성과 안전성을 획기적으로 높여주고 있다. 뱀형 로봇이 무너진 건물에서 생존자를 찾고, 곤충형 센서로 복잡한 공간을 감시하며, 심장 박동을 모방한 의료 로봇이 환자를 치료한다. 하지만 복잡한 생물의 움직임을 기계로 완벽히 재현하는 것은 기술적으로 여전히 어렵고, 고성능 센서·AI 개발에 드는 비용도 크다. 또한 군사용, 감시용 등으로 남용될 경우 사회적·윤리적 논란이 발생할 수 있어 이에 대한 신중한 접근과 제도화가 필요하다.

4. 예시 답안: <서론> 최근 들어 로봇공학은 자연에서 영감을 얻은 생체모방기술을 중심으로 빠르게 진화하고 있다. 도마뱀처럼 벽을 타고, 물고기처럼 유연하게 수영하며, 새처럼 날아다니는 다양한 로봇이 현실이 되고 있다. 이러한 생체모방로봇은 단순히 동물의 형태를 그대로 따라 하는 것을 넘어, 생물의 구조와 운동 원리를 분석해 공학적으로 새롭게 재현하는 시도라는 점에서 큰 의미가 있다.

<본론> 생체모방로봇은 이미 재난 구조, 우주·수중 탐사, 군사 작전, 의료 수술 등 인간의 한계를 넘는 다양한 분야에서 활용되고 있다. 로봇개 '스팟'은 복잡한 지형도 유연하게 이동하며, 휴보와 같은 이족보행 로봇은 사람이 할 수 있는 작업 대부분을 수행한다. 의료 분야에서는 인공 수정체, 심장 박동을 모방하는 로봇 주사기 등 다양한 치료용 디바이스가 개발되고 있다. 그러나 이런 기술적 진보의 이면에는 몇 가지 중요한 과제도 존재한다. 첫째, 자연의 유기적 움직임 전체를 기계적으로 완벽히 모방하는 데 한계가 있다. 둘째, 고성능 AI, 센서, 관절 등을 구현하는 과정에서 막대한 비용과 시간이 필요하다. 셋째, 군사용·감시용 로봇의 도입과 확산은 사생활 침해, 민간인 통제 등 심각한 윤리 문제를 야기할 수 있다. 이 같은 기술적·사회적 도전은 단순히 과학자나 기업이 아니라 사회 전체가 고민해야 할 공통의 과제다.

<결론> 생체모방로봇의 발전은 인간이 자연을 모방함

으로써 기술의 한계를 뛰어넘고자 하는 창의적 집념의 결과다. 그러나 기술은 결국 어떻게, 누구를 위해 활용할지 모두의 선택이 좌우한다. 효율성과 안전성, 그리고 윤리와 사회적 책임이 균형을 이루도록, 기술 개발과 함께 규제와 교육, 철학적 성찰이 반드시 병행되어야 한다. 주변 자연을 관찰하는 호기심과 생명에 대한 경외심이 미래 로봇 기술을 바람직하게 발전시키는 원동력이 될 것이다.

5. 예시 답안: 학교에서 학생들이 직접 생체모방로봇을 설계하고 만들어보는 '자연 따라잡기 로봇 메이커 캠프'를 운영하면 좋겠다. 학생들은 자연 속 동물의 움직임과 몸 구조를 관찰·분석하여, 개미형 탐사로봇, 곤충 센서, 물고기형 청소로봇 등 자신만의 생체모방로봇을 제작한다. 이 과정에서 과학적 사고력뿐 아니라 문제해결력, 협동심, 창의성이 함께 길러진다. 완성된 로봇은 지역 재난 구조 훈련이나 환경 탐사, 생태계 모니터링 현장에 실제로 투입해 활용한다면, 학생들의 사회 참여와 과학기술의 공익적 가치까지 자연스럽게 접할 수 있을 것이다.

6. 예시 답안: <찬성> 생체모방로봇의 군사·감시 분야 활용은 국가 안보와 사회 안전 강화에 크게 기여할 수 있다. 위험한 재난 현장, 전장, 국경 감시에 투입하면 군인의 생명을 지키고, 빠른 재난 대응도 가능하다. 정밀도가 높고 다양한 생물 구조를 모방한 로봇은 기존 장비로는 접근하기 힘든 좁은 공간이나 위험 지역에서 효과적으로 임무를 수행할 수 있다. 기술 발전을 선도하며, 국가 방위력 강화와 시민 보호에 분명 긍정적 효과가 크기 때문에 사회적 활용 확대가 필요하다.

<반대> 생체모빙로봇이 군사·감시용으로 확산될 경우 사생활 침해와 시민 통제, 인간성 상실 등 심각한 윤리적 문제와 사회적 부담이 따른다. 고성능 감시장비와 무장 로봇의 오·남용은 범죄·전쟁 위험을 오히려 높이고, 인간 생명 경시, 자유 침해로 이어질 수 있다. 로봇의 결정에 대한 책임 소재도 불분명해져 통제 불능 사태가 나타날 우려가 있다. 기술의 사회적 용도는 안전과 공공복리에 한정해야 하며, 군사·감시 활용은 매우 엄격하게 제한되어야 한다고 본다.

12. 냄새를 저장하고 전송하는 디지털 향기 기술
● **비판적 사고 키워볼까요?**
1. 정답: ③ 해설: 본문에 나온 대로, 전자 코가 다양한

화학 센서로 냄새 분자 조합을 감지하고, 디지털 신호로 변화해 저장·전송·재현하는 역할을 한다고 설명되어 있다.

2. 정답: ④ **해설:** 본문과 불일치한다. 본문에서는 향기 표준화의 어려움, 재현 정확도의 한계, 건강·개인정보 보호 등 다양한 위험과 사회적 논의 필요성을 강조했다.

3. 예시 답안: 디지털 향기 기술은 전자 코라 불리는 다양한 센서가 냄새 분자 조합을 감지해 디지털 데이터로 변환하고, 이 데이터를 저장·전송하여 다른 곳에서 다시 향기로 재현하는 원리를 갖고 있다. 최근 일본 등에서는 실제 꽃 향기를 저장·분사하는 디지털 디퓨저, VR 콘텐츠와 연동된 향기 체험 기기 등이 개발되어 영화, 게임, 온라인 쇼핑, 의료 진단, 교육 콘텐츠 등에서 활용된다. 커피·화장품 등 상품의 향을 온라인으로 미리 체험하거나, 환자의 호흡 VOC 분석으로 질병을 진단하는 사례도 있다. 하지만 표준화의 어려움, 사용자별 인지 차이, 건강·알레르기 위험, 향기 데이터의 무단 수집·조작 등 윤리적 이슈가 병존해, 앞으로는 기술 규제와 사회적 합의도 중요하다.

4. 예시 답안: <서론> 디지털 향기 기술은 인간의 감각 경험을 영상과 소리에서 냄새로까지 확장시키는 새로운 혁신이다. 이미 영상·음향 중심이었던 디지털 미디어가 '냄새'를 통합하면서, 우리는 보다 몰입적이고 다감각적인 세상에 다가가고 있다. 이 기술의 발전은 단순한 기술적 진보를 넘어, 산업, 예술, 의료 등 다양한 분야에 영향을 줄 뿐 아니라 사회·윤리적으로도 새로운 기준과 논의를 요구한다.

<본론> 디지털 향기 기술의 핵심은 전자 코를 이용해 냄새를 데이터로 변환, 저장·전송한 뒤 기기를 통해 다시 향기로 재현한다는 것이다. 이 과정은 영화·VR·게임, 온라인 쇼핑(상품의 향 미리보기), 원격 의료(질병 진단), 원격 교육·박물관 전시(역사적 냄새 체험) 등 실제 산업에 폭넓게 쓰일 수 있다. 이를 통해 콘텐츠 몰입도와 생산성을 높이고, 진단의 정확성을 키우고, 전 세계 어디서든 다양한 감각 경험을 공유할 수 있는 혁신적 변화를 기대할 수 있다. 그러나 시각·청각과 달리 개인마다 인지 차가 커 표준화가 어렵고, 센서·재현 장치의 정확성, 알레르기·건강상 부작용 등 기술적 한계도 여전하다. 또한 기업이 특정 향기로 소비 심리를 조작할 우려, 무단 후각 정보 수집에 따른 개인정보 침해, 향기 조작 범죄 등 새로운 윤리 문제가

떠오른다. 결국 기술 개발과 함께 규제, 보안, 사용자 동의, 데이터 관리 등 다각도로 규범이 필요하다.

<결론> 디지털 향기 기술은 인간의 감각과 경험을 바꾸는 '미래형 미디어'이자 산업 혁신의 열쇠다. 하지만 기술의 발전이 모두에게 이로우려면 표준화, 안전성, 개인정보 보안, 윤리 등 다양한 사회적 합의와 기준이 선결되어야 한다. 우리는 새로운 감각 경험을 받아들이되, 건강과 인권이 보호받고, 기술이 선한 방향으로 활용될 수 있도록 창의력과 비판적 사고를 함께 길러야 할 것이다.

5. 예시 답안: 학교 교육에 디지털 향기 기기를 접목하여 역사나 과학 수업시간에 시대별 음식, 꽃, 환경의 냄새를 실제로 제공하는 '향기 체험 교실'을 제안한다. 예를 들어 고대 이집트 단원에서는 실제 향료의 냄새를, 화산과 관련된 과학 수업에서는 화산재 냄새를 체험할 수 있도록 하는 것이다. 이를 통해 단순한 이론 전달이 아닌 오감 체험 중심의 학습이 가능해지고, 학생들의 몰입도와 기억력이 크게 향상될 것이다. 또한 사회적 약자나 장애인을 위한 향기 기반 안내 서비스, 치매·정서 장애 환자를 위한 향기 테라피 등 건강·복지 분야에도 의미 있게 활용될 수 있다.

6. 예시 답안: <찬성> 디지털 향기 기술의 일상적 확산이 사회에 긍정적이라고 생각한다. 이 기술은 영상·음향 중심의 미디어를 넘어, 더 몰입도 높은 오감 콘텐츠와 실감형 온라인 쇼핑, 원격 의료 등 다양한 혁신을 가능케 한다. 전자 코를 통한 암·당뇨·신장 질환 조기 진단, 온라인에서도 직접 향을 비교해볼 수 있는 쇼핑, 문화·교육 분야의 실감 콘텐츠 등 삶의 질을 높이고 산업 성장을 이끄는 효과가 크다. 물론 알레르기, 정보 유출 등 위험도 있지만, 적절한 규제와 기술 개발이 병행된다면 사회·경제적 가치는 매우 크다고 본다.

<반대> 디지털 향기 기술의 무분별한 확산에 반대한다. 냄새 표준화의 어려움, 알레르기나 건강상 위험, 강제 향기 노출, 개인정보 무단 수집 등 안전·윤리 문제가 해결되지 않은 상태에서 확산되는 것은 사회적으로 매우 위험하다. 기업이 특정 향기 정보를 통한 소비 심리 조작이나 감정 유발, 후각 정보 남용 가능성도 충분히 있다. 기술적 안전장치, 사전 동의, 철저한 개인정보 보호 대책이 마련되기 전에 일상에 확산되는 것은 부작용이 더 클 수 있어 신중해야 한다고 생각한다.

13. 전자피부와 인공감각 기술, 감각을 복원할 수 있을까?

• 비판적 사고 키워볼까요?

1. 정답: ③ **해설:** 본문에서 언급한 전자피부가 '신축성, 정밀 감지, 실제 감각 복원에 기여'하는 최근 기술 발전 내용을 올바르게 반영한다.

2. 정답: ② **해설:** 아직 모든 감각을 완벽히 재현하는 전자피부가 상용화되어 있다는 주장이지만, 본문과 <보기>에서는 '완전한 구현은 미흡'하다고 명확히 언급한다.

①, ③, ④, ⑤는 모두 본문과 <보기>의 실제 주요 내용과 일치한다.

3. 예시 답안: 전자피부와 인공감각 기술은 사고나 질병 등으로 촉각을 잃은 환자들에게 다시 한번 온도, 압력, 부드러움 같은 감각을 경험하게 하여 삶의 질을 크게 높인다. 의수나 재활 장치에 장착되어 실제 접촉감, 통증, 미세한 감각 차이까지 재현할 수 있기 때문에, 의료 생활 및 사회 복귀도 훨씬 원활해진다. 하지만 아직 사람 피부 같은 복잡한 감각을 완벽히 흉내 내기에는 기술적 한계가 있으며, 장기 사용 시 신체 친화성, 내구성 등 의학적 안전 문제도 남는다. 또한 감각 조작, 정보 해킹, 군사적 악용 등 사회적·윤리적 위험이 존재하므로, 기술 발전과 함께 강력한 윤리 기준, 안전 지침의 마련이 꼭 필요하다.

4. 예시 답안: <서론> 촉각은 인간의 삶에 없어서는 안 될 필수 감각이지만, 사고나 질병으로 잃었을 때 큰 상실감이 따른다. 최근 전자피부, 인공감각 기술의 발전으로 잃어버린 감각을 복원하거나 새롭게 부여하는 시도가 전개되고 있어, 이는 의료기술과 인간-기계 융합의 대표적 혁신으로 평가된다.

<본론> 전자피부는 유연하고 신축성 있는 재질에 센서와 회로를 내장해 외부 자극을 감지하고, 신경이나 뇌에 전기 신호를 전달한다. 절단 환자의 의수, 뇌졸중·마비 환자의 재활 장치, 합성 촉각을 현장에 적용한 로봇팔 등 의료와 산업 전반에서 다양한 시도로 이어지고 있다. 특히 재활 치료나 감각 복원 효과가 입증되면서 장애인의 삶의 질 개선, 산업 생산성·안전성을 크게 높이고 있다. 하지만 기술적으로는 아직 생체 피부 특유의 감각 수용체, 신경망, 자가치유, 감정 반응 등까지 구현하는 것이 쉽지 않다. 전자피부가 신체에 장기 부착될 때 생체 적합성, 위생, 내구성, 전원 관리도 중요한 문제로 남아 있다. 더욱이 감각을 조작

하거나 정보가 유출·조종될 때에 따라 인권·윤리 문제, 군사적 악용, 신경통제 등 사회적 논쟁도 뜨거워질 수 있다.

<결론> 따라서 전자피부·인공감각 기술은 인간의 감각 복원이라는 새로운 희망을 제공하지만, 기술과 윤리가 균형을 이뤄야 한다. 모든 사용자는 기술 선택의 주체가 되어야 하며, 안전성·인권·생명존중 원칙 아래 기술이 인간 중심, 사회적 신뢰와 따뜻함을 지향하도록 엄격한 관리가 동반돼야 한다. 미래 과학은 인간성 회복과 연결을 돕는 따뜻한 도구로 진화해야 한다.

5. 예시 답안: 학교 교육에 '촉각 체험 스마트 장갑' 프로그램을 도입하면 좋겠다. 이 장갑은 전자피부 기술을 활용해 학생이 다양한 재질, 온도, 진동, 압력 자극을 직접 체험할 수 있게 한다. 과학·예술·기술 수업마다 3D 프린팅 모형, VR 실감 체험과 연계해 학생들이 오감을 확장할 수 있다. 장애 학생이나 촉각 민감성이 떨어진 학생들의 재활·치유 교육, 정서적 안정에도 크게 기여할 수 있다. 또한 이 프로그램에서 윤리 교과와 연계해 신체 정보 보호, 감각 오남용이나 사회적 책임까지 함께 토론하면, 누구나 기술을 책임감 있게 활용하는 미래 시민의 자질을 기를 수 있다.

6. 예시 답안: <찬성> 전자피부와 인공감각 기술의 적극적 확대는 촉각을 잃은 장애인과 환자에게 삶의 질 회복과 사회 참여의 기회를 제공한다. 의료 및 재활 분야에 새로운 치료법이 등장하고, 산업 현장, 로봇, 스마트 의수의 성능이 크게 향상된다. 생체 신호 기반 기술은 미래 인간의 오감 복원과 장애 극복에 혁신을 가져올 것이다. 물론 안전성, 윤리 문제에 대한 규제와 연구도 함께 이루어져야 하지만, 전자피부 기술이 인류 복지를 위해 널리 쓰이는 것은 바람직하다고 본다.

<반대> 전자피부와 인공감각 기술의 무분별한 확대는 개인의 신경계, 감각 정보를 외부에서 조작·통제할 위험을 높인다. 기술 오작동, 해킹, 군사적 오남용 등은 개인 안전뿐 아니라 생명 존중, 인권 침해로 이어질 수 있다. 아직은 피부의 복잡한 감각, 정서 반응까지 충분히 모방할 수 없기 때문에, 사회 전체가 안전성 검증과 윤리 기준을 먼저 확립해야 한다. 기술은 신중하게 제한적이고 엄격한 조건에서 적용되어야 하며, 인간 중심 가치와 통제권이 확실히 보장될 때만 확대가 가능하다고 생각한다.

14. 미니 장기칩, 실험동물을 대신하다

• 비판적 사고 키워볼까요?

1. 정답: ② **해설:** ② 본문에서 미니 장기칩은 실제 사람 세포를 배양해 인체처럼 혈액이 흐르고 세포가 반응하는 실험 환경을 만든다고 나온다.

2. 정답: ④ **해설:** 본문에서는 "모든 생체반응 완벽 구현 및 동물실험 완전 대체"가 아직 불가능하다고 명시된다.

3. 예시 답안: 미니 장기칩 기술은 동물 실험에 필요한 시간, 비용, 윤리적 부담을 줄이면서도 신약 개발의 정확성을 크게 높이는 혁신적 장치다. 실제 인체의 조직 반응을 칩 위에서 재현할 수 있어, 약물이 사람에게 어떤 영향을 미칠지 더 효과적으로 예측해 임상시험의 실패 가능성도 줄인다. 또한 환자별 세포로 실험하면 개인 맞춤형 치료 결과를 사전 예측하는 정밀의학도 가능하다. 동물의 고통 없는 실험 환경도 마련해 생명윤리 실천에 기여한다. 하지만 아직 복잡한 호르몬, 면역계 등 모든 인체 반응을 완전하게 구현하는 것은 어렵고, 제작·연구 비용이 높으며, 해석도 정교해야 한다는 기술적 한계가 존재한다. 따라서 장기칩은 동물 실험을 전면 대체하기보다, 현재는 보완·감소의 역할을 하는 단계다.

4. 예시 답안: <서론> 미니 장기칩 기술은 인간의 장기 구조와 기능을 손바닥 크기 칩 위에서 모방할 수 있는 첨단 바이오 기술이다. 기존 동물 실험의 한계를 극복하는 대안으로, 신약 개발, 질병 연구, 맞춤형 치료 분야를 혁신할 새로운 도구로 주목받고 있다.

<본론> 이 기술은 실제 사람 세포와 미세 유체 공학을 활용해 약물, 독성 대응, 질병 모델링 등 인체와 유사한 환경을 만들 수 있다. 덕분에 임상시험 이전 단계에서 진짜 사람에 가까운 데이터를 얻을 수 있어 약물 개발의 성공률을 높이고, 불필요한 동물 희생을 줄여 생명 윤리도 함께 실현한다. 또 암 등 특정 환자 세포를 이용해 개인별 치료 반응까지 실험할 수 있어, 정밀의학이나 맞춤형 치료라는 새로운 시대를 연다. 하지만 아직은 호르몬, 면역계, 다장기 간 상호작용 등 모든 생체 반응을 완전히 재현하는 데 한계가 있으며, 칩 제작 비용과 실험 표준화, 결과 해석의 정밀성 측면에서도 추가 연구가 필요하다.

<결론> 장기칩은 미래 의약·생명과학 분야에서 과학적 신뢰성과 윤리 실천을 동시에 이끌 수 있는 희망의 기술이다. 그러나 절대적 대체물이 아닌 보완적 역할

에서 시작해, 기술적 완성도와 사회적·법적 기준, 안전한 데이터 해석 체계를 함께 마련해야 진정한 혁신으로 이어질 것이다. 기술 발전의 목적은 인간과 생명 모두의 가치를 지키는 데 있다는 점을 잊지 않아야 한다.

5. 예시 답안: 학교 과학실에 '미니 장기칩 체험 실습 프로그램'을 도입하면 좋겠다. 학생들은 미리 설계된 칩에 동물 대신 식물, 인체 세포를 배양해 물질 반응 실험을 직접 해보며, 생명공학 원리와 약물의 인체 효과, 윤리 문제까지 실습 중심으로 배울 수 있다. 교육 과정에서 실험동물 희생 없이도 실험을 진행하는 경험을 통해 생명존중의 가치도 체득할 수 있다. 추가로, 가상현실(VR)과 연계해 모의 임상시험, 환경 유해 물질 인체 영향 예측 등 다양한 융합적 과학 체험도 가능하다. 이러한 프로그램은 과학적 호기심, 창의력, 윤리의식까지 동시에 키울 수 있는 미래 교육 혁신의 한 예가 될 것이다.

6. 예시 답안: <찬성> 미니 장기칩 기술은 실제 사람 세포를 활용해 인체 반응을 정밀하게 구현할 수 있으므로, 기존 동물 실험의 한계를 대폭 줄일 수 있다. 기술이 더 정교해지면 다양한 장기와 복잡한 상호작용도 모사할 수 있어, 윤리적 논란 없이 의약품·화학물질·질병 연구의 효율성과 정확성을 크게 높인다. 실제로 화장품·신약 개발 단계에서 동물실험을 대체하는 규범이 확산되고 있으며, 이는 과학발전과 생명윤리를 동시에 실현할 올바른 방향이다.

<반대> 아직 미니 장기칩은 호르몬, 면역계, 다장기 통합 반응처럼 복잡한 인체 반응까지 완벽히 모사하지 못해, 동물 실험을 전면 대체하기는 어렵다. 기술적 한계, 높은 비용, 해석 데이터 표준화 문제와 함께, 실제 임상 단계에서 예상치 못한 부작용도 충분히 예측할 수 없다. 따라서 동물 실험이 필요한 경우가 여전히 존재하며, 장기칩 기술은 보완·점진적 대체로 시작해 신중히 확대되어야 한다고 생각한다.

15. AI 기상 예보, 날씨 예측의 미래를 열다

• 비판적 사고 키워볼까요?

1. 정답: ② **해설:** ②는 본문에서 AI가 방대한 데이터를 학습해 빠르고 정확하게 날씨를 예측할 수 있다고 명확히 밝힌 내용과 일치한다. ①, ③, ④, ⑤ 모두 본문에서 반박하거나 언급되는 오해이다. 예를 들어 슈퍼컴퓨터보다 빠르며 실제처럼 방송하는 AI 캐스터가 이미 등장했고, 인간 예보관만이 해석과 소통 등에

강점이 있다고 밝혔다.

2. 정답: ④ 해설: ④는 본문에서 "AI는 예보 해석이나 재난 상황의 커뮤니케이션, 판단력에서 아직 인간 예보관보다 부족하다"고 하여 직접적으로 반박한 내용이다. 나머지는 모두 본문에서 언급된 사실이다.

3. 예시 답안: AI 기상 예보는 과거의 방대한 데이터를 신속히 분석하고, 단시간에 정확한 날씨 예측을 제공함으로써 시민들이 자연재해나 일상 계획을 더 효율적으로 관리할 수 있게 했다. 알파웨더, AI 캐스터 등 새로운 시스템으로 국지성 호우, 태풍 등 급변 기상 현상에 더욱 빠르게 대응할 수 있다. 그러나 데이터 오차나 부족, 예보 결과 해석, 위기상황에서의 의사소통 등에서는 인간 예보관의 역할이 여전히 중요하다. 또, AI의 사용이 기상 전문가의 일자리에 위협이 되거나, 잘못된 예보 시 책임 소재 논란이 이어질 수 있다. AI 예보는 인간과 협력하는 도구임을 잊지 않고, 예보의 신뢰성·윤리 문제에도 관심을 가져야 한다.

4. 예시 답안: <서론> 날씨 정보는 우리의 일상생활과 사회 안전에 커다란 영향을 미친다. 최근 AI 기상 예보가 도입되면서 기존 대상이었던 인간 기상 캐스터와 예보관, 기상청의 업무 방식까지 바꾸고 있다. 인공지능 기술의 진보는 단순한 편의성을 넘어, 정보격차와 기후 변화 대응, 의사결정 과정에도 체계적인 변화를 유도하고 있다.

<본론> AI 기상 예보는 수많은 데이터를 단시간에 학습·분석해 국지적 호우, 태풍 등 변동성이 큰 기상 현상을 효율적으로 예측할 수 있다. 슈퍼컴퓨터보다 빠른 처리 속도, 예측 정확성 덕분에 재난 대비나 실시간 정보 제공의 수준이 높아졌다. AI 기상 캐스터는 사람처럼 방송에 등장하며, 시간·언어 구애 없이 정보를 제공해 접근성과 효율을 크게 높인다. 그러나 AI 예보는 학습 데이터가 부정확하거나 부족할 때 오차가 늘어나며, 위기상황 대응·공감 소통 등의 역량은 인간 예보관이 여전히 더 뛰어나다. AI가 잘못된 예보를 했을 때 책임 소재, 전문가 일자리 감소, 오남용 등 사회적 문제도 따라온다. 또한 AI 결과에 대한 최종 해석과 의사결정은 인간이 담당해야 정확한 정보 활용이 가능하다.

<결론> AI 기상 예보는 미래 예보 시스템의 발전을 대표하는 혁신적인 도구다. 그러나 인간과 AI가 각자의 강점을 살려 협업하며, 예보의 품질, 윤리, 사회적 책임 등의 문제를 함께 고민해야 한다. 중학생을 포함한

시민도 날씨와 재난, 과학 기술이 삶을 어떻게 바꾸는지 생각하며, 정보 주체로 책임 있는 활용에 나서야 한다. AI 기상 예보는 빠르고 정확한 정보 제공의 도구일 뿐, 판단과 소통, 최종 책임은 결국 인간의 몫임을 잊지 말아야 한다.

5. 예시 답안: 학교에서 'AI 날씨 코치' 앱을 도입해, 학생 각자의 위치와 스케줄을 바탕으로 실시간 맞춤 날씨 정보와 안전 알림을 제공하는 서비스를 만들면 좋겠다. 예를 들어, 체육 시간에는 운동장 습도·온도·미세먼지 현황에 따라 적절한 복장·활동 안내를 해주고, 소나기가 예보된 날엔 우산, 폭염 시에는 실외활동 자제를 자동 알림해준다. 지역사회에서는 고령자, 장애인 등 기상 정보 접근이 어려운 이들을 위해 AI 캐스터가 음성으로 재난 시 행동 요령이나 대피 안내를 즉각적으로 안내한다. 이처럼 AI 기상 예보를 맞춤형 실생활 서비스로 발전시키면, 시민의 안전과 건강, 생활의 질이 한층 높아질 것이다.

6. 예시 답안: <찬성> AI 기상 예보가 인간 예보관을 점진적으로 대체하는 쪽에 찬성한다. AI는 방대한 데이터를 실시간 분석하고, 예측 정확성이 높아 돌발 기상이나 재해에도 더 빠른 정보를 줄 수 있다. AI 캐스터는 24시간 다국어 방송이 가능하고, 정보 격차도 줄여준다. 오히려 기상 정보의 효과적 전달로 사회 전반의 안전·편의가 크게 향상될 것이다. 물론 초기에는 인간 예보관과 협업을 이어가야 하지만, 기술 발전에 따라 장기적으로 예보관의 역할은 점차 줄어드는 것이 자연스럽다고 생각한다.

<반대> AI가 인간 예보관을 완전히 대체하는 것에는 반대한다. AI는 데이터 분석과 예측에는 강점이 있지만, 직접 재난 현장을 취재하거나 복잡한 상황을 해석해 주민 눈높이에 맞게 소통, 설득하는 능력은 인간만이 가능하다. 잘못된 AI 예보로 인한 혼선과 사회적 혼란, 책임 소재 문제도 크다. 인간 예보관은 비상 상황에서 창의적 판단과 리더십을 발휘할 수 있으며, 국민이 신뢰할 수 있는 안전망 역할을 한다. AI는 보조 도구로 활용하되, 최종 판단과 정보 전달은 반드시 전문가가 맡아야 한다고 생각한다.

16. 나노로봇, 약을 몸속 정확히 전달할 수 있을까
◆ **비판적 사고 키워볼까요?**
1. 정답: ② 해설: ②는 제시문 전반에서 반복 설명된 나

노로봇의 핵심 기능(정확한 표적 치료, 부작용 최소화)에 해당한다.

2. 정답: ③ **해설:** ③은 제시문 및 <보기>에서 "개인정보 보호 문제, 치료 접근성 불균형 등 윤리 문제도 남아 있다"고 명확하게 지적한 내용과 상반된다.

3. 예시 답안: 나노로봇 기술의 가장 큰 장점은 약물을 정확히 병든 부위에만 전달해 건강한 세포의 손상과 부작용을 크게 줄일 수 있다는 점이다. 특히 암 치료 등 독성이 강한 약물의 경우, 기존 방식은 정상 세포까지 손상시켜 고통을 주었으나, 나노로봇은 자기장, pH 변화 등 특정 환경에서만 약물을 방출해 더 안전하다. 또한 일부 나노로봇은 진단 센서 기능으로 조기 암, 감염 등을 빠르게 발견해 조기 치료 가능성을 높여준다. 하지만 인체 내에서 안정적으로 작동하면서 면역계의 공격을 피하고, 체외로 배출되는 안정성, 나노 소재의 생체적합성, 대량 생산 및 제어의 난이도, 고비용 등은 여전히 큰 과제이다. 더불어 개인정보 유출, 기술 오남용, 접근성 불평등 등 윤리적, 사회적 문제도 해결해야만 상용화가 가능하다.

4. 예시 답안: <서론> 나노로봇 기술의 등장은 약물치료의 혁신을 예고한다. 머리카락보다 수천 배 작은 로봇이 몸속 병든 세포에만 약을 전달하거나, 초기에 질병을 진단해 조기 치료를 돕는 미래형 의학의 중심이 되고 있다. 이는 치료 효과의 극대화와 부작용 최소화를 동시에 이루기 위한 의학계의 오랜 꿈을 현실로 만드는 시도다.

<본론> 나노로봇은 자기장, 온도, pH 등 다양한 자극에 따라 정확히 약물을 방출하거나, 혈액 내 특정 분자·단백질을 감지해 진단하는 다기능 장비로 발전하고 있다. 이를 통해 의료진은 뇌혈관, 심혈관, 암 등 난치 부위에도 정밀한 표적 치료를 적용할 수 있고, 항생제 내성 세균 등 신종 위협에도 적극 대응할 수 있다. 그러나 인체 내에서 나노로봇이 안정적으로 작동하고 효과적으로 배출되려면 생체적합성, 면역회피성, 소재의 무해성 등 엄격한 조건이 필요하다. 고비용 대량생산의 어려움과 개인 건강 정보 유출, 기기 오작동, 특정 계층만 혜택받는 불평등 문제, 기술 오남용 및 치료 남용 등도 함께 우려된다. 실제로 인체 내부 데이터가 기업에 독점될 경우 개인정보 침해, 의료산업의 불공정 경쟁, 윤리적 사각지대와 같은 사회적 문제로 확대될 수 있다.

<결론> 따라서 나노로봇 기술은 치료와 진단의 미래를 바꾸는 혁신임은 분명하지만, 반드시 기술의 안전성과 신뢰성 검증, 윤리기준 강화, 공평한 치료 접근권 보장, 개인정보 보호와 투명한 사회적 관리가 함께 이루어져야 한다. 단순한 효율성 추구를 넘어, 인간 존엄성과 보편적 복지, 신뢰받는 의료환경 구축이라는 궁극적 가치를 공공의 기준으로 삼아야 할 것이다.

5. 예시 답안: 나노로봇을 환경정화에 응용하는 아이디어를 제안한다. 예를 들어, 오염된 강이나 호수에 물속 오염물(중금속, 미세플라스틱, 독성균 등)만 선택적으로 분해하거나 포집하는 나노로봇을 투입한다면, 기존의 대규모 정화장치보다 훨씬 저렴하고 신속하게 수질을 개선할 수 있다. 또한 생분해성 소재로 제작해 환경오염까지 예방할 수 있고, 긴급 오염 사고 시 직접 현장에 대규모 방출해 빠른 대응이 가능하다. 나노로봇의 센서 기능을 활용하면, 오염물질 농도 변화를 실시간 모니터링해 과학적 데이터 축적과 정책 개선에도 기여할 수 있다. 이런 환경·공공 분야 활용은 첨단 과학기술이 미래 사회·지구 환경에 긍정적으로 기여하는 새로운 모델이 될 것이다.

6. 예시 답안: <찬성> 나노로봇은 암, 뇌출혈, 내성 감염 등 정밀 치료가 필요한 질환에 부작용 없이 약물을 효과적으로 전달할 수 있다. 진단, 예방, 치료까지 한 번에 가능하고, 의료진 부담도 크게 줄일 수 있다. 경제적으로 의료비용 절감, 장기 입원 감소, 고령사회 안전망 강화 등에도 긍정적 영향이 크다. 초기 비용과 윤리 문제는 있지만, 임상·제도적 준비와 공공 의료지원 정책을 병행하면 미래세대 모두에게 큰 혜택이 돌아간다고 생각한다.

<반대> 나노로봇 기술의 조기 상용화에는 신중한 접근이 필요하다. 안전성, 생체적합성, 장기 부작용에 대한 충분한 검증이 아직 부족하다. 또 높은 치료 비용, 기술 독점, 개인정보 유출, 윤리적 오사용 가능성과 같은 사회·윤리적 위험도 크다. 기본 인권과 공공복지의 정착, 누구에게나 동등한 치료 기회가 보장되는 투명한 제도와 엄격한 관리 기준이 먼저 마련되어야 하며, 의료기술의 무분별한 도입은 오히려 사회 불평등과 의료 신뢰 하락을 초래할 수 있으므로 단계적 검증·확대를 선호한다.